बिज़नेस एटिकेट

Celebrating
30 Years of Publishing
in India

बिज़नेस एटिकेट की तारीफ में

'वैश्वीकृत दुनिया में, जब भारत और भारतीय लोगों पर सबका ध्यान बढ़ता जा रहा है, व्यापारिक शिष्टाचार को अब नज़रअंदाज़ नहीं किया जा सकता है। कारोबार में कामयाबी हासिल करने और उससे परे भी रिश्तों को बनाने और संवारने के लिए ये बेहद ज़रूरी है कि आप जिस तरह से बर्ताव करते हैं, उससे एक-दूसरे के लिए परिस्थितियां सहज बनें। शीतल कक्कड़ मेहरा की किताब बिलकुल सही समय पर सामने आई है जिसमें संवाद, पोशाक, शिष्टता और सामाजिक कौशल समेत व्यापारिक शिष्टाचार के कई पहलुओं पर चर्चा की गई है। ये किताब हर उस शख्स को पढ़नी चाहिए (और इसे ज़िन्दगी में उतारना चाहिए!) जो जीत हासिल करना चाहता है।'

—एम. दामोदरन, मैनेजमेंट कंसल्टेंट और
पूर्व चेयरमैन, सेबी, आई.डी.बी.आई. और यू.टी.आई.

'समझौते की शर्तें तय करने के दौरान व्यापारिक शिष्टाचार की कमी की वजह से कई अच्छे व्यापारिक सौदे रद्द हो जाते हैं। ये किताब उस कमी को पूरा करने में काफी मदद करेगी।'

—जे.जे. ईरानी, पूर्व डायरेक्टर, टाटा संस

'व्यापारिक शिष्टाचार के लिए एक कंप्लीट गाइड। मैं लेखिका की गहरी पैठ और उनके प्रैक्टिकल इनपुट से प्रभावित हूं। ये ऐसी किताब है जो कॉर्पोरेट जगत में एक सकारात्मक छाप छोड़ेगी।'

—किरण मज़ूमदार शॉ,
चेयरपर्सन और मैनेजिंग डायरेक्टर, बायोकॉन लि.

'जो कोई भी अंतर्राष्ट्रीय स्तर पर कामयाब कारोबारी रिश्ते बनाने के लिए गंभीर है, मैं उसे *बिज़नेस एटिकेट* पढ़ने का सुझाव दूंगा। ये किताब पाठकों को ध्यान में रखकर लिखी गई है, जिसकी भाषा आसान है और जिसमें मुश्किल तकनीकी शब्दों का इस्तेमाल नहीं है। ये एक अनुभवी व्यक्ति की तरफ से दिए गए कई उपयोगी सुझावों के साथ एक प्रैक्टिकल गाइड है। छात्रों और युवा उद्यमियों के लिए आदर्श।'

—दीपक पारेख, चेयरमैन, एच.डी.एफ.सी.

बिज़नेस एटिकेट

युवा प्रोफेशनल्स के लिए एक गाइड

शीतल कक्कड़ मेहरा

अनुवाद
धीरज अग्रवाल

हार्पर
हिन्दी

हार्पर हिन्दी
(हार्परकॉलिंस पब्लिशर्स इंडिया) द्वारा 2022 में प्रकाशित
बिल्डिंग नं. 10, टावर A, 4th फ्लोर, डीएलएफ साइबर सिटी, फेज II, गुरुग्राम
122002, भारत www.harpercollins.co.in

2 4 6 8 10 9 7 5 3

P-ISBN: 9789356291232
E-ISBN: 9789356291270

कवर डिजाइन © : हार्पर कॉलिन्स पब्लिशर्स इंडिया
टाइपसेटिंग : निओ साफ़्टवेयर कन्सलटैंट्स, प्रयागराज (इलाहाबाद)
मुद्रक : थॉम्सन प्रेस (इंडिया) लि.

MIX
Paper
FSC® C010615

This book is produced from independently certified FSC® paper to ensure responsible forest management.

सुनीत, अविशा, अलीशा और किनू के लिए

अनुक्रम

भूमिका

1960 के दशक के कॉर्पोरेट भारत में ऐसे प्रोफेशनल्स के दो समूह थे, जिन्होंने कॉर्पोरेट और सामाजिक शिष्टाचार की बारीकियों में महारत हासिल कर ली थी। पहला समूह, जिसे 'ओल्ड ब्वॉयज़ क्लब' कहा जाता था, उसमें युवा पुरुष और कुछ महिलाएं थीं जो प्रतिष्ठित सरकारी या कॉन्वेंट स्कूलों और कॉलेजों से पढ़कर निकले थे और अक्सर औपनिवेशिक क्लबों में जाते रहते थे। प्रोफेशनल्स के दूसरे समूह ने भारतीय सशस्त्र सेनाओं में शामिल होकर और 'सैन्य' क्लबों में जाने वाले परिवारों के साथ जान-पहचान के माध्यम से अपने सामाजिक शिष्टाचार सीख लिए थे। इस खासियत को छावनी में रहने वाले परिवारों के सदस्यों के क्लब की मेंबरशिप के जरिए बढ़ाया गया था।

ये क्लब कॉर्पोरेट जगत में कामयाबी के इच्छुक युवा अधिकारियों की बढ़ती तादाद के लिए अब पहुंच से बाहर हैं। हम वैश्विक मंच पर आ गए हैं क्योंकि 1990 के दशक में शुरू किए गए उदारीकरण ने सदी के अंत तक नतीजे दिखाना शुरू कर दिए थे। लेकिन दुख की बात है कि मान्य कॉर्पोरेट संस्कृति में तेज़ी से गिरावट आई है। हमारी शिक्षा प्रणाली का फोकस विशेषज्ञता के लिए अंतिम प्रतिशत स्कोर हासिल करने पर है, अच्छी जानकारी रखने वाले और सौम्य व्यक्तित्व वाले लोगों को तैयार करने पर नहीं। इसका नतीजा ये है कि कॉर्पोरेट अधिकारियों में उन सॉफ्ट स्किल्स की कमी देखने को मिलती है जिनका होना कारोबार जगत में आज ज़रूरी हैं।

'किसी दूसरे को ये अहसास कराने की काबिलियत कि आप दोनों ही आकर्षक हैं', इसे ही व्यापारिक शिष्टाचार के तौर पर परिभाषित किया जा सकता है, और ये करियर के लिए ज़रूरी हुनर है जो अच्छे संबंधों और

सकारात्मक छवि को बनाने में काफी मदद करता है। वैसे तो शिष्टाचार के ज़्यादातर नियम अलिखित हैं, ये जानना कि उनका इस्तेमाल कैसे किया जाए, कारोबारी कामयाबी हासिल करने के लिए बेहद अहम हो सकता है।

दुनिया भर में, काम करने की जगहों पर शिष्टाचार के डायनेमिक्स तेज़ी से बदल रहे हैं। एक तरफ जहां लोग अपने सहकर्मियों से मिलने, अभिवादन और बातचीत करने, दफ्तरों में कपड़े पहनने और खाने-पीने के मामलों में ज़्यादा खुल रहे हैं, वहीं दूसरी तरफ, महत्वपूर्ण ग्राहकों या किसी दूसरे देश के सहयोगियों के साथ कारोबार करने में औपचारिकता का स्तर बढ़ता जा रहा है। चूंकि हम भारतीय दुनिया के अलग-अलग हिस्सों से आए अलग-अलग लोगों के साथ बिज़नेस कर रहे हैं, हमारे ग्लोबल मैनेजरों के लिए नस्लीय, लैंगिक और सांस्कृतिक विविधताओं को ध्यान में रखते हुए एक से ज़्यादा संवाद शैलियों को समझना महत्वपूर्ण हो गया है। कंपनियों और उनके अधिकारियों के लिए ये समझना ज़रूरी है कि आज का भारतीय अधिकारी अपनी कंपनी और अपने देश का एक ब्रांड एंबेसडर है, और इसलिए ये अनिवार्य हो जाता है कि वो अपनी कंपनी और देश दोनों को सही तरीके से पेश करे। कॉर्पोरेट शिष्टाचार की समझ से भारत के साथ-साथ हमारी कंपनियों की व्यावसायिक छवि को निखारने में मदद मिलेगी।

एक विषय के तौर पर शिष्टाचार लगातार विकसित होने और बदलते रहने वाली चीज़ है। इस मुद्दे पर जो कुछ किताबें मौजूद हैं, वे पुराने फैशन की और पारंपरिक हैं, जिनमें शिष्टाचार को कड़े नियमों की तरह दिखाया गया है, और जिन्हें अपनाने और आदत में शुमार करने का वक्त केवल अमीरों के पास है। साथ ही, वे किताबें ज़्यादातर अमेरिकी और ब्रिटिश लेखकों ने लिखी हैं जिनमें भारतीय ज़रूरतों की समझ की कमी है। दिलचस्प ये है कि भारतीय मीडिया में कभी-कभार इस विषय पर छपने वाले लेखों में एक तरह का घमंड या श्रेष्ठता-भाव होता है।

मौजूदा व्यापारिक परिदृश्य में, हम दूसरों को प्रभावित करने के पहले मौके को किस्मत के सहारे क्यों छोड़ें? जब हम एक विश्व शक्ति बनने की दिशा में आगे बढ़ रहे हैं, हमें पहली छाप की एबीसी पर भी ध्यान देने की ज़रूरत है—अपीयरेंस, बिहेवियर और कम्युनिकेशन। कहा जाता है कि पहली मुलाकात अपनी छाप छोड़ने में सबसे अहम भूमिका निभाती है। हालांकि, इसके साथ ही, जैसा कि मैल्कम ग्लैडवेल कहते हैं, अपने अनुभवों को बदलकर अपनी शुरुआती छाप को बदलना भी मुमकिन है।

मुझे यकीन है कि ये किताब अनूठी है क्योंकि यह उन वर्कशॉप और सेमिनारों की व्यावहारिक सीखों पर आधारित है जो मैंने कॉर्पोरेट इंडिया के पांच हज़ार से ज़्यादा अधिकारियों के लिए किए हैं, जिनमें मेरा फोकस वैश्विक भारतीयों की खास ज़रूरतों पर रहा। भारतीयों की यात्रा और प्रशिक्षण से जुड़ी ज़रूरतों के बारे में मेरी गहरी समझ मुझे 'विकास से जुड़ी कमियों' तक ले गई, जिन्हें तुरंत दूर किए जाने की ज़रूरत है। इसके अलावा, द *इकोनॉमिक टाइम्स* के कॉर्पोरेट डॉज़ियर में मैंने चार सालों से ज़्यादा तक एक नियमित साप्ताहिक कॉलम लिखा और पाठकों के सवालों से मुझे भारतीय अधिकारियों के अनुभवों और उनकी परिस्थितियों के बारे में काफी अनोखी जानकारियां मिलीं।

इन सब को ध्यान में रखते हुए, मैंने अपनी किताब में व्यापारिक शिष्टाचार या बिजनेस एटिकेट को आज के दौर का नज़रिया देने की कोशिश की है। मैंने इसे 'जन कौशल' की तरह पेश किया है जिसे वैश्विक भारतीय के आत्मविश्वास में सुधार करने और कॉर्पोरेट जगत में उसकी मौजूदगी के असर को बढ़ाने के लिए आसानी से सीखा जा सकता है, ताकि उसे एक अंतर्राष्ट्रीय मंच पर निखरने में मदद मिल सके।

1

व्यापारिक संवाद

सिर्फ आपके शब्द नहीं, आपके बोलने का तरीका भी मायने रखता है।

कारोबारी दुनिया में एक-दूसरे से संवाद की कला क्या है? क्या इसका मतलब है अपने विचारों को आक्रामक रूप से सामने रखना? या फिर अपने कारोबारी सहयोगियों को चालू शब्दों का इस्तेमाल करके प्रभावित करना? या, फिर ये बोलने और सुनने के बीच एक संतुलन बनाते हुए बातचीत को आगे बढ़ाते रहने की काबिलियत है? कभी-कभी, मैंने गौर किया है कि कई मैनेजरों का बर्ताव उनके स्कूली दिनों की याद दिलाता है, वे शिक्षक-छात्र की मनोदशा से निकल नहीं पाते हैं; ख़ुद को शिक्षकों की भूमिका में ढाल लेते हैं, एक के बाद एक हिदायतें देते जाते हैं, और पूरी तरह भूल जाते हैं कि संवाद दोतरफा होता है।

व्यापारिक संवाद का इस्तेमाल किसी बाहरी व्यक्ति के सामने अपने उत्पादों/सेवाओं, अपनी कंपनी, और यहां तक कि ख़ुद का प्रचार करने के लिए किया जाता है। फर्म या कंपनी के भीतर, इसका इस्तेमाल कर्मचारियों, साथियों, अपने से सीनियर और जूनियर लोगों तक जानकारी पहुंचाने के लिए होता है।

कारोबार में असरदार संवाद:

⇒ अच्छे संबंध बनाता है

⇒ व्यापारिक भागीदारों/समकक्षों को नई खरीदारी बढ़ाने की तरफ आकर्षित करता है

⇒ आपकी बात सारगर्भित ढंग से लोगों तक पहुंचाता है और मनचाहे नतीजे दिलाता है

आज संवाद के कई तरीके मौजूद हैं और इस बात की काफी अहमियत है कि मैनेजर सही तरीके का इस्तेमाल करना सीखें। सही तरीकों का इस्तेमाल जहां बाहरी समर्थन दिलाने और अच्छे संबंध बनाने में मदद कर सकता है, वहीं गलत तरीकों के इस्तेमाल से नतीजे उलटे हो सकते हैं। कारोबार में, खासकर मुश्किल वक्त में, इस बात की अहमियत बढ़ जाती है कि आप अपने सरोकार और संवेदना व्यक्त करने के लिए शब्दों के साथ-साथ शारीरिक भाषा का भी इस्तेमाल करें। इस किताब में अध्यायों को मौखिक संवाद, गैर-मौखिक संवाद और तकनीकी-शिष्टाचार में बांटा गया है, ताकि आप अपने काम-धंधे की जगह पर असरदार ढंग से अपनी बात रखने की काबिलियत को बढ़ा सकें।

इस बात पर विचार करें कि भारतीय और अमेरिकी नज़रिये में कितना अंतर है। भारत में, हम किसी व्यक्ति की बात पर बहुत ज़्यादा भरोसा करना पसंद करते हैं, जिसका नतीजा होता है सख्त कानूनी अनुबंधों और दस्तावेज़ों की कमी। साथ ही, अगर ज़रूरत हो तो केवल एक पन्ने के किसी दस्तावेज़ के साथ सौदा पक्का करके हम ख़ुश रहते हैं। अमेरिका में, किसी भी कारोबारी सौदे में जाने के पहले अनुबंधों पर हस्ताक्षर करने की परंपरा है। चूंकि उनके समाज में कानूनी विवाद काफी होते हैं, वे लंबे-चौड़े अनुबंधों पर हस्ताक्षर करते हैं, जिनमें हर भावी घटना को शामिल करने और हर खामी को दूर करने की कोशिश होती है।

अंतर्राष्ट्रीय व्यापार में, किसी के साथ सौदे की शर्तें तय करने के पहले उस देश की संवाद शैली को जानना सबसे अच्छा होता है। जैसा कि मशहूर लेखक पीटर ड्रकर ने कहा है: 'तैयार रहें या गुम हो जाएं। अगर आपकी सोच वैश्विक नहीं है तब आप रोज़गार पाने के काबिल नहीं हैं और आपको रोज़गार नहीं मिलेगा।' साफ़ तौर पर, अंतर्राष्ट्रीय व्यापारिक परिवेश में मानवीय गतिविधियों, बोलने के तौर-तरीकों और हाव-भाव की व्याख्या का दायरा काफी बड़ा है, जिससे अक्सर गलतफहमियों की संभावना बनती है और सहयोग असंभव हो जाता है।

कारोबारी बातचीत

कारोबार में बातचीत करने की काबिलियत आपकी कामयाबी के लिए अहम

है, चाहे आपका जॉब प्रोफाइल या उद्योग कोई भी हो। आपके चुने गए शब्द, आपकी आवाज़, व्याकरण और लहजे का इस्तेमाल, ये सभी असर डालते हैं। बातचीत में माहिर लोग जानते हैं कि अपनी सकारात्मक छवि कैसे पेश करनी है, और इस तरह वे दूसरे पक्ष के फैसलों पर भी प्रभाव डालते हैं।

'माफ़ करें, मैं समझा नहीं...' अगर अपने काम पर ये बात आप अक्सर सुनते हैं, तो एक कदम पीछे हटकर अपने संवाद कौशल का मूल्यांकन करें। क्या आप बहुत तेज़ बोलते हैं या फिर बहुत धीरे? क्या आपकी शैली बहुत रोबदार और हावी होने वाली है? इसके अलावा, सिर्फ ये मायने नहीं रखता कि आप क्या कहते हैं बल्कि ये भी मायने रखता है कि आप कैसे कहते हैं। आज के कारोबार जगत में, प्रभावशाली संवाद की काबिलियत लीडरशिप का एक हुनर है और इसके लिए कंपनियां मोटे पैसे खर्च करने को तैयार हैं।

शब्दों की ताक़त

लेखक रुडयार्ड किपलिंग ने एक बार कहा था: 'निश्चित रूप से, शब्द मानवजाति द्वारा इस्तेमाल की जाने वाली सबसे ताक़तवर दवा है।'

आमने-सामने की मुलाकात में शुरुआती कुछ पलों के बाद, दृश्य (यानी, आप कैसे दिखते हैं) गौण हो जाते हैं और आपकी शाब्दिक क्षमता (यानी, आप क्या बोलते हैं या आप किन शब्दों का इस्तेमाल करते हैं) का महत्व बढ़ जाता है। हमारे शब्द संवाद के सबसे ताक़तवर औजार हैं जो भावनाएं और छवियां पैदा करते हैं और नकारात्मक और सकारात्मक दोनों तरह की उम्मीदें बनाते हैं। व्यापार और राजनीति, दोनों के ही नेताओं में एक जैसी जो खासियत है, वो है सही शब्दों का इस्तेमाल करते हुए अपने 'निजी ब्रांड' को चमकाने की उनकी काबिलियत। साथ ही, लीडर्स किसी भी उद्योग, उम्र या लिंग के हों; उन्हें पता होता है कि अपने विचारों को साफ़ तौर पर और असरदार ढंग से दूसरों के सामने कैसे रखा जाए।

लोग 'शक्तिशाली' शब्द सीखना चाहते हैं, जिनका इस्तेमाल वे अपने बॉस, ग्राहकों और साथी कर्मचारियों को प्रभावित करने के लिए कर सकें। जब पूछा जाता है कि शक्तिशाली शब्द क्या होते हैं?, वे उन्हें ऐसे शब्द मानते हैं जो उनकी कही बात में ताक़त जोड़ देते हैं। वैसे तो ये सुनने में प्रभावशाली लगता है, सच ये है कि अच्छा भाषा कौशल आजकल दुर्लभ है। गलत तरीके से लिखे गए वाक्य, व्याकरण की ढेरों गलतियां और शब्द-संक्षेपों/इमोटिकॉन्स की भरमार वाले ईमेल आज आम बात हैं। बैठकों में, लोग अक्सर ग़लत शब्दों

का इस्तेमाल करते हैं या बिना किसी बेहतर जानकारी के उन शब्दों का गलत उच्चारण करते हैं। पिछले दशक में हुई तमाम तकनीकी प्रगति के बावजूद, अच्छे भाषा कौशल को अभी भी रचनात्मक सोच और उन्नत शब्द-भंडार की ज़रूरत होती है, और इन दो चीज़ों की जगह अभी तक तो तकनीक नहीं ले सकी है।

शब्दों का असरदार इस्तेमाल करने की अपनी क्षमता में सुधार करने के लिए, निम्नलिखित पर ध्यान दें:

⇒ **सामग्री:** यदि आपके पास ज्ञान की कमी है, तो आपके पास असरदार ढंग से संवाद के लिए ज़रूरी कच्चे माल की कमी है। कमज़ोर रिसर्च, खराब प्लानिंग या जानकारी के खराब स्रोतों की जगह शक्तिशाली शब्द नहीं ले सकते। अपना दायरा बढ़ाकर और अलग-अलग विषयों के बारे में पढ़कर अपना ज्ञान कोष बनाएं।

⇒ **अपना शब्द-भंडार बढ़ाएं:** अपने रोज़मर्रा की ज़िंदगी में सामने आने वाले नए शब्दों को पढ़कर और तुरंत उनके अर्थ ढूंढ़कर अपने शब्द-भंडार में सुधार करें। मैं ऑनलाइन शब्दकोशों की बहुत बड़ी प्रशंसक हूं। मैंने देखा है कि लोग अक्सर, लिखित और मौखिक दोनों रूपों में, किसी शब्द का इस्तेमाल किसी दूसरे शब्द के अर्थ में कर लेतें हैं। इसे तकनीकी रूप से हास्यास्पद शब्द प्रयोग कहा जाता है। मिसाल के लिए, अंग्रेज़ी में 'advise' की जगह 'advice' का प्रयोग करना (advice एक संज्ञा है, जिसका अर्थ है 'सलाह या सुझाव', जबकि advise एक क्रिया है जिसका अर्थ है 'किसी को सलाह देना')।

⇒ **अपने शब्द-भंडार को समायोजित करें:** श्रोताओं के हिसाब से अपने शब्द-भंडार को बदलते रहें। अधीनस्थ कर्मचारी ये मानने में बहुत डरते हैं कि वे अपने सीनियर के बोले गए किसी शब्द/वाक्यांश को नहीं समझ पाए हैं, और इस वजह से, कभी-कभी, वे उनसे लगाई गई उम्मीदों के मुताबिक काम नहीं कर पाते हैं।

⇒ **अपना व्याकरण सुधारें:** जहां शब्द आपकी सोच और विचारों को व्यक्त करने में मदद करते हैं, उन्हें ढांचा देता है व्याकरण। व्याकरण की कम जानकारी आपके भाषा कौशल पर गलत असर डालती है और आपकी बात का बिलकुल अलग मतलब निकल सकता है। व्याकरण सुधारने का सबसे अच्छा तरीका है व्याकरण की एक अच्छी किताब में निवेश करना। मेरा सुझाव है कि आप रेन

और मार्टिन की *इंग्लिश ग्रामर एंड कंपोज़िशन* लें। ये एक प्रतिष्ठित किताब है जिसने कई पीढ़ियों तक लोगों को उनका व्याकरण सुधारने में मदद की है। अगर आपको लगता है कि आप खुद पढ़कर अपना व्याकरण नहीं सुधार सकते, फिर आप किसी ट्यूटर पर निवेश करें—ज़िंदगी भर के डिविडेंड के मुकाबले ये वक्त और पैसे का एक छोटा सा निवेश होगा।

⇒ **कठिन तकनीकी शब्दों का इस्तेमाल ना करें:** भले ही कठिन तकनीकी शब्द (Jargon) और चालू शब्द (Buzzwords) फैशनेबल लगते हों, हो सकता है कि कई लोग खासकर सीनियर उन्हें ना समझ सकें। इसलिए, आसान भाषा का इस्तेमाल करें और साफ़ तरीके से अपनी बात रखने पर ध्यान दें। आखिरकार, कारोबारी संवाद का मकसद दूसरों को प्रभावित करना नहीं बल्कि अपनी बात समझाना है!

⇒ **मुश्किल शब्दों को आसान शब्दों से बदलना सीखें:** एक आसान उपाय है कि आप अपने लेख/भाषण/प्रेज़ेंटेशन को दोबारा पढ़ें और उनमें जो मुश्किल या लंबे-चौड़े वाक्यांश हैं, उनकी जगह आसान वाक्यांश लाएं ताकि आपकी बात बिलकुल स्पष्ट हो।

⇒ **एक्शन वर्ड्स (Action Words) का इस्तेमाल करें:** जो शब्द काम होता हुआ दिखाते हैं, वे शब्द-छवियां बनाते हैं। मिसाल के लिए, हासिल (Accomplished), प्राप्त (Achieved), पुरस्कृत (Awarded), पूरा (Completed), निर्मित (Generated) और प्रशिक्षित (Trained) जैसे शब्द किसी रेज़्युमे (Resume) में अपनी छाप छोड़ने वाली छवियां बना सकते हैं। दूसरी तरफ, शायद (Perhaps) और आम तौर पर (Usually) जैसे शब्द आपकी छवि एक अनिश्चित और गैर-पेशेवर की बनाते हैं।

⇒ **दिमाग पर बोझ ना डालें:** बैंडविथ (Bandwidth), ऑनेस्टली (Honestly), एक्चुअली (Actually), कोर कंपिटेंसी (Core Competency), लीप फ्रॉग (Leap Frog) और मिशन-क्रिटिकल (Mission-Critical) जैसे शब्द या वाक्यांश हमारे देश में जमकर इस्तेमाल होते हैं। 'ईमानदारी से कहूं', इनसे कुछ व्यक्त नहीं होता है! आप आसान अंग्रेजी में सही और सटीक शब्दों का इस्तेमाल करें, ना कि जटिल शब्दों का जो लोगों को दिमागी कसरत करने को मजबूर करते हैं।

⇒ **जूनियर स्कूल की अंग्रेजी का इस्तेमाल करें:** विदेशी लोगों से बातचीत के दौरान छोटे और आसान वाक्यों का इस्तेमाल करें क्योंकि कारोबारी संवाद का उद्देश्य ये सुनिश्चित करना है कि आपकी बात सभी को समझ में आए। स्माइलीज़, स्थानीय शब्दों या विदेशी वाक्यांशों के इस्तेमाल से बचें।

⇒ **स्लैंग के इस्तेमाल से दूर रहें:** अमेरिकी प्रभाव में हमारे देश में स्लैंग यानी रोज़मर्रा की कामचलाऊ भाषा का इस्तेमाल बढ़ रहा है। भले ही ये हल्की-फुल्की बातचीत में ज़रूरी जोश लाता है, बेहतर है कि औपचारिक कारोबारी बातचीत और इंटरव्यू के दौरान इसका इस्तेमाल ना किया जाए।

मैं प्लीज़ (Please) और शुक्रिया (Thank You) को सबसे ताक़तवर कारोबारी शब्द मानती हूं। बिज़नेस से जुड़ी अपनी बातचीत में इनका इस्तेमाल आप खुलकर करें और आप देखेंगे कि उत्साह का स्तर लगातार ऊपर जा रहा है।

आवाज़ की ताक़त

महात्मा गांधी की आवाज़ बांधकर रखती थी, इंदिरा गांधी की आवाज़ में एक रौब झलकता था जबकि राजीव गांधी की आवाज़ में सुकून देने वाली खासियत थी। अपनी आंखें बंद करें और किसी पुरुष की गहरी आवाज़ के बारे में सोचें। क्या आपके दिमाग में अमिताभ बच्चन या फ्रैंक सिनात्रा आ रहे हैं? एक महिला की मीठी आवाज़ के बारे में सोचें। अब आप किसके बारे में सोच रहे हैं? शायद लता मंगेशकर? अब, एक रुखी या डरावनी आवाज़ के बारे में सोचें। आवाज़ असर डालती है।

बिज़नेस में, उतार-चढ़ाव से भरी एक अच्छी आवाज़:

⇒ भरोसा पैदा करती है

⇒ आपके शब्दों का तालमेल आपकी बॉडी लैंग्वेज से कराती है

⇒ संतुलन बनाती है और असर छोड़ती है

⇒ भावनाओं (उदासी, ख़ुशी, घबराहट या डर) को व्यक्त करके श्रोताओं में दिलचस्पी पैदा करती है

वैसे ज़्यादातर लोगों का मानना है कि अच्छे संवाद के लिए शब्द-भंडार का बड़ा होना ज़रूरी है, वैज्ञानिक शोध से पता चलता है कि आवाज़ की गुणवत्ता (पिच, लहज़ा, वॉल्यूम और उतार-चढ़ाव) भी बराबर का असर पैदा करती है।

⇒ **उच्चारण:** साफ़ उच्चारण शब्दों को समझना आसान बना देता है। राष्ट्रपति ओबामा का साफ़ उच्चारण और उनकी गहरी आवाज़ उनके आकर्षण को बढ़ा देती है।

⇒ **ऐक्सेंट (Accent):** आज बिज़नेस की दुनिया में वैसे तो ऐक्सेंट को इतनी ज़्यादा अहमियत नहीं दी जाती, लेकिन अगर आपकी आवाज़ में किसी क्षेत्रीय भाषा का प्रभाव अधिक है तो आपको अपनी बात समझाना मुश्किल हो सकता है। किसी विदेशी के साथ बातचीत करने के दौरान, ना तो अपने ऐक्सेंट पर ज़ोर दें और ना ही उनके ऐक्सेंट की नकल करें, क्योंकि ऐसा करके आप ख़ुद को 'नकली' दिखाने का खतरा मोल लेंगे।

⇒ **पिच (Pitch):** ऊंचे पिच की आवाज़ों को कर्कश जबकि निचले पिच की आवाज़ों को संतुलित माना जाता है। गौर करें कि कैसे अनुभवी राजनेता गहरी, कम पिच की आवाज़ में बोलते हैं।

⇒ **उच्चारण:** अच्छा उच्चारण अंच्छी पढ़ाई-लिखाई और छोटी-छोटी बातों पर ध्यान देने की खासियत दर्शाता है। जब भी किसी उच्चारण को लेकर संदेह हो, शब्दकोष की मदद लें।

⇒ **तान (Tone):** किसी प्रेज़ेंटेशन के दौरान लगातार एक जैसी तान में बोलते जाना लोगों को जल्दी ही ऊबा देता है। अपनी भावनाओं और मूड को दिखाने के लिए तान को बदलते रहें, और अपने बोलने के अंदाज़ में थोड़ा ड्रामा जोड़कर लोगों की दिलचस्पी को बनाए रखें।

सार्वजनिक रूप से बोलने के दौरान आवाज़

किसी बड़े ग्रुप को संबोधित करते समय या प्रेज़ेंटेशन करते समय अपनी आवाज़ की गुणवत्ता को सुधारने के लिए थोड़ी ज़्यादा कोशिश करें। दो नेतृत्व कौशल, जो कारोबारी जगत में बेहद ज़रूरी हैं, वे हैं—लोगों के सामने बोलने की काबिलियत और अपने विचारों को साफ़ ढंग से पहुंचाने की क्षमता, लिखित और मौखिक दोनों ही तरीकों से।

⇒ **आवाज़ की जांच (Diagnosis):** अपनी आवाज़ रिकॉर्ड करें, इसे सुनें और फिर बिना किसी पक्षपात के इसका मूल्यांकन करें। क्या आपकी आवाज़ में जोश और ऊर्जा दिखती है? क्या ये नीरस और उबाऊ है? अगर आप इसे ख़ुद उबाऊ पाते हैं तो सोचिए कि दूसरों को ये कितना नीरस लगता होगा!

⇒ **आवाज़ की कसरत:** शास्त्रीय गायन, अपने कंठ के पिछले हिस्से से बोलना, छाती से सांस लेना, एक्टिंग का कोर्स करना या बच्चों की कहानियां बोलकर पढ़ना—इन सभी से आवाज़ सुधारने में मदद मिलती है।

⇒ **देह भाषा (Body language):** एक अच्छे पोस्चर (posture) के साथ आपके चेहरे का ऊपर की तरफ रहना देखने वाले की नज़र में आपका आत्मविश्वास दिखाता है और आपकी आवाज़ को बेहतर तरीके से उन तक पहुंचाने में मदद करता है।

⇒ **लगातार अभ्यास से बेहतर होते जाएंगे:** अपनी आवाज़ सुधारने के लिए लोगों के सामने बोलने के हर मौके का इस्तेमाल करें।

⇒ **गले का ख्याल रखें:** किसी प्रेज़ेंटेशन के पहले गर्म चाय/कॉफी या ठंडा कोला पीने के बजाय एक गिलास गुनगुना पानी पिएं—इससे आवाज़ का संतुलन बनाए रखने में मदद मिलती है।

काम पर हंसी-मज़ाक

कनेक्टिकट यूनिवर्सिटी की प्रोफेसर रेजिना बैरेका, *बिज़नेस एटिकेट फॉर* द न्यू *वर्कप्लेस* नामक किताब में कहती हैं: 'हंसी-मज़ाक डॉक्टर की पर्ची में लिखी दवा की तरह है। जब सही जगह और सही मात्रा में इसका इस्तेमाल किया जाए तो ये शानदार और बिलकुल सही चीज़ है। लेकिन अगर इसका गलत ढंग से इस्तेमाल हो तो ये ज़हरीला हो सकता है।'

जो चीज़ आपको मज़ा दे रही है, वो शायद मेरे लिए मज़ेदार ना हो! हंसी-मज़ाक दोधारी तलवार है जो आपके श्रोताओं को प्रेरित कर सकती है और तनाव का स्तर घटा सकती है, या फिर पहले से ज़्यादा परेशानी की हालत में छोड़ सकती है।

निजी तौर पर मेरी पसंद में शामिल है डिलबर्ट कार्टून स्ट्रिप, जो अमेरिका में काम कर रहे आईआईटी के लोगों पर व्यंग्य करता है। डिलबर्ट एक टेक एक्सपर्ट है जो किसी रोबोट की तरह काम करता है, और जब वैली उससे पूछता है, 'क्या तुम थके हुए हो?', डिलबर्ट जवाब देता है, 'मुझे केवल राष्ट्रीय छुट्टियों के दौरान सोने की ट्रेनिंग मिली है!'

जब बात हंसी-मज़ाक की हो तो इन चीज़ों का ध्यान रखें:

⇒ चुटकुलों की ऐसी कोई श्रेणी नहीं है जो हर किसी को पसंद आए—सभी हालातों में सभी चुटकुले हंसी दिलाने वाले नहीं होते हैं।

⇒ आज के विवादास्पद समय में, किसी की नस्ल या लिंग पर टिप्पणी करने वाले चुटकुले बिलकुल अनुचित हैं।

⇒ जो चुटकुले सबके लिए हों, वे श्रोताओं को भागीदार बनने को मजबूर करते हैं जबकि परिस्थितिजन्य चुटकुलों (मिसाल के लिए, अमेरिका में मौजूदा मंदी या भारत में भ्रष्टाचार पर चुटकुले) से श्रोता तुरंत एक तरह का जुड़ाव महसूस करते हैं।

⇒ जब श्रोताओं में काफी विविधता हो तब ऐसे हंसी-मज़ाक करें जिससे हर कोई जुड़ाव महसूस करे। खुद पर कोई चुटकुला हो या अपनी आलोचना करने वाला कोई मज़ाक, ऐसे हालातों में ये बहुत काम के होते हैं क्योंकि ये आपकी सच्ची छवि पेश करते हैं।

⇒ भारत में काम करने की जगहों पर हंसी-मज़ाक बहुत कम होता है। हम बॉलीवुड की फिल्मों, टेलीविज़न पर लाफ्टर शोज़ या ईमेल से आने वाले चुटकुलों के ज़रिए हंसी-मज़ाक पसंद करते हैं। हम किसी चुटकुले को काम की जगह के बजाय निजी तौर पर सुनना या पढ़ना पसंद करेंगे। एक तरह जहां ब्रिटेन में हंसी-मज़ाक अपनी आलोचना पर केंद्रित होता है, वहीं अमेरिका में ये काम के तनाव को कम करने के लिए इस्तेमाल होता है, लेकिन इससे ये गलतफहमी नहीं होनी चाहिए कि वहां काम के प्रति गंभीरता में कोई कमी होती है।

टिप 1: बॉस के तौर पर अपनी मौजूदा स्थिति को हंसी-मज़ाक से ना जोड़ें। सहकर्मी के तौर पर, किसी साथी के लिए अपनी नकारात्मक भावना (जलन या दुश्मनी) को किसी चुटकुले के माध्यम से व्यक्त ना करें, क्योंकि इससे रिश्ते हमेशा के लिए खराब हो जाते हैं।

टिप 2: अंतर्राष्ट्रीय व्यापार में, कई वरिष्ठ अधिकारियों ने हंसी-मज़ाक का बेवक्त इस्तेमाल कर काफी नुक़सान झेला है। एक तरह जहां अमेरिकी लोग अपने काम-धंधे में हंसी-मज़ाक का इस्तेमाल पसंद करते हैं, वहीं एशियाई लोग चुटकुलों को गंभीरता से ले लेते हैं!

संवाद की समस्याएं

एक प्रशिक्षक के रूप में मैंने भारत में संवाद की जिन समस्याओं को सबसे ज़्यादा देखा है, वे इस तरह हैं:

बहुत ज़ोर से बोलना

भारत एक अरब से ज़्यादा लोगों का देश है जो हलचल से भरा है। हम चीखते लाउडस्पीकरों, सड़कों पर शोर से भरे जुलूसों और बिना सोचे-समझे हॉर्न बजाते लोगों के साथ रहते और काम करते हैं। नतीजतन, काम पर और घर में, दोनों जगहों पर हम ज़ोर से बोलते हैं ताकि पीछे के शोरगुल में हमारी आवाज़ साफ़ से सुनाई दे। जब हम बिज़नेस के लिए विदेश जाते हैं या अपने देश में ही तुलनात्मक रूप से शांत जगह पर होते हैं, बदकिस्मती से, हम बातचीत के दौरान अपनी आवाज़ नीची नहीं कर पाते और ज़ोर-ज़ोर से बोलते रहते हैं।

टाटा कैपिटल के मानव संसाधन विभाग के प्रमुख अमर सिंहजी कहते हैं: 'एक अहम सॉफ्ट स्किल जिसे हम भारतीयों को बड़े पैमाने पर सुधारने की ज़रूरत है, वो है अंतर्राष्ट्रीय बिज़नेस सेटिंग में धीरे से बोलना। भारत में जहां ज़ोर से बोलना आम बात मानी जाती है, अंतर्राष्ट्रीय स्तर पर ये परेशानी पैदा करने के साथ-साथ असभ्य और आक्रामक भी माना जाता है।'

- ⇒ ज़ोर से बोलना संस्कृति से जुड़ी आदत है। मिसाल के लिए, एशियाई और अमेरिकी लोग पश्चिमी और उत्तरी यूरोपीय लोगों की तुलना में ज़्यादा ज़ोर से बोलते हैं। दिलचस्प बात ये है कि चीन के लोग भारतीयों की तुलना में ज़्यादा जोर से बोलते हैं, खासकर रेस्तरां में और अपने मोबाइल फोन पर बातचीत करते समय!
- ⇒ ज़ोर से बोलना स्थान पर निर्भर होता है: जब हम औपचारिक भोजन/सम्मेलन कक्ष में बैठते हैं तो हम धीमी आवाज़ में बोलते हैं लेकिन एक व्यस्त कैफेटेरिया में बैठने पर अपने-आप हमारी आवाज़ ऊंची हो जाती है।

टिप 1: बहुत ऊंची आवाज़ परेशान करती है और बहुत धीमी आवाज़ आत्मविश्वास की कमी को दिखाती है; इसलिए आराम से मध्यम आवाज़ में बोलिए।

टिप 2: किसी इंटरनेशनल सेटिंग में, अपने आस-पास के माहौल पर

ध्यान दें और अपनी आवाज़ के वॉल्यूम को आस-पास के लोगों के हिसाब से संतुलित करें।

बहुत तेज़ बोलना

लोग जल्दी-जल्दी बोलते हैं जब वे उत्तेजित या घबराए हुए होते हैं। सच्चाई ये है कि धीरे-धीरे बोलने से लोगों का सुनना और वक्ता के लिए अपनी बात समझाना आसान हो जाता है।

भारत में, अंग्रेज़ी संपर्क भाषा के रूप में उभरी है, वो भाषा जिसमें हम अपने साथी भारतीयों के साथ संवाद करते हैं। स्कूल-कॉलेजों में ये पढ़ाई कराने का लोकप्रिय माध्यम है और हमारे देश में बिज़नेस की आम भाषा।

एक बार एक जर्मन ने इस दिलचस्प चीज़ को समझाया। उसने कहा, 'भारतीय बहुत तेज़ी से अंग्रेज़ी बोलते हैं। क्या इसलिए क्योंकि आप अंग्रेज़ी में बहुत अच्छे हैं और इसे अपनी स्थानीय भाषा में बदलने में समय बर्बाद नहीं करते हैं, जो हमें हर समय करना होता है?'

धीरे-धीरे बोलने के टिप्स

⇒ **खुद से वादा करें**—कि आप धीरे-धीरे और साफ़ बोलेंगे और सही ढंग से उच्चारण करेंगे।

⇒ **रफ़्तार पर लगाम लगाएं**—अर्ध विराम और विराम चिह्नों को रफ़्तार रोकने के साधन की तरह देखें, बिलकुल उसी तरह जिस तरह आप गाड़ी चलाते वक्त करते हैं।

⇒ **सारांश बताएं**—छोटे ब्रेक लें और उस दौरान अपनी बातों का सारांश रखें, और सुनिश्चित करें कि आपके श्रोता आपकी बात समझ रहे हैं।

⇒ **गति**—अपनी गति को ऐसा रखें कि उससे आत्मविश्वास दिखे। अगर आप बहुत तेज़ी से बोलते हैं तो आप घबराए हुए दिख सकते हैं, और अगर आपके बोलने की गति बहुत धीमी है तब आप उबाऊ और नीरस लग सकते हैं।

⇒ **देह भाषा**—आमने-सामने की बैठकों में अपने श्रोताओं की देह भाषा से

मिलने वाले संकेतों का फायदा उठाएं। अगर वे कहीं खोए हुए लग रहे हैं तब अपनी गति को धीमा करके उनकी दिलचस्पी फिर से जगाने की कोशिश करें।

लगातार बोलते रहना

सिर्फ सामाजिक-व्यावसायिक माहौल में काम के बारे में बात करने से व्यावसायिक संबंध नहीं बनते हैं। अपने व्यापारिक सहयोगियों को बेहतर ढंग से समझने के लिए छोटी परिचर्चा आयोजित करने और आम विषयों पर भी चर्चा करने में थोड़ा वक्त बिताएं। व्यावसायिक भोज के दौरान, इन बुनियादी बातों का ख्याल रखें:

⇒ नाश्ता : बिज़नेस से जुड़ी बातों की शुरुआत कॉफी/चाय परोसे जाने के बाद होती है।

⇒ दोपहर का भोजन : बिज़नेस से जुड़ी बातों की शुरुआत खाना/पेय परोसे जाने के बाद होती है।

⇒ रात का भोजन : मेन कोर्स के खत्म होने तक या फिर मेज़बान के विषय छेड़ने का इंतज़ार करें।

यह संस्कृति और देश के हिसाब से बदलता है। इंटरनेशनल बिज़नेस में, सबसे अच्छी रणनीति है कि विदेश जाने के पहले उसके बारे में पढ़ लिया जाए और यात्रा के दौरान आम परंपराओं के बारे में स्थानीय लोगों से बात की जाए। इस नज़रिए से पक्का होगा कि आप लगातार अपने ग्राहक की संस्कृति को जान और समझ रहे हैं। मिसाल के लिए, जर्मनी में, कारोबारी मामलों पर आम तौर पर खाने के पहले या बाद में चर्चा होती है; खाने के दौरान कभी नहीं। चीन में, कारोबारी मुद्दों पर बातचीत की जा सकती है जब तक कि ये आपकी बातचीत का मुख्य विषय ना हो, और साथ ही बच्चों और जीवनसाथी के बारे में आपसी बातचीत को बढ़ावा दिया जाता है।

बातचीत शुरू करने वालों की कमी

हमारी शिक्षा प्रणाली हमारी बौद्धिक क्षमता में सुधार पर ज़ोर देती है, हमारी बातचीत के कौशल पर नहीं, नतीजा ये होता है कि छोटी परिचर्चा भी शुरू करने में हम सहज नहीं रहते। शुरुआती मुलाकात और अभिवादन के

बाद, किसी भी नए व्यापारिक परिचित के साथ बातचीत शुरू करने के लिए इन तरीकों को आजमाएं:

⇒ अपने मेज़बान के देश के बारे में चर्चा करना बातचीत शुरू करने के सबसे अच्छे तरीकों में एक है। चूंकि आपका मेज़बान इस विषय का जानकार है, वो आपके साथ तुरंत सहज होकर बातचीत में शामिल हो सकता है। इस बातचीत में आप अपने मेज़बान के देश, उनके काम-धंधे, राजनीति, कला, संगीत, खेल-कूद और संस्कृति के बारे में अपने सफर, इंटरनेट, खबरों और दूसरे स्रोतों से जुटाई जानकारी का इस्तेमाल कर सकते हैं।

⇒ **'अतुल्य भारत'**: अपने देश की संस्कृति पर चर्चा करने के लिए तैयार रहें और इसे सकारात्मक ढंग से पेश करने की कोशिश करें। समृद्ध विरासत, ऐतिहासिक काल, कलाओं की विविधता, खेल-कूद और व्यंजनों के बारे में बात करें। अपने देश के बारे में सवालों का समझदारी से जवाब देकर आप जानकार और ईमानदार दिख सकते हैं।

⇒ **धर्म और राजनीति जैसे कुछ विषयों से दूर रहें:** वे भावनाएं भड़का सकते हैं, जिससे बहस गरम हो सकती है। बहुत ज़्यादा निजी सवाल पूछने या लिंग, राजनीति और धर्म पर चुटकुले सुनाने से आप 'बाहर के लोगों के लिए संवेदनहीन' दिख सकते हैं। इससे आपके विदेशी सहकर्मियों के साथ आपके रिश्तों में तनाव बढ़ सकता है और वे आपके सामने सहज नहीं रह सकते हैं।

बातचीत का कचरा

बोलते वक्त कोशिश करें कि बातचीत का कचरा दूर रहे—मिसाल के लिए, लाइक (like), एक्चुअली (actually), बेसिकली (basically) जैसे शब्द। साथ ही, आह, हुह जैसी आवाज़ें और 'क्या आपको मेरी बात समझ में आई?' या 'क्या यह स्पष्ट है?' जैसे दोहराए जाने वाले सवाल आपके श्रोताओं के लिए चिड़चिड़ाहट लाने वाले और बेइज्जती महसूस कराने वाले होते हैं।

व्यापार में मुश्किल बातचीत

मुश्किल बातचीत कभी आसान नहीं होती! होशियारी की कमी बातचीत के दौरान ख़ुद को शर्मिंदा करने जैसा है। होशियार और समझदार बनें और लोगों

को आपसे बात करने के बाद बेहतर महसूस कराएं। अगर आपको पता है कि कोई टिप्पणी नापसंद की जाएगी, उसे तब तक ना करें जब तक कि वो किसी के फायदे के लिए बेहद ज़रूरी ना हो—बातचीत में शिष्टाचार का ये आसान सा नियम है।

काम पर आपस में तकरार कॉर्पोरेट जगत का हिस्सा है। भले ही हम आम तौर पर काम के दौरान व्यवहार-कुशल बनने की कोशिश करते हैं, कभी-कभी हम असहमत ज़रूर होते हैं। ये सुनिश्चित करें कि आप इसे व्यक्तिगत मामला या दूसरों की आलोचना का विषय ना बनाएं। भले ही किसी सहकर्मी ने आपको अपशब्द कहे हों, आप तुरंत प्रतिक्रिया ना दें, बल्कि कोई राय बनाने के पहले थोड़ा इंतज़ार करें। फिर ज़रूरत पड़े तो किसी सीनियर को बताएं। कभी भी जल्दबाज़ी में प्रतिक्रिया ना दें क्योंकि हो सकता है कि बगैर सोचे-समझे गुस्सा जताने की वजह से असली मुद्दा बिगड़ जाए।

अगर बातचीत मुश्किल हो जाए, तब कुछ चीज़ों को याद रखना चाहिए:

⇒ **असहमत होना सीखना:** कामकाज के सिलसिले में हम ऐसे कई लोगों से मिलते हैं जो हमारे नज़रिए से खुलकर असहमति जताएंगे। बातचीत में कुशल व्यक्ति जानता है कि इस असहमति की सीमा कहां खत्म होती है और उसे विवादास्पद विषय को छोड़कर रिश्तों को बनाए रखने की कला में महारात हासिल होती है। बातचीत का रुख दूसरी दिशा में मोड़ने के पहले 'आपका रुख भी सही है...' जैसे वाक्य का इस्तेमाल करें।

⇒ **मुश्किल लोगों से निपटना जिनकी मांगें नामुमकिन होती हैं:** उनकी मांग को ध्यान से सुनें, तुरंत समझने की कोशिश करें कि उन्हें वास्तव में क्या चाहिए और फिर उसी हिसाब से मांग को पूरा करें। ध्यान से सुनना उन लोगों को संभालने के सबसे अच्छे तरीकों में एक है, जो अक्सर विरोधाभासी मांग सामने लाकर हावी होने की कोशिश करते हैं।

⇒ **एक से ज़्यादा सुपरवाइज़रों के निर्देशों से निपटना:** आपको सौंपे गए सभी कामों को लिख लें और इस लिस्ट को सभी सुपरवाइज़रों को ईमेल कर दें, इससे साफ़ हो जाएगा कि आप एक साथ कई प्रोजेक्ट्स पर काम कर रहे हैं। इससे सुनिश्चित होता है कि सुपरवाइज़र ए को इस बात को ध्यान में रखना होगा कि आपको सुपरवाइज़रों बी और सी के दिए कामों को पूरा करने के लिए भी

वक्त निकालना है।

⇒ **अपने बॉस के साथ तनाव भरे रिश्ते को संभालना:** अगर आपका अपने बॉस से बार-बार टकराव होता है, तब इस तनावपूर्ण रिश्ते को सुलझाना आपके करियर में कामयाबी के लिए बेहद ज़रूरी है। पहले, रिश्ता खराब होने की वजह को समझें। क्या ऐसा है कि आपका बॉस ऐसा कर्मचारी चाहता है जो उसकी अथॉरिटी को बिना शर्त माने और आप ऐसा नहीं कर पाते? या, आपके काम का बंटवारा स्पष्ट तरीके से नहीं हुआ है, और अक्सर भ्रम पैदा करने वाली हालत बन जाती है? अपनी भूमिका और लक्ष्यों को परिभाषित करें, और जवाबदेही वाले हर विभाग को साफ़-साफ़ समझें। आखिरी लेकिन बेहद अहम बात, अपने काम को अच्छे से करने पर फ़ोकस करें, ना कि ख़ुद को अपने बॉस से बेहतर दिखाने की।

⇒ **ऐसे लोगों से बात करना जो आपको नीचा दिखाते हैं:** ऐसे कई लोग होते हैं जो आपको नीचा दिखाने की कोशिश करते हैं। उनसे निपटने के लिए नीचे बताई गई बातों में से किसी को भी आजमाएं:

1. कुछ आम सी टिप्पणियां तैयार रखें, ताकि आप कभी भी ख़ुद को मुश्किल हालत में फंसा हुआ ना पाएं।
2. ये कहने में ना हिचकिचाएं 'मैं हैरान/निराश हूं कि आप...'
3. लोगों को इस बात का एहसास कराएं कि उन्होंने सीमा लांघ दी है। इस बात को उन तक पहुंचाने का एक तरीका है अपनी प्रतिक्रिया देते वक्त नहीं मुस्कुराना।

इस्तीफा: शालीनता से पद छोड़ना

कर्मचारी कई वजहों से इस्तीफा देते हैं—मौजूदा भूमिका में ठहराव, दफ्तर की सियासत, बेहतर वेतन, व्यक्तिगत कारण, वगैरह।

याद रखें कि जब आप इस्तीफा देते हैं, तब आप इस्तीफा कैसे देते हैं, इसका असर उन लोगों के साथ आपके रिश्तों पर पड़ता है जो भविष्य में काफी हद तक आपके करियर को प्रभावित करने की स्थिति में हो सकते हैं।

⇒ **आपके बॉस:** अपने बॉस से एक मुलाकात की गुजारिश करें और बातचीत से हर तरह की नकारात्मकता को दूर रखते हुए अपने

छोड़ने की वजहों पर चर्चा करें। इस्तीफा हमेशा व्यक्तिगत रूप से दें, ईमेल या वॉयस मेल मैसेज के ज़रिए कभी नहीं। हो सकता है कि आपके बॉस आपके इस्तीफे से निराश हों और आप अपने रिप्लेसमेंट को ढूंढ़ने में मदद की पेशकश करके इस निराशा को कम कर सकते हैं।

⇒ **आपका इस्तीफा:** एक औपचारिक चिट्ठी भेजें, जिसमें अपने एंप्लॉयर को इस बात के लिए शुक्रिया कहें कि उन्होंने आपको नए स्किल्स सीखने का मौका दिया और उनसे आपको पदमुक्त करने का आग्रह करें। भले ही आप अपनी नौकरी/बॉस से कितनी भी नफ़रत करते हों, ध्यान रखें कि आपकी चिट्ठी में ना तो कोई विवादित बात लिखी हो और ना बेहतर वेतन के लिए बातचीत की कोशिश हो। याद रखें, ये चिट्ठी कंपनी के रिकॉर्ड्स में तब भी रहेगी, जब कुछ सालों बाद आपकी शिकायतें गायब हो चुकी होंगी!

⇒ **आपके सहकर्मी:** अपने सहकर्मियों को अपनी अगली नौकरी के बारे में बिना शेखी बघारे बताएं। साथ ही, उनके सामने ऐसा बर्ताव ना करें कि वे यहां फंसे हुए हैं। जो सहकर्मी दूसरे लोकेशन पर हैं, उन्हें ईमेल से जानकारी दें।

⇒ **आपका नोटिस पीरियड:** अगर आपकी जगह किसी को दी गई है तो उसे मदद करें, आपको दिए गए सारे काम पूरे करें और ऑफ़िस का सारा सामान अच्छी हालत में सौंपें। सारी जानकारी के साथ हैंडओवर रिपोर्ट बनाएं और प्रोफेशनल तरीके से एक्ज़िट इंटरव्यू दें। जब आप नई कंपनी में आधिकारिक रूप से शामिल हो जाएं, तब अपने प्रोफेशनल नेटवर्किंग साइट्स को अपडेट करें।

⇒ **वापसी का रास्ता हमेशा खुला रखें:** मौजूदा कंपनी को इस ढंग से छोड़ें कि भविष्य में आपके बॉस और सहकर्मी आपके लिए सकारात्मक बातें कहें। कॉर्पोरेट की दुनिया अजीब है, और सभी सीनियर लोग किसी ना किसी स्तर पर एक-दूसरे से जुड़े होते हैं। और, कौन जानता है, आपके मौजूदा बॉस कुछ सालों बाद एक बार फिर से आपके नए एंप्लॉयर बन जाएं!

भारतीय महिला अधिकारी और प्रभावशाली संवाद

आधुनिक भारत में, महिलाओं ने कॉर्पोरेट गलियारों में बड़ी तादाद में प्रवेश

किया है। पिछली पीढ़ियों और सामाजिक मानदंडों ने हमारे दिमाग पर ऐसा असर डाल रखा है कि हम हिचकिचाते हुए सुझाव देती हैं, किसी को आदेश देना हो तो पूरी नरमी से देती हैं और कोशिश करती हैं कि किसी भी कीमत पर किसी को नाराज़ ना किया जाए।

लेकिन, कॉर्पोरेट माहौल में ख़ुद को बचाए रखने और फलने-फूलने के लिए हमें इस बात को अंदर उतारने की ज़रूरत है कि प्रभावशाली होने का मतलब दबंगई नहीं है और इसका सीधा संबंध हमारे आत्मविश्वास से है। बिज़नेस सेटिंग में आक्रामक होने और जानबूझकर किसी से टकराव मोल लेने से ये बिलकुल अलग है।

कारोबारी माहौल में अपनी उपस्थिति दर्ज कराने में आपकी मदद करने के लिए कुछ टिप्स हैं:

⇒ **खुलकर बोलें और पर्याप्त योगदान दें:** अक्सर, एचआर मैनेजर शिकायत करते हैं कि वैसे तो उनकी स्टार परफॉर्मर्स महिलाएं होती हैं, लेकिन वही महिलाएं बिज़नेस मीटिंग्स में अपनी बात रखती नहीं हैं। याद रखें कि आपकी क्षमता के अनुसार आपके ऊपर भरोसा करते हुए आपको काम का एक बड़ा पोर्टफोलियो दिया गया है और ये पूरी तरह आप पर है कि आप अपनी उपलब्धियों की कीमत कम ना करें। बेखौफ़ होकर बोलें और अपने नज़रिए को साफ़ तौर पर सामने रखें।

⇒ **'ना' को भावनात्मक रूप से ना देखें:** अधिक संवेदनशील होने की वजह से महिलाएं किसी बिज़नेस मीटिंग में 'ना' को अपनी व्यक्तिगत अस्वीकृति के रूप में देखती हैं। 'ना' को निष्पक्षता से लें, एक चुनौती मानें, और अगली बार अपनी बात मनवाने के लिए बेहतर तैयारी के साथ आएं।

⇒ **आप 'मिस नाइस' क्यों बनना चाहती हैं?** कुछ महिलाएं हर किसी को ख़ुश करने के लिए काफी कोशिश करती हैं और इस दौरान अपनी ज़रूरतों को नज़रअंदाज़ कर देती हैं। कारोबारी संवाद के दौरान अपनी मानसिकता को बदलते हुए 'हम' के बजाय 'मैं', 'मुझे' और 'मैं ख़ुद' जैसे असरदार शब्दों का इस्तेमाल करें, और फिर महसूस करें कि आपके लिए नज़रिए में किस तरह का फर्क आता है।

⇒ **अपनी बॉडी लैंग्वेज को एक्टिव रखें:** अपनी बॉडी लैंग्वेज में

किसी तरह की कमज़ोरी दिखाने की बजाय जब भी किसी से कुछ कहें, आंखों में आंखें डालकर कहें, 'अमित, 4 बजे तक इन डॉक्यूमेंट्स को मेरे पास पहुंचा दो और अगर तुम किसी वजह से इस समय सीमा को हासिल नहीं कर पाते तो मुझे अपडेट दो।' यही बात अगर फर्श को देखते हुए या अपने बिखरे बालों को कानों के पीछे दबाते हुए कही जाए तो साफ़ है कि वो उतनी असरदार नहीं रहेगी!

असरदार कम्युनिकेटर की खासियतें:

⇒ वे आक्रामक हुए बिना या दूसरों के प्रति अनादर दिखाए बिना अपनी बात सामने रखते हैं।

⇒ वे आसानी से हार नहीं मानते हैं, और इस वजह से उन्हें अपने साथियों/बॉस से सम्मान मिलता है और ग्राहकों से सौदे।

⇒ वे आलोचना को निष्पक्षता से स्वीकार करते हैं, और इसका असर अपने आत्मविश्वास पर नहीं आने देते।

⇒ वे प्रशंसा को भी निष्पक्षता से स्वीकार करते हैं, और इसका असर अपने बर्ताव पर नहीं पड़ने देते।

⇒ वे जिस चीज़ को सही मानते हैं उसके समर्थन में दृढ़ रहते हैं।

⇒ वे 'ना' कहते वक़्त ख़ुद को गलत महसूस नहीं करते, 'मुझे नहीं पता' कहते हुए डरते नहीं हैं और समझते हैं कि वे 'हर चीज़ के जानकार' नहीं हो सकते।

काम पर पुरुषों और महिलाओं का संवाद

जेंडर कम्युनिकेशन की अमेरिकी गुरु, कॉनी ग्लेसर कहती हैं, 'कार्यस्थल पर पुरुषों और महिलाओं के बीच समस्या ये नहीं है कि उनके लिए नियम अलग-अलग होते हैं, बल्कि ये है कि उन्हें नियम पता ही नहीं होते हैं।' अपनी किताब *स्विम विथ दि डॉल्फ़िन्स*, में वो कहती हैं कि कार्यस्थल पर महिलाओं को पुरुषों के बर्ताव की नकल नहीं करनी चाहिए, बल्कि अपनी स्वाभाविक शक्तियों और प्रतिभाओं: बुद्धि, अंतर्ज्ञान और सामाजिक शिष्टताओं पर ध्यान देना चाहिए।

ग्लेसर के मुताबिक पुरुषों और महिलाओं के व्यवहार में आम तौर पर नीचे दिए गए फर्क देखने को मिलते हैं:

पुरुष:

1. बॉडी लैंग्वेज में ताक़त दिखाने वाले संकेतों का ज़्यादा और नाटकीय इशारों का कम इस्तेमाल करते हैं।
2. संवाद की शैली सीधी और अहम मुद्दों पर केंद्रित रखते हैं।
3. ओहदा और ताक़त हासिल करने के लिए विवाद का इस्तेमाल करते हैं।
4. खेल-कूद, पैसे और बिज़नेस के बारे में बात करना पसंद करते हैं।
5. अक्सर समस्याएं सुलझाने के लिए बातें करते हैं।
6. कम शब्दों का इस्तेमाल करते हैं, कभी-कभी बेबाक हो जाते हैं। अपनी राय व्यक्त करने को लेकर आत्मविश्वास करते हैं।

महिलाएं:

1. नॉन-वर्बल कम्युनिकेशन सीधे तौर पर इस्तेमाल करती हैं और दूसरों की देह भाषा के संकेतों को बहुत जल्दी समझती हैं।
2. एक-दूसरे के साथ थोड़ा करीब होकर खड़ी रहती हैं, और पर्सनल स्पेस कम कर देती हैं।
3. भाव-मुद्राओं का इस्तेमाल ज़्यादा करती हैं।
4. लोगों, भावनाओं और संबंधों के बारे में बातें करना पसंद करती हैं।
5. दूसरों को समझने और उनसे बेहतर जुड़ाव के लिए बात करती हैं, कभी-कभी भावुक हो सकती हैं।
6. संवाद की परोक्ष शैली (indirect style) का इस्तेमाल करती हैं।

नॉन-वर्बल कम्युनिकेशन

वैसे तो हम शब्दों का चालाकी से इस्तेमाल कर अपनी असली भावनाओं पर पर्दा डाल सकते हैं, लेकिन अपनी बॉडी लैंग्वेज पर पर्दा डाल पाना कहीं ज़्यादा मुश्किल होता है। अध्ययनों से पता चला है कि किसी बिज़नेस मीटिंग के शुरुआती कुछ सेकेंडों में, हम 93 प्रतिशत प्रभाव नॉन-वर्बल कम्युनिकेशन के ज़रिए डालते हैं, और केवल 7 प्रतिशत शब्दों के ज़रिए। इसलिए सुनिश्चित कीजिए कि आप अपने शरीर से सही संकेत दे रहे हैं।

बॉडी लैंग्वेज

ज़्यादातर एशियाई लोगों की तरह, और अमेरिकी, इतालवी या लैटिन अमेरिकी

लोगों के विपरीत, हम भारतीयों की बॉडी लैंग्वेज बहुत नियंत्रित होती है। आम तौर पर, हम अपनी सच्ची भावनाओं को दिखाना नापसंद करते हैं, और निराश होने पर भी उदासीन चेहरा बनाए रखना पसंद करते हैं क्योंकि 'इज्ज़त बचाना' बहुत अहम होता है। दूसरी तरफ, अमेरिकी अपनी भावनाओं और मनोदशा को लेकर बेहद मुखर होते हैं।

बॉडी लैंग्वेज के संकेत भेजने में हमें मदद करते हैं:

⇒ **हमारी आंखें:** हम अपने व्यापारिक सहयोगियों को देखकर अपनी दिलचस्पी जताते हैं। कुछ संस्कृतियों में, लोग एक-दूसरे की आंखों में आंखें डालकर बात करने में सहज होते हैं जबकि कई दूसरे लोग इससे असहज होते हैं।

⇒ **हमारे चेहरे के भाव:** गुस्से, नफ़रत, उदासी और आश्चर्य की भावनाओं के अर्थ पूरी दुनिया में एक जैसे हैं। दिलचस्प ये है कि दुनिया के कुछ हिस्सों में मुस्कुराहट दिलचस्पी/गर्मजोशी दिखाती है वहीं कुछ दूसरे हिस्सों में शर्मिंदगी। मुंह सिकोड़ना असंतोष दिखाता है जबकि जबड़े को आराम से रखने से चेहरे पर नरमी दिखती है।

⇒ **एक-दूसरे से दूरी:** बहुत करीब खड़ा रहना डराने वाला या आक्रामकता माना जाता है जबकि काफी दूर खड़ रहना घमंड या उदासीनता को दिखाता है।

⇒ **हमारी मुद्रा:** सिर सीधा और ऊंचा रखना आपको आत्मविश्वास से भरा दिखाता है, जबकि झुके हुए कंधे आत्मसम्मान की कमी को दिखाते हैं। निजी तौर पर, मैंने पाया है कि ज़्यादातर बिज़नेस लीडरों की मुद्रा अच्छी होती है जो ऊर्जा और जोश को दर्शाती है। हाथों या पैरों का लगातार हिलना घबराहट को दिखाता है, जबकि पैरों को फर्श पर सीधा रखना या टखनों पर क्रॉस करके बैठना आत्मविश्वास दिखाता है। चलते या किसी कुर्सी पर बैठते वक़्त झुकना विश्वास की कमी को दिखाता है।

⇒ **हमारे हाव-भाव:** हाव-भाव के लिए हाथ बेहद अहम होते हैं और रुचि और जोश व्यक्त करते हैं। ज़ेब में रखे हाथ प्रोफेशनलिज़्म की कमी दिखाते हैं, जबकि छाती पर बंधे हुए हाथ रक्षात्मक रुख दर्शाते हैं—बिज़नेस की दुनिया में दोनों ही चीज़ों से बचना चाहिए।

भारतीय हाव-भाव

वैसे तो हाव-भाव दूसरों से संवाद करने की हमारी क्षमता को बढ़ाते हैं, फिर भी उनका बहुत ज़्यादा इस्तेमाल नहीं करना चाहिए। सिर हिलाने की मशहूर भारतीय आदत विदेशियों को उलझन में डालने वाला होता है, क्योंकि वे समझ नहीं पाते कि सिर हिलाने का मतलब 'हां', 'नहीं', या 'शायद' में से क्या है। भारत में हमारे ऐसे कई हाव-भाव हैं, जो देश के कोने-कोने में फैले हैं और हमारी संस्कृति में सबसे अलग हैं। मिसाल के लिए, सम्मान देने के लिए पैर छूना, हाथ मोड़कर 'कौन जानता है' का इशारा करना और अभिवादन के लिए या विनम्रता दिखाने के लिए हाथ जोड़कर नमस्ते करना।

अंतर्राष्ट्रीय व्यापार में हाव-भाव

किसी विशेष देश के इशारों का इस्तेमाल करने के पहले उनके बारे में जानें, क्योंकि दुनिया के अलग-अलग हिस्सों में इशारों का अलग मतलब हो सकता है। मोटे तौर पर, ब्रिटेन, जर्मनी, स्विट्ज़रलैंड, कनाडा और स्कैंडिनेवियाई देशों के लोग बहुत कम तरह के इशारे इस्तेमाल करते हैं। लैटिन अमेरिकी, मध्य पूर्वी और भूमध्यसागरीय संस्कृतियों में ऐसे इशारे इस्तेमाल होते हैं जिनमें भावनाएं ज़्यादा दिखती हैं।

कुछ आम इशारों के बारे में अहम बातें नीचे बताई गई हैं:

1. **'ओके'**: अमेरिका में इसका मतलब है 'बहुत बढ़िया'; जापान में ये रुपए का प्रतीक है; फ्रांस में इसका मतलब है 'शून्य/बेकार'; और ब्राज़ील और जर्मनी में ये अश्लीलता है।

2. **मुस्कुराना**: अमेरिका और यूरोप में मुस्कुराहट का मतलब है खुशी, जापान में कन्फ्यूज़न और एशिया के कुछ हिस्सों में शर्मिंदगी। साथ ही, जहां अमेरिकी तुरंत मुस्कुरा देते हैं, यूरोपीय लोग जल्दबाज़ी में नहीं मुस्कुराते। दिलचस्प ये भी है कि महिलाएं पुरुषों के मुकाबले ज़्यादा जल्दी मुस्कान बिखेरती हैं।

3. **बाएं हाथ का इस्तेमाल**: भारत, श्रीलंका, मध्य पूर्व और अफ्रीका में बाएं हाथ को अशुभ माना जाता है, जबकि पश्चिमी देशों के ज़्यादातर हिस्सों में इसकी कोई अहमियत नहीं है।

4. **डकार**: चीन, ताइवान और सुदूर पूर्व के कई देशों में डकार लेना शेफ के लिए तारीफ माना जाता है, इसका मतलब होता है कि

आपने अच्छी तरह खाया है। हालांकि, अमेरिका और पश्चिमी यूरोप में डकार को खाने के वक़्त भद्दा बर्ताव माना जाता है।

5. **छूना:** अक्सर, मैं देखती हूं कि भारतीय पुरुष और महिलाएं किसी का परिचय कराने के लिए अपने लिंग के लोगों की पीठ थपथपाते हैं या उनकी बांह खींचते हैं। हमारी संस्कृति में इसे गर्मजोशी माना जाता है। इसी तरह, मध्य पूर्व में, किसी बिज़नेस मीटिंग के दौरान हाथ मिलाने के अलावा, एक जैसे लिंग के लोगों के बीच पीठ थपथपाने या हाथ को हल्के से छूने जैसे रिवाज़ होते हैं, हालांकि पुरुषों और महिलाओं के बीच कोई शारीरिक संपर्क नहीं होता है। इसके बिलकुल विपरीत, उत्तरी अमेरिका और पश्चिमी यूरोप में बिज़नेस मीटिंग के दौरान छूना अपमानजनक माना जाता है।

बॉडी लैंग्वेज के आम संकेत

ये संकेत हमारे लिए इशारा होते हैं, और दूसरे व्यक्ति की तरफ से दिए जा रहे पूरे संदेश को समझने की हमारी क्षमता को बढ़ाने में मदद करते हैं। नीचे के चार्ट में दस साधारण हरकतें और उनसे मिलने वाले संकेतों के बारे में बताया गया है:

	हरकत	**संकेत**
1.	सीधा चलना	आत्मविश्वास
2.	कूल्हों पर हाथ रखकर खड़े होना	आक्रामक/तेजस्वी
3.	छाती पर हाथ बांधना	रक्षात्मक
4.	गाल पर हाथ रखना	सोचना/मूल्यांकन करना
5.	आंख रगड़ना	अविश्वास/संदेह
6.	पीठ के पीछे हाथ बांधना	गुस्सा/हताशा
7.	उंगलियां चटकाना या बजाना	घबराहट/बेसब्री
8.	नाखून चबाना	फिक्र/असुरक्षा
9.	नाक छूना/रगड़ना	कुछ छिपाना/झूठ बोलना
10.	किसी व्यक्ति की तरफ सिर झुकाना	दिलचस्पी दिखाना

टिप: हाव-भाव को अलग-थलग करके ना देखें। चेहरे के भाव, शरीर की गतिविधियां और आवाज़ के लहजे को ध्यान में रखकर पूरा मतलब निकालें।

बॉडी लैंग्वेज की 5 सबसे बड़ी भूल

वैसे तो बिज़नेस लीडर और राजनेता जानते हैं कि आत्मविश्वास से भरी देह भाषा (बॉडी लैंग्वेज) दिखाना कामयाबी की चाभी है, फिर भी कई प्रोफेशनल बॉडी लैंग्वेज के गलत संकेतों को दिखाकर अपनी विश्वसनीयता कम कर लेते हैं:

1. **लगातार सिर हिलाना:** हालांकि सिर हिलाना भारतीय संस्कृति का अंग है, तेज़ी से और बार-बार सिर हिलाना घबराहट या ख़ुश करने की बहुत ज़्यादा इच्छा को दिखाता है। दूसरी तरफ, धीरे से सिर हिलाना आत्मविश्वास के साथ किसी विषय पर सहमति को दर्शाता है।

2. **खराब पोस्चर:** लैपटॉप पर झुके रहने और बैठे रहने की हमारी जीवन शैली ने हमारे पोस्चर को बर्बाद कर दिया है। हमारा खराब पोस्चर बिना कुछ कहे हमें लापरवाह दिखाता है। बिज़नेस से जुड़ी बातचीत के दौरान सीधा बैठना या खड़े होना चाहिए क्योंकि आपके कुछ कहे बगैर भी यह दिखाता है कि आपमें आत्मविश्वास है या आप उत्साही हैं, और ऐसे संकेत दुनिया के हर हिस्से में बिज़नेस से जुड़े सौदों को पक्का करने में कामयाबी दिलाते हैं।

3. **बेचैन लगना:** लगातार अपने पैरों को हिलाने, अपनी उंगलियों को बजाने, अपने बाल/चेहरे/कपड़ों को छूने जैसी बेचैनी एक ही चीज़ कहती है—'मुझे कहीं और होना चाहिए था।' ऐसे हाव-भाव या संकेतों को कम से कम करें, और ये पक्का करें कि आपके श्रोता आपके शब्दों पर ध्यान दे रहे हैं और आपकी बेचैनी उनका ध्यान नहीं भटका रही है।

4. **ख़ुद को सिमटाना:** कम आत्मविश्वास वाले लोग अपने-आप में सिकुड़े से लगते हैं, और उन्हें सुनने वालों के दिमाग में उनकी एक सिमटी-सिमटी छवि बनती है। ख़ुद को खोलें, कोई प्रेज़ेंटेशन देते वक़्त चहलकदमी करें और हाथों को खोलकर रखें, इससे आपकी छवि बेहतर और ज़्यादा असरदार बनेगी।

5. **अपनी मुट्ठियां बंद करना:** इसका मतलब है 'मुझे सुझाव स्वीकार नहीं हैं'। अपनी खुली हथेलियां दिखने दें क्योंकि इससे ईमानदारी और पारदर्शिता का संकेत जाता है, और दोनों ही सकारात्मक संकेत हैं।

बॉडी लैंग्वेज

नाक छूना या रगड़ना दिखाता है कि
आप कुछ छिपा रहे हैं या झूठ बोल रहे हैं

मेज़ पर उंगलियां बजाना
घबराहट/बेसब्री दिखाता है

नाखून चबाना फिक्र
या असुरक्षा को दिखाता है

किसी की तरफ सिर झुकाना
उसके लिए दिलचस्पी
को दिखाता है

आंखों को रगड़ना
दिखाता है कि आपके मन
में अविश्वास या संदेह है

ध्यान से सुनने का कौशल

ज़्यादातर लोग ध्यान से सुनते नहीं हैं! वैसे हम सब लोग 'सुनते हैं', हम शायद ही 'ध्यान से सुनते हैं', और इससे गलतफहमियां पैदा होती हैं, हम डेडलाइन पूरी नहीं कर पाते और काम पर गलत मुद्दों पर ध्यान लगाते हैं। मैं तो यहां तक कहना चाहूंगी कि ना केवल हम ध्यान से नहीं सुनते हैं, बल्कि हम लगातार ये सोचते रहते हैं कि इसके बाद हम क्या कहेंगे!

ध्यान से सुनने और केवल सुनने में फर्क

लोगों को लगता है कि सुनना भर ही ध्यान से सुनना है। सुनना एक शारीरिक काम है, जबकि ध्यान से सुनने का मतलब है सुनना और समझना। ध्यान से सुनने का अच्छा कौशल:

⇒ दिलचस्पी दिखाकर भरोसा पैदा करता है

⇒ जानकारी जुटाता है

⇒ भविष्य की कारोबारी ज़रूरतों को पूरा करने के लिए पुल बनाता है

ध्यान से सुनने की 5 बाधाएं

अपनी पिछली कुछ बातचीतों के बारे में सोचें—अगर आपको अपनी कही हुई बातें सुनी हुई बातों से बेहतर याद हैं, तो आपका ध्यान से सुनने का कौशल कमज़ोर है। ये बाधाएं हमें समझदारी के साथ सुनने से रोकती हैं:

1. **कमज़ोर भाषा कौशल:** मिसाल के लिए, अगर सेमिनार किसी ऐसी भाषा में हो रहा है जिसमें आप कुशल नहीं हैं, ये स्वाभाविक है कि आप ऊब जाएंगे और ध्यान से सुनना बंद कर देंगे।
2. **दिलचस्पी की कमी:** मिसाल के लिए, अगर आपके बॉस एक घंटे से उसी विषय पर बोलते जा रहे हैं, आप दिलचस्पी खो देते हैं और ध्यान से सुनना बंद कर देते हैं।
3. **सांस्कृतिक कारण:** कुछ संस्कृतियों में ध्यान से सुनने का कौशल अच्छा नहीं होता है।
4. अगर आप कोई **खास राय रखते हैं और जल्दी से फैसले सुना देते हैं,** तब आप किसी वक्ता की बात पूरी होने के पहले उसे सुनना बंद कर देंगे।

5. **चुनिंदा चीज़ें सुनने की आदत:** अगर आपको केवल वही चीज़ें सुनने की आदत हैं जो आपको पसंद हैं और जो बातें हो रही हैं अगर वो आपकी पसंद की नहीं हैं तो आप सुनना बंद कर देंगे।

अगर आपको लगता है कि ध्यान से सुनने का आपका कौशल अच्छा नहीं है, तो इसे सुधारने पर ध्यान दें और ख़ुद को एक बेहतर श्रोता बनने के रास्ते पर ले जाएं।

यह दिखाने के लिए कि 'मैं ध्यान से सुन रहा हूं', नीचे बताए गए तरीके इस्तेमाल करें:

A. नॉन-वर्बल: बॉडी लैंग्वेज पॉज़िटिव रखें

⇒ बॉडी लैंग्वेज पॉज़िटिव रखने के संकेतों की मदद से दिलचस्पी जताएं—जैसे सिर हिलाना, आंखों में आंखें डालकर बात करना, चेहरे के हाव-भाव सही रखना।

⇒ पीछे से आ रही किसी आवाज़ से अपना ध्यान ना भटकाएं, जैसे, किसी का मोबाइल बजना या सहकर्मियों का बातें करना।

B. मौखिक: बातचीत में हिस्सा लें

⇒ अगर आपको कोई बात समझ नहीं आई तो वक्ता को उसे दोहराने को कहें। फिर पूरे भाषण का सारांश निकालें, और ऐसा करते समय अपनी समझ का मूल्यांकन करें।

⇒ बातचीत के दौरान सही मौकों पर सवाल पूछें, और अपनी वास्तविक रुचि को दिखाते हुए वक्ता को प्रोत्साहित करें। 'क्या आप कहना चाहते हैं...', 'तो, आपका मतलब है कि...', 'देखता हूं कि मैं आपकी बात समझा या नहीं...' या 'आपने ये एक दिलचस्प बात कही है...'—ऐसे सवाल वक्ता की टिप्पणियों को आसान बनाने में मदद करते हैं और आपको उससे सीधे संपर्क में बनाए रखते हैं।

बैठने के दौरान मुद्रा

⇒ घुटनों पर पैरों को एक-दूसरे से क्रॉस करके बैठना एक औपचारिक मुद्रा है जो दिखाती है कि 'मैं सावधान हूं'।

⇒ एड़ियां एक-दूसरे से क्रॉस करके और गोद में हाथों को रखकर बैठना आराम की मुद्रा है।

⇒ एडियों को एक-दूसरे से क्रॉस करके और हाथों को सिर के पीछे ले जाकर बैठना श्रेष्ठता का भाव दिखाता है।

⇒ बार-बार पैरों को क्रॉस करना और फिर हटाना घबराहट या बेचैनी दिखाता है।

विराम की ताक़त

मैं इसे कम्युनिकेशन का एक बेहद असरदार हथियार मानती हूं, हालांकि इसका इस्तेमाल शायद ही लोग करते हैं। बातचीत के दौरान विराम यानी पॉज़ ऐसा ब्रेक है जिसकी बहुत ज़रूरत होती है; ये दिखाता है कि आप बोलने के पहले सोच रहे हैं (श्रोता को लगता है कि आपका आईक्यू ऊंचा है!) और सुनने वाले कुछ हद तक अनुमान भी लगाने लगते हैं। दरअसल, जब आप एक छोटा पॉज़ लेते हैं, उसके बाद लोग आपकी बात पर ज़्यादा ध्यान लगाने लगते हैं। वैसे तो कुछ लोग व्यापारिक बातचीत, खासकर शर्तें तय करते समय, पॉज़ की वजह से असहज हो जाते हैं, लेकिन इन्हें छोटा ब्रेक मानना चाहिए जो आपको सोचने-समझने का मौका देता है।

जैसा कि उपन्यासकार मार्क ट्वेन ने कहा है: 'सही शब्द असरदार हो सकता है, लेकिन कुछ नहीं कहना हमेशा उतना ही असरदार होता है जितना सही समय पर लिया गया पॉज़!' जापानी लोग इस चीज़ में माहिर होते हैं—बिज़नेस मीटिंग्स में वे लंबे पॉज़ के साथ भी बेहद सहज रहते हैं, जब वे कुछ सोच रहे होते हैं या अपने मन में कोई कैलकुलेशन कर रहे होते हैं। दूसरी तरफ, अमेरिकी लोग पॉज़ से असहज हो जाते हैं, और उस दौरान हल्की-फुल्की बातें करते हैं। भारतीय लोग मोल-तोल और सौदेबाज़ी करते वक्त पॉज़ का इस्तेमाल करते हैं, अपनी अरुचि दिखाने के लिए, और कीमतों को थोड़ा और कम कराने के लिए!

पॉज़ के बारे में याद रखने लायक कुछ बातें हैं:

⇒ जब आप बोल रहे हों, वाक्यों और कुछ खास शब्दों के पहले/बाद में इस तरह पॉज़ लें जिससे थोड़ा नाटकीय असर हो, और एकरसता टूटे। इससे आपको थोड़ा सांस लेने का मौका मिल जाता है और आपके श्रोताओं को आपकी बात को अच्छी तरह समझने का वक़्त।

⇒ जब आप सेल्सपर्सन की भूमिका में हैं, तब सही मौके पर आपका पॉज़ आपके ग्राहकों को उनकी खरीदारी के बारे में सोचने का ज़रूरी वक़्त देता है। साथ ही, जब आप किसी डिस्काउंट का प्रस्ताव दे रहे हों, तो उसके पहले आपका पॉज़ दिखाता है कि आपने घटी हुई कीमत मंजूर करने के पहले उसके बारे में सोचा है।

⇒ नेटवर्किंग इवेंट्स में, जब बिज़नेस काड्र्स एक-दूसरे को दे रहे हों, तब कार्ड पढ़ने और बातचीत को आगे बढ़ाने के पहले अपने सवालों को तैयार करने के लिए एक पॉज़ ज़रूरी है।

⇒ जब आप अपना परिचय दे रहे हों या कोई वॉयसमेल मैसेज छोड़ रहे हों, तब अपना पूरा नाम बताने और दूसरे ब्यौरे देने के बीच में एक पॉज़ देने से लोगों के लिए आपका मैसेज समझना और जवाब जल्दी देना आसान हो जाता है।

डिजिकेट यानी डिजिटल चीज़ों के इस्तेमाल की तहज़ीब

पिछले दशक की तकनीकी उन्नति के कारण, ईमेल, सेल फ़ोन, टेलीकॉन्फ्रेंसिंग और वीडियोकॉन्फ्रेंसिंग जैसे इलेक्ट्रॉनिक कम्युनिकेशन के तरीके काफी लोकप्रिय हो गए हैं। ये तरीके सुविधाजनक और सस्ते हैं और इसलिए बड़े पैमाने पर इस्तेमाल में हैं। जब वे हमारी ज़िंदगी में आने लगते हैं, उनके इस्तेमाल के तौर-तरीकों को लेकर कंफ्यूज़न होने लगता है।

एक एसेट मैनेजमेंट कंपनी की एक मैनेजर ने एक बार मुझसे शिकायत की थी कि उसे बहुत बुरा लगता है जब न्यूयॉर्क में उसका 'अहंकारी' अमेरिकी बॉस उसे बिना किसी अभिवादन के ईमेल भेजता है, और ऐसा महसूस कराता है कि वो उसकी 'मोटी तनख्वाह वाली गुलाम' है!

भले ही कुछ लोग दलील दे सकते हैं कि ये पीढ़ी का अंतर हैं, निजी तौर पर मेरा मानना है कि बिज़नेस कम्युनिकेशन में इस्तेमाल होने वाली भाषा कई बार बहुत कैज़ुअल हो जाती है। मैं मानती हूं कि बिज़नेस थोड़ा-थोड़ा 'कैज़ुअल' हो चला है क्योंकि काम के घंटों में लचीलापन और वर्क फ्रॉम होम जैसे विकल्प आजमाए जाने लगे हैं। पोशाक भी कैज़ुअल और आरामदेह हो गई है। फिर भी, बिज़नेस में संवाद के दौरान आसान शब्दों, सही वाक्यों और थोड़ी औपचारिकता बनाए रखने का कोई विकल्प नहीं है। जिस तरह कंपनियां अपने कर्मचारियों को काम के दौरान ज़रूरत से ज़्यादा कैज़ुअल कपड़े पहनने पर चेतावनी देती हैं, उसी तरह की चेतावनी कैज़ुअल भाषा के लिए भी होनी चाहिए!

ईमेल की तहज़ीब

आज जब दफ्तर तेज़ी से कागज़ों के इस्तेमाल को कम करते जा रहे हैं, ईमेल कम्युनिकेशन के सबसे पॉपुलर तरीके के तौर पर उभरा है—ये तेज़ और प्रभावी है और सीधा उस व्यक्ति के पास पहुंचता है जिसे ये भेजा जाता है। जहां इसका प्रभावी और उचित उपयोग हमारी छवि को बेहतर कर सकता है, खराब तरीके से लिखे गए ईमेल ख़ुद को पेश करने की हमारी काबिलियत कम करते हैं। कभी-कभी, ईमेल से पैदा हुई गलतफहमियां कारोबार को भारी नुकसान पहुंचा सकती हैं।

अमर सिंहजी महसूस करते हैं कि 'बिज़नेस कम्युनिकेशन में लिखित संदेश तेज़ी से अपनी गंभीरता खोते जा रहे हैं, और कभी-कभी तो बेअदबी की हद तक पहुंच जाते हैं। उदाहरण के लिए, ऐसे ईमेल भेजना जिनकी शुरुआत में ही लिखा होता है "इसे जल्दी पूरा करें" या "क्या काम हो गया???" ऐसा लिखित रूप में चिल्लाने जैसा है। बिज़नेस में अच्छे बर्ताव की ज़रूरत है क्योंकि बिज़नेस का मतलब कंपनियां नहीं है, इसका मतलब लोग हैं।'

ईमेल के 3 सुनहरे नियम

नियम #1: ईमेल आमने-सामने की बैठकों का विकल्प नहीं हैं: व्यापारिक संवाद में प्राथमिकताओं को समझना आसान है: सबसे पहले आमने-सामने की मीटिंग, फिर आता है फोन कॉल और आखिर में ईमेल। जब ईमेल भेजें या प्राप्त करें, ख़ुद से एक आसान सा सवाल पूछें: 'क्या मीटिंग या फोन कॉल इस चर्चा को बेहतर बनाएगी?' अगर हां, तब ईमेल्स पर मामले को लटकाए

रखने में वक़्त बर्बाद ना करें। अगर कोई संदेह हो, तब याद रखें कि ईमेल किसी मीटिंग या टेलीफ़ोन का विकल्प नहीं है—ये कारोबारी चिट्ठियां लिखने का केवल एक थोड़ा तेज़ तरीका है।

आमने-सामने की बैठकों के बाद दूसरा बेहतर विकल्प है फ़ोन कॉल। इसमें आप एक-दूसरे को देख नहीं सकते लेकिन एक-दूसरे की आवाज़ सुनकर जीवंतता का एहसास होता है।

अंतर्राष्ट्रीय स्तर पर, वॉयसमेल को दूसरे नंबर पर प्राथमिकता दी जाती है—इसमें सीधी बातचीत जैसी जीवंतता तो नहीं होती लेकिन बोल कर दिए गए संदेश में आपकी आवाज़ रहती है और इसमें संवाद प्रभावी होता है। भारत में, अभी तक बिज़नेस कम्युनिकेशन में ये पसंदीदा तरीका नहीं है, हालांकि वक़्त बदल रहा है।

अंत में, एक ईमेल भेजें, जहां संदेश प्राप्त करने वाला ना तो आपको देख सकता है और ना ही आपको सुन सकता है और उसे आपके लिखित संदेश के 'ई-टोन' के आधार पर अपनी राय बनानी पड़ती है।

अपवाद

मेरा अनुभव है कि रेफ़रल या फेवर मांगने का सबसे अच्छा तरीका ईमेल है क्योंकि इससे ईमेल पाने वाले को सोचने और जवाब देने का समय मिल जाता है, जबकि आमने-सामने होने पर या फ़ोन कॉल के दौरान वे मजबूरी में या तो ऐसा वादा कर सकते हैं जो वे करना नहीं चाहते या फिर आपकी गुजारिश को जल्दबाज़ी में खारिज भी कर सकते हैं।

ईमेल लिखित प्रमाण होते हैं। अगर आपको किसी चीज़ का स्थायी रिकॉर्ड चाहिए, तो बेहतर है कि आप उसकी चर्चा फ़ोन पर करने के बजाय ईमेल में लिख दें।

नियम #2: ईमेल में गोपनीयता की कमी होती है: विशेषज्ञ ईमेल को उतना ही सुरक्षित मानते हैं जितना साधारण डाक में कोई पोस्टकार्ड होता है! अगर आपको किसी को डांटना है या किसी को नौकरी से निकालना है, तो ऐसा उसके साथ व्यक्तिगत रूप से करें। साथ ही, आज के विवादित समय में ऐसी

संवेदनशील जानकारी, जो किसी सहकर्मी के करियर या प्रतिष्ठा को नुकसान पहुंचा सकती है, उस पर किसी मीटिंग में ही चर्चा करें। एनरॉन का मामला हमारी याददाश्त में अभी भी ताज़ा है। एनरॉन के कर्मचारियों ने संवेदनशील जानकारियां और ऑफ़िस की बातें ईमेल के ज़रिए एक-दूसरे को दीं, जिन्हें बाद में रेगुलेटरों ने जब्त कर लिया, और नतीजा हुआ कंपनी का पतन।

नियम #3: इंतज़ार करें... 'सेंड' बटन तुरंत ना दबाएं: ये वाकई में महत्वपूर्ण है—जब आप परेशान, नाराज़ या थके हुए हों, ईमेल ना तो लिखें और ना ही उनका जवाब दें। भावावेश में लिखा हुआ मेल सालों तक रिकॉर्ड में रहता है और आपके करियर को नुकसान पहुंचाने की क्षमता रखता है। इसलिए मेल टाइप करने के बाद, ख़ुद को थोड़ा ठंडा होने का वक़्त दें और फिर 'सेंड' बटन दबाएं।

ईमेल: विशेष परिस्थितियां

⇒ **अगर आप किसी ऐसे व्यक्ति को लिख रहे हैं जिससे आप कभी नहीं मिले हैं**: ईमेल की भाषा औपचारिक रखें—उन्हें किसी अभिवादन के साथ संबोधित करें, उनका पूरा नाम लिखें और किसी चालू शब्द या इमॉटिकॉन्स का इस्तेमाल ना करें। चूंकि उस व्यक्ति ने आपको कभी देखा नहीं है, आपसे कभी उसकी मुलाकात नहीं हुई है, इसलिए वो आपके साथ कारोबारी रिश्ता आगे बढ़ाना चाहता है या नहीं, इसका फैसला आपके ईमेल के ज़रिए बनी आपकी पहली छवि के आधार पर होगा।

⇒ **संस्थान छोड़ना**: अगर आप नौकरी छोड़ रहे हैं, तो आपके संपर्कों का रोलोडेक्स सोने की ऐसी खान है जिसे आप अपने साथ नई नौकरी की जगह ले जाते हैं। अपने आखिरी दिन, अपने सभी संपर्क-सूत्रों को एक ईमेल भेजकर बताएं कि आप नई जगह जा रहे हैं, और उन्हें अपना व्यक्तिगत ईमेल एड्रेस दें। जब आप नई नौकरी में चले जाएं, उनके साथ दोबारा संपर्क स्थापित करें, उन्हें अपनी नई भूमिका के बारे में बताएं। ज़्यादातर लोग ऐसा कभी नहीं करते, और अगली बार तभी संपर्क करते हैं जब उन्हें किसी चीज़ की ज़रूरत होती है—ये नेटवर्किंग में सबसे बड़ी गलती है!

⇒ **अगर आपने गलत व्यक्ति को ईमेल कर दिया है**: पहली बात, ईमेल एड्रेस 'सेंड' बटन दबाने के ठीक पहले लिखें, जब आपने मेल कम से कम दो बार पढ़ लिया हो। हालांकि, गलतियां इंसान से ही होती हैं! ये मानकर चलिए कि उस व्यक्ति ने आपका ईमेल पढ़ लिया है। उसे अगला ईमेल

भेजें और बताएं कि गलती से उसे ईमेल भेजने के लिए आपको खेद है और अंत में ये वाक्य जोड़ें: 'उम्मीद है कि आपके साथ सब कुछ अच्छा है।' ऑटोमेटेड रिटर्न रिक्वेस्ट ना भेजें; ये बहुत ज्यादा औपचारिक होता है।

⇒ **ईमेल्स का रिकॉर्ड रखना**: जिन ईमेल्स का प्रिंट आउट लेने के लिए 200 पन्नों की ज़रूरत पड़े, वे बहुत बड़ी मुसीबत होते हैं। ज्यादा से ज्यादा पिछली 3 बातचीत का ट्रेल मेल रखें, डिस्क्लेमर और कंपनी लोगो हटा दें, और हर बातचीत के बाद एक लाइन खींच दें। अगर आप पुरानी बातचीत के बारे में जानना चाहते हैं तो इसके पहले के ईमेल देखें। हर शब्द को शामिल करते हुए एक भारी-भरकम दस्तावेज़ रखना ज़रूरी नहीं है, अगर उसकी कोई कानूनी ज़रूरत ना हो।

⇒ **ईमेल्स मैनेज करना**: कभी-कभी हमें एक दिन में 60 से ज्यादा ईमेल्स मिलते हैं, और हम सोचने पर मजबूर हो जाते हैं कि ईमेल्स के जवाब देने के अलावा हम कोई 'असली' काम करते भी हैं या नहीं! टाइम-मैनेजमेंट तकनीक का अभ्यास करते हुए दिन में 2-4 बार केवल समय बांधकर ईमेल्स के जवाब दें। अगर आप ईमेल मिलते ही उसका जवाब देंगे तो शायद पूरे दिन आप यही करते रहेंगे, और आपके पास किसी और काम के लिए वक़्त नहीं रह जाएगा। बेहतर होगा कि आप ईमेल्स को 'ज़रूरी', 'आज' और 'इस हफ्ते' के वर्गों में बांट लें। साथ ही, अगर आपको मेल की कॉपी भेजी गई है (यानी आप Cc में हैं) तो आपको उसका जवाब देने की ज़रूरत नहीं है।

ईमेल से जुड़ी सबसे बड़ी 13 गलतियां

अपने वर्कशॉप के दौरान, ईमेल के ज़रिए संवाद की इन सबसे बड़ी गलतियों की मैंने पहचान की:

1. **ईमेल्स के लिए कोई पुलित्ज़र नहीं मिलता!** अगर आपको कार्टून स्ट्रिप डिलबर्ट याद हो तो वह एक ऑटोमेटेड जवाब सेट करता है, 'आपके ईमेल के लिए शुक्रिया। पहले दस शब्दों के लिए आपके क्रेडिट कार्ड से $5.99 चार्ज लिया गया है और आपके मैसेज के हर अतिरिक्त शब्द के लिए $1.99 का चार्ज।' ये किसी कंपनी के लिए कमाई का शानदार तरीका हो सकता है! आज कारोबार जगत में, हर किसी के पास वक़्त की कमी है और लोगों को कोई भी जानकारी संक्षिप्त और स्पष्ट रूप में चाहिए। अगर आपके पास लिखने का अच्छा कौशल है तो फिर आप एक

प्रकाशक ढूंढ़िए, लेकिन लोगों पर 500 शब्दों के ईमेल का बोझ मत डालिए!

2. **कोई विषय नहीं:** रिसर्च के मुताबिक, जिन ईमेल्स में विषय का जिक्र होता है, उन्हें जवाब जल्दी मिलते हैं वरना बिना विषय वाले ईमेल्स को बाद कि किसी दिन के लिए छोड़ दिया जाता है। इसलिए, अगर आपको तुरंत जवाब चाहिए तो सब्जेक्ट बॉक्स में एक संक्षिप्त विषय लिखें। लेकिन, वहां पूरा ईमेल ही ना लिख दें!

3. **संपर्क का कोई ब्यौरा नहीं:** लोगों से जुड़े रहने का सबसे अच्छा तरीका है कि आप उनके ईमेल फोल्डर में अपनी जगह बना लें और इस तरह सुनिश्चित कर लें कि वे बाद में आपसे संपर्क कर सकते हैं। उनके लिए ये काम आसान हो जाएगा, अगर आप अपने दस्तखत के साथ अपने कॉन्टैक्ट डिटेल्स भी डालें। अपने दस्तखत में श्रीमान या श्रीमती जैसे शब्द ना जोड़ें, क्योंकि इससे आप बहुत ज़्यादा औपचारिक लगने लगते हैं।

4. **भावनाएं दिखाने के लिए शब्दों की बजाय इमोटिकॉन्स का इस्तेमाल:** आप ईमेल में दिखाई या सुनाई नहीं दे सकते, इसलिए लोग आपके बारे में अपनी राय आपके लिखे हुए को पढ़कर बनाएंगे। बोलकर बातचीत में आप जितनी बार 'प्लीज़', 'थैंक यू', और 'गुज़ारिश' जैसे शब्दों का इस्तेमाल करते हैं, उससे ज़्यादा बार ईमेल में कीजिए, क्योंकि ये शब्द पाठक के मन में आपकी सकारात्मक छवि बनाते हैं। गर्मजोशी या तारीफ जैसी भावनाओं को दिखाने के लिए 'आभारी', 'सराहनीय', 'ख़ुशी', 'बातचीत करके अच्छा लगा' जैसे शब्दों या वाक्यों का उपयोग खुलकर करें। इमोटिकॉन्स का इस्तेमाल ना करें क्योंकि वे बचकाने लगते हैं और दुनिया में कहीं भी व्यापारिक संवाद में इनका इस्तेमाल नहीं होता है।

5. **लिंग को लेकर कंफ्यूज़न:** भारतीय होने के नाते, हम काम पर मिलने वाले ज़्यादातर भारतीय नामों के लिंग का अनुमान लगा सकते हैं। जैसे, अगर किसी का नाम 'शांति' है, आप आसानी से मान सकते हैं कि ये किसी महिला का नाम है और अगर किसी का नाम 'संजय' है, तो वो किसी पुरुष का नाम है। कुछ नाम महिलाओं और पुरुषों दोनों के होते हैं वे दुविधा में डालते हैं—जैसे,

चंद्रा और कृष्णा। जब आप अंतर्राष्ट्रीय स्तर पर बिज़नेस करते हैं, कई बार ये तय करना मुश्किल हो जाता है कि किसी नाम के आगे मिस्टर लगाएं या मिस। 'डियर सर/मैडम' लिखना सही नहीं है कि ईमेल पाने वाला अपने हिसाब से समझ ले। या तो लिंग पता करने के लिए थोड़ा रिसर्च कर लें या फिर पूरा नाम लिखें, जैसे 'डियर शीतल कक्कड़ मेहरा'।

6. **कोई अभिवादन नहीं:** मेरे सेमिनारों में अक्सर एक चर्चा होती है: क्या हमें 'डियर' का इस्तेमाल करना चाहिए? मेरा जवाब है: 'दूसरे विकल्प क्या हैं?' किसी ईमेल की शुरुआत 'हाय!' से करना बहुत कैज़ुअल है, कम से कम बिज़नेस के सिलसिले में शुरुआती कुछ बातचीत के दौरान, जबकि ये लिखना 'सुनीत, आपके सवाल का जवाब ये है...' थोड़ा ज़्यादा कड़ा रवैया दिखाता है। इसलिए जब तक हमें कोई और बेहतर शब्द ना मिले, तब तक 'डियर/प्रिय' बेहतर है!

7. **कैपिटल या बोल्ड अक्षरों में टाइप करना:** पूरा ईमेल कैपिटल या बोल्ड अक्षरों में टाइप करना एक दिखावा है! ये चीख-चीखकर ईमेल पाने वाले को कहता है, 'मुझ पर तुरंत ध्यान दो!'। अगर आपकी चाहत यही है तो फिर या तो उस शख्स को फ़ोन कर लें या ख़ुद जाकर मिल लें।

8. **बगैर सोचे 'रिप्लाई ऑल' करना:** रोज़ाना की एक आम परिस्थिति है जब किसी सहकर्मी को प्रोमोशन मिलता है और इस बात को बताने वाला ईमेल विभाग के 30 और लोगों को भेज दिया जाता है। ऐसी परिस्थितियों में, अगर हर कोई 'रिप्लाई ऑल' बटन दबाएगा, 30 x 30 ईमेल एक-दूसरे को भेजे जाएंगे, और हर किसी का इनबॉक्स भर जाएगा! 'रिप्लाई ऑल' का इस्तेमाल सोच-समझकर करें, केवल ऐसे मौकों पर करें जब आप वाकई में चाहते हैं कि आपका जवाब ईमेल पाने वाले सारे लोग देखें। ग्राहक के साथ पत्राचार में, अगर ईमेल की कॉपी ग्राहक की टीम के दो लोगों और आपकी टीम के तीन लोगों को भेजी गई है, तब आपको 'रिप्लाई ऑल' क्लिक करना चाहिए ताकि सभी संबंधित लोगों को सारी जानकारी मिलती रहे।

9. **ऑफ़िस आईडी से उत्तेजक तस्वीरें/चुटकुले भेजना:** आपकी ऑफ़िस आईडी पर उस कंपनी का मालिकाना हक है जिसके लिए आप काम करते हैं, और आपकी कंपनी उसकी जांच करके आपके खिलाफ मुकदमा चला सकती है। जब भी ईमेल फॉरवर्ड करें, उसमें नीचे जाकर देख लें कि ऐसा कुछ तो उसमें नहीं है जो गोपनीय है और उसे फॉरवर्ड नहीं किया जा सकता। साथ ही, LOL (लॉट्स ऑफ लव) या BTW (बाई दि वे) जैसे कैज़ुअल शब्दों का इस्तेमाल बिज़नेस कम्युनिकेशन में नहीं होता है।

वैसे तो भारत में ईमेल की वजह से नौकरी जाने के बहुत ज़्यादा मामले नहीं हैं, बोइंग के सीईओ हैरी स्टोनसिफ़र को अपनी नौकरी गंवानी पड़ी थी क्योंकि उन्होंने एक महिला कर्मचारी को उत्तेजक ईमेल भेज दिया था।

---

10. **स्पेलिंग का ध्यान!:** गलत स्पेलिंग का साफ़ मतलब है कि ईमेल भेजने वाले ने हड़बड़ी दिखाई और मुफ्त स्पेल-चेक सुविधा का भी इस्तेमाल नहीं किया! ऐसा करने में कुछ सेकेंड्स ही लगते हैं लेकिन गलत स्पेलिंग के साथ भेजा गया ईमेल लापरवाही दिखाता है। हालांकि स्पेल-चेक सुविधा में गलत शब्द की पहचान नहीं होती इसलिए अगर आप किसी महत्वपूर्ण दस्तावेज़ की प्रूफ़रीडिंग कर रहे हैं, तब उसका प्रिंट आउट लीजिए, और फिर व्याकरण की गलतियां पकड़ने के लिए उसे ध्यान से देखिए।
11. **हर किसी को ईमेल की कॉपी भेजना:** इसका संबंध कामकाज की संस्कृति से है—जिन देशों में कर्मचारियों को फैसले लेने की छूट होती है, वहां Cc वाले सेक्शन में ना के बराबर लोग होते हैं यानी ईमेल की कॉपी बहुत कम लोगों को भेजी जाती है, जैसे अमेरिका और ब्रिटेन में। दूसरी तरफ, भारत में ऊंचे ओहदे के लोगों को मिलने वाले ज़्यादा अधिकारों की वजह से किसी जूनियर को भी भेजे गए ईमेल की कॉपी ढेरों सीनियर लोगों को भेजी जाएगी।
12. **कार्रवाई करनी है या नहीं, इसे लेकर दुविधा:** अगर कोई एक्शन लिया जाना है तो उसे साफ़ ढंग से संक्षेप में बताया जाए

और अगर कार्रवाई की ज़रूरत नहीं है तो सूचनार्थ (FYI) लिख दें। ईमेल पाने वाले को अगर ये समझने के लिए लंबा-चौड़ा मैसेज पढ़ना पड़े कि उसे करना क्या है, तो फिर ये वक़्त की बर्बादी है।

13. **जब नींद/गुस्से/नशे में हों तब कभी भी जवाब ना दें:** ये मुसीबत को घर बुलाने जैसा है! अपना जवाब ड्राफ़्ट फ़ोल्डर में सेव कर लें, कुछ घंटों बाद उसे दोबारा पढ़ें और इस बात की पूरी संभावना है कि आप उसमें कुछ बदलाव करेंगे।

वायरलेस उपकरणों के लिए ईमेल एटिकेट

ब्लैकबेरी स्मार्टफ़ोन और दूसरे वायरलेस उपकरणों की बढ़ती लोकप्रियता की वजह से, हम 'चलते-फिरते' भी ईमेल्स भेजते रहते हैं या उनके जवाब देते रहते हैं। अगर आप जानते हैं कि आप जिसे ईमेल भेज रहे हैं, वो उसे ऐसी किसी डिवाइस पर पढ़ेगा, तब इन बातों का ध्यान रखें:

⇒ अपने संदेश को छोटा रखें लेकिन बहुत ज़्यादा शब्द-संक्षेप इस्तेमाल ना करें: 'Wll b sndg doc tom.' की बजाय लिखें, 'I will be sending the documents tomorrow, Regards, Sunil'.

⇒ लंबे-चौड़े हस्ताक्षर और डिस्क्लेमर हटा दें।

⇒ भारी फ़ाइलें ना भेजें क्योंकि आपका संदेश छोटा हो जाएगा।

सेल फ़ोन से जुड़ी अपनी आदतों का ध्यान रखें

एक मोबाइल/सेल फ़ोन वरदान और अभिशाप दोनों है—एक दुधारी तलवार है जो एक तरफ 'चलते-फिरते कनेक्टिविटी' देने और कामकाज की रफ़्तार बढ़ाने का काम करती है, वहीं दूसरी तरफ बहुत ज़्यादा खीझ भी दिलाती है।

सेल फ़ोन से जुड़ी 9 सबसे बड़ी गलतियां

1. **बिज़नेस मीटिंग के दौरान फ़ोन उठाना:** किसी बिज़नेस मीटिंग में, आप जिस शख्स के साथ हैं उसे आपको फ़ोन करने वाले से ज़्यादा प्राथमिकता मिलनी चाहिए क्योंकि जिसने आपको फ़ोन किया, उसने अपनी सहूलियत से किया है जबकि जिसके साथ

आप मीटिंग में हैं, वो आपको अपना वक़्त दे रहा है। मीटिंग रूम में आने से पहले अपना वॉयसमेल एक्टिवेट कर दें और मीटिंग के दौरान अपने मोबाइल फ़ोन से छेड़छाड़ ना करें। किसी मीटिंग के दौरान टेक्स्ट मैसेज भेजना या ईमेल का जवाब देना भी फ़ोन पर बात करने के बराबर ही माना जाता है।

⇒ अगर आपको किसी बेहद ज़रूरी कॉल का इंतज़ार है, तब मीटिंग के बाकी सदस्यों को पहले से बता दें और कोशिश करें कि कॉल छोटी रहे।

⇒ अगर आपके घर या परिवार की तरफ से कोई इमरजेंसी कॉल आ रही है, तो बाकी सदस्यों से इजाज़त लेकर मीटिंग रूम के बाहर बात करें।

एक मिनट के लिए इस पर सोचें: आप बॉस हैं और आपने 10 मैनेजरों की अपनी टीम को एक बिज़नेस मीटिंग के लिए बुलाया है। आपका सेल फोन बजता है और आप उसे उठाने का फैसला करते हैं, जो बातचीत 3 मिनट तक चलती है। हालांकि, इस दौरान, आपके 10 व्यस्त मैनेजर इंतज़ार करते रहते हैं, और उत्पादक समय के 30 मिनटों का नुकसान हो जाता है।

---

2. **परेशान करने वाले कॉलर/रिंगटोन:** कस्टमाइज़्ड रिंगटोन (जैसे, किसी बच्चे का चिल्लाना, बॉलीवुड का ताज़ा हिट गीत या कोई धार्मिक मंत्र) आपको अपने-आप को व्यक्त करने का मौका तो देते हैं लेकिन काम करने की जगह के लिए ये अनुचित हैं। साथ ही, अपनी पसंद का संगीत दूसरों पर थोपना गलत है—आप इसे किसी आई-पॉड पर सुनें।

3. **बातचीत के दौरान हावी होने वाले:** हमने ऐसे किसी ना किसी शख्स को ज़रूर देखा होगा! वो मोबाइल फ़ोन में चीखता है, और हमें लंबी दूरी की ट्रंक कॉल के दौर में ले जाता है, जब हम कई घंटों तक इंतज़ार करने के बाद उत्साहित होकर हैंडसेट में चीख-चीखकर बातें करते थे! ऐसे अधिकारी भी आपने देखे होंगे जो हवाई जहाज़ के ज़मीन को छूते ही तेज़ आवाज़ में अपने ड्राइवर को आदेश देते हैं कि वो कार ले आए?

हमने लोगों को उनके मोबाइल पर रेस्टोरेंट, मॉल, लिफ्ट और दूसरी सार्वजनिक जगहों पर चीखते सुना है। मैंने अक्सर सेल फ़ोन पर लोगों की अंतरंग बातें, सैलरी पर मोलतोल और रिश्ते तोड़ने की बातें सुनी हैं। आजकल के हैंडसेट काफी एडवांस्ड हैं और हल्की सी फुसफुसाहट भी पकड़ सकते हैं। जब किसी कॉल का जवाब दे रहे हों तब सबसे नज़दीकी शख्स से कम से कम 6 फीट की दूरी बनाकर रखें और अपनी आवाज़ को या तो धीमा रखें या फिर माउथपीस को अपनी हथेली से ढक दें।

4. **लगातार बजते सेल फ़ोन:** सामने की कतार से आती उस झनझनाती रिंगटोन के बारे में सोचें जब किसी मूवी का गंभीर दृश्य आ रहा था! सामाजिक रूप से, यानी सभाओं में, शादियों और अंत्येष्टि में, संगीत समारोहों और नाटकों में, या बिलिंग काउंटर पर खड़े होते वक़्त अपने सेल फ़ोन साइलेंट/वाइब्रेशन मोड में रखें। अगर आपको कोई बेहद ज़रूरी बात करनी है तब आप मुख्य जगह से अलग हटकर एक शांत कोने में चले जाएं। बोर्ड बैठकों के दौरान, प्रेज़ेंटेशन देते वक़्त, नौकरी के लिए इंटरव्यू के दौरान, ग्राहकों के साथ मीटिंग में, या अपने क्यूबिकल में काम करते हुए अपने फ़ोन को साइलेंट रखें।

5. **सुरक्षा की कोई परवाह नहीं:** फ़ोन पर बातें करते हुए गाड़ी चलाना आपको एक खतरा बना देता है; ऐसा ही उस शख्स के साथ भी है जो हवाई जहाज़ के उड़ान भरने के बाद भी फ़ोन पर बात करता रहता है। कहां आप फ़ोन का इस्तेमाल कर सकते हैं और कहां नहीं, इसे समझें और नियमों को मानें।

6. **60 सेकेंड में 5 मिस्ड कॉल:** अगर कोई मेडिकल इमरजेंसी नहीं है, तो लोग एक मिनट में 5 बार किसी नंबर पर कॉल क्यों करते हैं? आम तौर पर सेल फ़ोन हमेशा अपने पास रखा जाता है और अगर कोई 3 बार घंटी जाने के बाद भी जवाब नहीं दे रहा तो समझ जाएं कि वो अभी बात करने का इच्छुक नहीं है। दोबारा नंबर डायल करने से फायदा नहीं होगा। इसलिए नियम होना चाहिए कि एक बार डायल करें, तीन बार घंटी बजने दें और फिर फ़ोन काट दें। अपने कामकाज की ज़रूरत के हिसाब से, एक घंटे बाद या फिर अगले दिन दोबारा कोशिश करें।

7. **फुसफुसाते हुए कहना 'मैं अभी बात नहीं कर सकता, मैं मीटिंग में हूं':** अपना वॉयसमेल एक्टिवेट कर लें या अपने कॉल्स दूसरे नंबर पर फॉरवर्ड कर दें लेकिन फ़ोन उठाकर ऐसा कहने का ज़्यादा फायदा नहीं होता है!

8. **'हलो' के साथ जवाब देना:** 'हलो' के साथ जवाब देना प्रोफेशनल तरीका नहीं है; अगर आप फ़ोन करने वाले को नहीं पहचान पा रहे तब अपने नाम के साथ जवाब दें और अगर आप उन्हें जानते हैं तो उनके नाम के साथ जवाब दें।

टिप: अपने ग्राहकों/बिज़नेस एसोसिएट्स और सहकर्मियों के नंबर स्टोर रखें और उन्हें जवाब देते वक़्त अपनापन महसूस कराने के लिए इस तरह अभिवादन करें 'हाय प्रशांत, कैसे हैं आप?'

---

9. **काम के घंटे खत्म होने के बाद फ़ोन करना:** सेल फ़ोन से पहले के दौर में हमारा कामकाजी जीवन और निजी जीवन अलग रहता था क्योंकि हमारे दफ्तर से निकलने के बाद हम तक कोई पहुंच नहीं सकता था। आज, टेक्नोलॉजी की वजह से हमसे उम्मीद की जाती है कि हम 24 × 7 मौजूद रहें, और सहकर्मी हमें वीकेंड समेत किसी भी वक़्त फ़ोन कर सकते हैं। भारत में बिज़नेस के लिए (ज़्यादातर उद्योगों में) आधिकारिक तौर पर मान्य समय सुबह के 9 बजे से रात के 9 बजे तक का है। पश्चिमी देशों में लोग चाहते हैं कि उन्हें छुट्टियों या वीकेंड में परेशान नहीं किया जाए।

दिलचस्प ये है कि, जो लोग ऊपर बताई गई गलतियां करने की बात स्वीकार करते हैं, वे भी जब दूसरे ऐसा करते हैं तब उनकी आलोचना करने लगते हैं। इसलिए ज़रूरी है कि हम मोबाइल फ़ोन इस्तेमाल करने के तौर-तरीकों पर ध्यान दें, और अपने व्यापारिक और सामाजिक वातावरण को अधिक विनम्र बनाएं।

इंस्टैंट मैसेजिंग

इंस्टैंट मैसेजिंग एक वास्तविकता बन गई है और कई कर्मचारी इसके आदी हो गए हैं. लेकिन सामान्य बातचीत के विपरीत इन मैसेज का इस्तेमाल नियोक्ता और वकील सबूत के तौर पर कर सकते हैं।

कारोबार के लिए टेक्स्ट मैसेज

'Gr8 c u @ 6 :)' or 'btw r u ok 2 meet @ 2 instd (:'

क्या ये अंग्रेज़ी भाषा है या हमने कोई नई तकनीकी भाषा गढ़ ली है? जो नहीं जानते, उन्हें बता दूं कि पहले वाक्य का मतलब है: 'शाम 6 बजे आपसे मिलने का इंतज़ार है', जबकि दूसरे वाक्य का मतलब है: 'वैसे, क्या हम मीटिंग को 2 बजे दोपहर के लिए टाल सकते हैं? इस वजह से हुई असुविधा के लिए खेद है!'

हममें से ज़्यादातर अपने सहकर्मियों, ग्राहकों और परिवार से संपर्क में रहने के लिए टेक्स्ट मैसेज का इस्तेमाल करते हैं और हमें निश्चित रूप से ऐसी भाषा वाले मैसेज मिले होंगे। ये समझना ज़रूरी है कि टेक्स्ट मैसेज बिज़नेस कम्युनिकेशन का एक माध्यम है। लोग हर वक़्त अपने ईमेल्स नहीं पढ़ते हैं, लेकिन हम ये मान सकते हैं कि वे अपने मोबाइल फ़ोन ज़्यादातर वक़्त देखते होंगे। साथ ही, जहां ईमेल में औपचारिकता ज़्यादा होती है, एसएमएस को किसी बात को संक्षेप में कहने का अनौपचारिक तरीका माना जाता है। जब कोई बात बहुत ज़रूरी ना हो तब एसएमएस भेजना बेहतर है क्योंकि फ़ोन कॉल दूसरों को तंग कर सकते हैं। हालांकि, अगर आपको किसी एक जवाब के लिए चार मैसेज एक-दूसरे को भेजने पड़ें तब कॉल करना ही बेहतर है।

किसी बुरी ख़बर को देने के लिए टेक्स्ट मैसेज बहुत खराब माध्यम हैं। जैसे, किसी कर्मचारी को नौकरी से निकालने के लिए टेक्स्ट मैसेज भेजना सही नहीं है। साथ ही, शोक व्यक्त करने के लिए या निजी संदेशों को भेजने के लिए 'सॉरी 2 हियर एबट लॉस' या 'लेट्ज़ ब्रेक अप' जैसे मैसेज भेजना किसी भी पीढ़ी को पसंद नहीं आता है! इमोटिकॉन्स, शब्द-संक्षेप और चालू भाषा दिखाती है कि मैसेज भेजने वाला लापरवाह है या इससे भी बुरा कि उसकी भाषा पर पकड़ कमज़ोर है। कोई एसएमएस टाइप करने के पहले, मैसेज प्राप्त करने वाले और आपके मैसेज से आपकी और आपकी कंपनी की छवि के बारे में

ज़रूर सोचें। जब भी मन में कोई सवाल आए, शिष्टाचार के पुराने नियम को याद रखें—संदेश को औपचारिक रखना है।

वर्चुअल मीटिंग्स (Virtual Meetings)

वर्चुअल मीटिंग्स का चलन रहने वाला है क्योंकि इसके सकारात्मक पक्ष असाधारण हैं—इनकी लागत कम है और ये जल्दी हो जाती हैं। इसमें 4 अलग-अलग जगहों से 6 लोगों को किसी काम के लिए जुटाना आसान है, केवल कुछ बटनों को दबाना पड़ता है। आज भारत में वैसे तो टेलीकॉन्फ्रेंसिंग ज़्यादा लोकप्रिय है, जल्दी ही वीडियोकॉन्फ्रेंसिंग इसकी जगह ले लेगी जैसे-जैसे इसके उपकरण और सस्ते होते जाएंगे। इसकी वजह ये है कि वीडियोकॉन्फ्रेंसिंग में आप जिन लोगों से बात कर रहे हैं, उन्हें देखना मीटिंग को जीवंत बनाता है।

टेलीकॉन्फ्रेंसिंग

मैं आपको एक आम टेलीकॉन्फ्रेंस मीटिंग के बारे में बताती हूं: पुणे के दफ्तर में समन्वयक (facilitator) अमित को ट्रैफिक की वजह से 10 मिनट की देरी हो गई है। उसकी सहायिका ऋतु नए उपकरण को सुधारने में लगी है जो बातचीत के दौरान बार-बार डिसकनेक्ट हो जाता है। तनिश का ध्यान मीटिंग में नहीं है क्योंकि वो बेंगलुरू एयरपोर्ट पर है और मुंबई के लिए उसकी फ्लाइट थोड़ी और देर हो गई है। अनिता मल्टीटास्किंग में लगी है और वो इस टेलीकॉन्फ्रेंस में शामिल होने के साथ-साथ ईमेल्स और फ़ोन कॉल्स के जवाब भी दे रही है। रोहित के बारे में किसी को कुछ पता नहीं है, जबकि वेंकट के सेल फ़ोन की बैटरी जवाब दे रही है! ये किसी कॉलेज का कोई क्लासरूम है या हम उन लोगों की बात कर रहे हैं जो किसी बिज़नेस को चलाने की कोशिश में हैं? भारत में टेलीकॉन्फ्रेंसिंग की अस्त-व्यस्त दुनिया में आपका स्वागत है!

लोगों के पास बताने के लिए एक से बढ़कर एक कहानियां होती हैं—बच्चे रो रहे हैं, कुत्ते भौंक रहे हैं, मोबाइल फ़ोन बज रहे हैं, लोग चिप्स खा रहे हैं, या इससे भी बुरा कि बॉस टेलीकॉन्फ्रेंस के दौरान दूसरे 'महत्वपूर्ण' कॉल्स पर हैं। यही नहीं, चूंकि लोग हमें देख नहीं सकते, इसलिए हम खाना शुरू कर देते हैं, अपने नाखून काटने लगते हैं, टाइपिंग करते हैं, जम्हाई लेते हैं, ई-गेम्स खेलते हैं, और ना जाने क्या-क्या। इसका एक आसान इलाज है—खुद से एक प्रासंगिक सवाल पूछें, 'अगर ये बैठक आमने-सामने की होती, तो क्या मैं

ऐसा करता?' अगर आपका जवाब ना है, तो फिर मान लीजिए कि यही चीज़ ई-मीटिंग में भी लागू होती है।

टेलीकॉन्फ्रेंसिंग को ज़्यादा फायदेमंद बनाने के लिए कुछ बातें:

पहले से तैयारियां :

⇒ हर टेलीकॉन (telecon) को एक समन्वयक की ज़रूरत होती है: आमने-सामने वाली बैठकों की ही तरह, वर्चुअल मीटिंग्स में भी एक समन्वयक की ज़रूरत होती है। समन्वयक बैठक की तारीख और वक़्त तय करने, एजेंडा पर काम करने और बैठक आयोजित करने का ज़िम्मा संभालता है। उसे सभी प्रतिभागियों को ईमेल के ज़रिए बैठक की तारीख, वक़्त, डायल-इन-नंबर, पासवर्ड और सबसे अहम, एजेंडा के बारे में पहले से बता देना चाहिए। बेहतर उत्पादकता के लिए कॉल की समय-सीमा तय करनी चाहिए क्योंकि ज़्यादा लंबी बैठक प्रतिभागियों के लिए उबाऊ होती है। उदाहरण के लिए, 'वित्त विभाग के साथ टेलीकॉन 10 अप्रैल 2010 को शाम 6 बजे से 6:45 तक।'

⇒ **जगह**: तकनीकी उन्नति ने कामकाज के लिए फ्लेक्सी-प्लेसेज़ (flexi-places) को एक सच बना दिया है। नतीजा ये है कि लोगों ने भीड़ भरे एयरपोर्ट, लोगों से भरी हुई लिफ्ट या रेस्टोरेंट में कॉल्स लेने शुरू कर दिए हैं। बिज़नेस मीटिंग के लिए घर पर, ऑफ़िस में या किसी सार्वजनिक जगह पर एक शांत स्थान चुनें, क्योंकि आज के फ़ोन ध्यान भटकाने वाली आस-पास की सारी आवाज़ें कैप्चर कर लेते हैं।

⇒ **उपकरणों की जांच**: किसी टेलीकॉन्फ्रेंस में लगातार मुश्किल आने की एक आम वजह है उपकरणों की खराबी। ये सुनिश्चित करें कि स्पीकर फ़ोन्स और 'म्यूट' बटन अच्छी तरह काम कर रहे हैं।

मैंने एक सीनियर प्रोफेशनल की शर्मिंदा करने वाली कहानी सुनी है जो एक टेलीकॉन्फ्रेंस में शामिल होने का बहाना करके अपने सहकर्मी के साथ ई-स्क्रैबल खेल रहे थे। जब वो हार गए, उन्होंने अपनी भड़ास ये सोचकर निकाल दी कि 'म्यूट' काम कर रहा था, लेकिन ऐसा नहीं था!

कॉल के दौरान:

⇒ **समय पर शुरू करना:** नियम वही हैं—चाहे आमने-सामने की बैठक हो या वर्चुअल मीटिंग, देर से आना प्रोफेशनलिज़्म की कमी दिखाता है। अंतर्राष्ट्रीय स्तर पर एक आम शिकायत है कि भारतीय लोगों के साथ टेलीकॉन्फ्रेंस शायद ही समय पर शुरू होती है।

⇒ **प्रतिभागियों को सहज करें:** आमने-सामने वाली बैठकों की ही तरह, कॉल की शुरुआत में समन्वयक को सभी प्रतिभागियों का अभिवादन करने के बाद छोटी सी बातचीत करनी चाहिए। फिर, टीम मेंबर्स का संक्षिप्त परिचय देना चाहिए जिसमें उनके नाम, ओहदे और जगहों के बारे में बताया जाए। बिज़नेस पर चर्चा शुरू होने के पहले जल्दी से एडेंजा पढ़ना चाहिए।

⇒ **आवाज़ों का ध्यान रखें :** चिप्स या पिज़्ज़ा खाना, कीबोर्ड पर टाइप करना, फ़ोन पर कॉल-वेटिंग बीप्स (beeps) और वाइब्रेटिंग मोबाइल फ़ोन ये सभी ध्यान भटकाते हैं। बेहतर है कि लैंडलाइन का इस्तेमाल करें क्योंकि मोबाइल फ़ोन कनेक्टिविटी कभी-कभी ही एक समान मिलती है। दूसरा विकल्प है कि हेडसेट्स (headsets) के साथ पूरी तरह चार्ज्ड मोबाइल फ़ोन का इस्तेमाल करें।

⇒ **प्रतिभागियों का व्यवहार:** चूंकि हम प्रतिभागियों को देख नहीं सकते इसलिए हमें पूरी तरह आवाज़ पर निर्भर रहना पड़ता है। जवाब देने के पहले सभी प्रतिभागियों को अपना परिचय देना चाहिए ताकि दूसरे लोग नाम और चेहरे से कनेक्ट कर सकें। साथ ही, बोलते वक़्त बीच-बीच में रुकें ताकि दूसरे लोग आपकी बातों को अच्छी तरह समझ सकें। सबसे अच्छा तरीका ये है कि अपने सवाल पूरे समूह से पूछने के बजाय उसी से पूछें जिससे आप जवाब चाहते हैं क्योंकि इससे समय बचता है। जब किसी विदेशी कंपनी के साथ करार पर काम कर रहे हों जहां अलग-अलग लहजे में बोलने वाले लोग हों, तब धीमी रफ्तार से बोलें, आसान भाषा का इस्तेमाल करें और जवाब के लिए थोड़ा सा ज़्यादा इंतज़ार करें।

⇒ **बैठक खत्म करना :** जब एजेंडा पूरा हो जाए तब बैठक को आधिकारिक रूप से खत्म करने का काम समन्वयक का है। घड़ी पर नज़र बनाए रखें और अगर समय-सीमा खत्म हो रही हो, तब या तो एक और टेलीकॉन्फ्रेंस कॉल की योजना बनाएं या फिर सुझाव

दें कि आप ईमेल के माध्यम से संपर्क में रहेंगे।

वीडियोकॉन्फ्रेंसिंग

टेलीकॉन्फ्रेंसिंग को प्रभावी बनाने के लिए ऊपर बताए गए सभी नियमों के अलावा, वीडियोकॉन्फ्रेंसिंग में एक और चीज़ जुड़ जाती है कि लोग आपको और आपके आसपास के माहौल को देख सकते हैं। एक तरफ जहां इससे वर्चुअल मीटिंग जीवंत हो जाती है, वहीं इसका मतलब ये भी है कि आपको अपने पहनावे और बॉडी लैंग्वेज को लेकर सावधान रहना पड़ता है। ऐसी जगह पर बैठें जो साफ़ हों, और उनके आसपास बहुत सारे कागज़ या चाय/कॉफी के पुराने कप ना फैले हों। कपड़े प्लेन रंगों के पहनें क्योंकि धारियां, चेक्स और दूसरे पैटर्न कैमरे पर बिगड़े हुए दिखते हैं। जब भी संदेह हो, उजली कमीज़ पर एक जैकेट पहन लें, क्योंकि इससे आपके चेहरे पर बेहतर रोशनी आती है और आप सतर्क और चुस्त दिखते हैं। बोलते वक़्त कैमरे में सीधा देखें और मान कर चलें कि कैमरा हमेशा आप पर है, भले ही ये आपके दूसरे साथियों पर भी हो। वीडियोकॉन्फ्रेंसिंग के दौरान हाथ-पैरों को बेवजह हिलाना, शरीर को खुजलाना, बेवजह पलकें झपकना या दूसरा कोई और काम बिलकुल नहीं करें। ऐसी जगह पर बैठें जहां रोशनी अच्छी हो, बेहतर रहेगा कि कृत्रिम रोशनी में बैठें क्योंकि उसे नियंत्रित किया जा सकता है। कॉन्फ्रेंस शुरू होने के कुछ मिनटों पहले कैमरे को व्यवस्थित कर लें।

वॉयसमेल मैसेज

मैं मानती हूं कि भारतीयों को मशीनों पर बोलना नापसंद है! मैंने अपना वॉयसमेल हटा दिया है क्योंकि मेरे लिए उस पर जो मैसेज आते थे, या तो वे 'बेकार की बातों से भरे हुए' बेहद लंबे होते थे या फिर कोई मैसेज नहीं, केवल बीप की आवाज़ होती थी।

वॉयसमेल इस्तेमाल करने के कुछ बुनियादी नियम इस तरह हैं:

⇒ आप जो मैसेज भेज रहे हैं उनमें आपके पूरे नाम के साथ ये जानकारी होनी चाहिए कि आप अपनी डेस्क पर कब लौटेंगे और क्या आप ईमेल एक्सेस कर पा रहे हैं। उदाहरण के लिए,, 'हलो! मैं एक्सॉन से अनिता फर्नांडिस हूं। मैं अपनी डेस्क से 4 अगस्त 2011 तक दूर रहूंगी और अपने ईमेल्स चेक नहीं कर सकूंगी। बेहद ज़रूरी काम हो तो कृपया मेरी सहयोगी शैरॉन रिबेलो से संपर्क करें।'

⇒ जब कोई वॉयसमेल मैसेज छोड़ रहे हों तब इन बातों का ध्यान रखें:

A. **स्पष्टता:** अपना पूरा नाम, अपने संस्थान का नाम और अपनी कॉल का मकसद साफ़-साफ़ बताएं। उदाहरण के लिए, 'मैं सिस्को से अरुणा राव हूं। मैं आपसे बकाया भुगतान के बारे में बात करना चाहती हूं। शुक्रिया।'

B. **संपर्क विवरण** (Contact details): अपना कॉन्टैक्ट नंबर, हो सके तो मोबाइल फ़ोन नंबर दें क्योंकि हो सकता है कि लोग दूर-दराज की जगहों से वॉयस मेलबॉक्स एक्सेस कर रहे हों और आपकी कॉल का जवाब जल्दी दे सकते हैं अगर उनके पास आपका नंबर हो।

C. **बेकार की बातें** : 'अह', 'हम्म', 'ओके' और 'लाइक' जैसे शब्द आपको खुद को प्रोफेशनल तरीके से पेश करने से रोकते हैं।

D. **आवाज़** : छाप छोड़ने की आपकी काबिलियत केवल इस बात पर निर्भर करती है कि दूसरा व्यक्ति आपको कैसे सुन पा रहा है, और सही उतार-चढ़ावों वाली आवाज़ किसी जायदाद से कम नहीं।

टिप: वॉयसमेल मैसेज करते वक़्त अपनी घबराहट को दूर करने के लिए, पहले संदेश को एक कागज़ पर लिख लें और फिर उसे साफ़-साफ़ पढ़ें।

स्पीकर फ़ोन

स्पीकर फ़ोन टेलीकॉन्फ्रेंस के लिए एक वरदान हैं क्योंकि उनकी मदद से हम एक से ज़्यादा जगहों पर मौजूद एक से ज़्यादा लोगों के साथ बात कर सकते हैं। साथ ही, इससे कॉल के दौरान हमारे हाथ 'फ्री' रहते हैं, और कॉल लेते वक़्त हम दूसरा ज़रूरी काम भी कर सकते हैं!

हालांकि, उनका इस्तेमाल किसी कॉन्फ्रेंस रूम या ऑफ़िस की किसी शांत जगह पर करना चाहिए—ये आजकल के खुली-शैली के दफ्तरों के लिए नहीं बने हैं क्योंकि उनसे काफी शोर होता है। साथ ही, उनमें गोपनीयता नहीं

रहती इसलिए उनका इस्तेमाल ऐसे खुले दफ्तर में ना करें जहां आपके सहकर्मी दोनों पक्षों की बातचीत को सुन सकते हों।

⇒ किसी भी शख्स को स्पीकर फ़ोन पर डालने के पहले हमेशा उसकी इजाज़त लें। अगर आप ऐसा नहीं करते तो भी आवाज़ की गुणवत्ता से वो इसे जान जाएंगे, इसे भरोसा तोड़ने के तौर पर देखेंगे और आपके उद्देश्यों पर संदेह करेंगे।

⇒ आग्रह करते हुए अनुमति मांगें : 'चंद्रा, कमरे में मेरे साथ विजय और बाला हैं। वे भी हमारी बातचीत से फायदा उठा सकते हैं। अगर मैं आपको स्पीकर फ़ोन पर डाल दूं तो क्या आपको एतराज होगा?'

⇒ जब कोई और व्यक्ति कमरे में आए तब हमेशा ही हैंडसेट उठा लें, क्योंकि फ़ोन करने वाला कोई गोपनीय जानकारी की शुरुआत कर रहा हो सकता है, इस बात से बेखबर कि कोई और कमरे में आया है।

टेलीफ़ोन शिष्टाचार (Telephone Etiquette)

अपनी किताब *सेलिंग दि इनविज़िबल* में हैरी बेकविथ सुझाव देते हैं कि सर्वेक्षण मौखिक करने चाहिएं, लिखित नहीं क्योंकि 'किसी व्यक्ति की आवाज़ उन भावनाओं को व्यक्त करती है जो उसके लिखित शब्द अक्सर छिपा जाते हैं।' फ़ोन पर अपने कारोबारी सहयोगियों से बात करते वक़्त इन बातों का ध्यान रखें:

⇒ **अगर आप फ़ोन कर रहे हों** : जब लैंडलाइन पर कॉल कर रहे हों तब पहले अपना नाम साफ़-साफ़ बताकर अपना परिचय दें। अगर कॉल का वक़्त पहले से तय नहीं था, तब हमेशा ही दूसरे व्यक्ति से पूछें कि क्या ये उनसे बात करने का सही वक़्त है (हो सकता है कि वे किसी बैठक में हों)।

⇒ **अगर आप जवाब दे रहे हों** : जब आप अपनी डायरेक्ट लाइन पर जवाब दे रहे हों तो विनम्र रहें। अपने या अपनी कंपनी के नाम के साथ जवाब दें लेकिन 'हैलो' के साथ कभी नहीं। जिस तरह आप फ़ोन का जवाब देते हैं, उससे फ़ोन करने वाले के मन में आपकी और आपके संस्थान की एक छवि बनती है। जवाब तुरंत दें या अपने फ़ोन को इस तरह से प्रोग्राम कर लें कि 4-5 बार घंटी बजने के बाद फ़ोन वॉयसमेल/ऑपरेटर के पास चला जाए।

⇒ **जब अपनी डेस्क से दूर हों** : अपने वॉयसमेल को एक्टिवेट करें

और 24 घंटे के भीतर अपनी कॉल्स का जवाब दें—ये आपकी मुस्तैदी और प्रोफेशनलिज़्म दिखाता है। अगर आप ऐसा करने की स्थिति में नहीं हैं, तब एक ईमेल भेजकर देरी की वजह बताएं और उनसे एक ऐसे सुविधाजनक समय का आग्रह करें जब आप उनसे संपर्क कर सकें।

⇒ **बोलते वक़्त मुस्कुराएं :** कोशिश करें, आप नाकाम नहीं होंगे! जिस आवाज़ में मुस्कुराहट छिपी होती है वो दूसरों को सहज बनाती है। साथ ही, अगर आप जल्दबाज़ी में हैं तो शांत दिखें, और जब खांस रहे हों या जम्हाई ले रहे हों तब चुप रहें।

⇒ **ध्यान से सुनने का कौशल :** जो कहा जा रहा है उस पर ध्यान दें, ना कि फ़ोन करने वाले को उसकी बात दोहराने को कहें।

⇒ **गलत नंबर :** अगर आपने गलत नंबर डायल कर लिया हो तो माफी मांगें। अगर आपको किसी ने गलती से फ़ोन कर दिया हो तो सब्र रखें।

⇒ **अगर आपको इंतज़ार करने को कहा गया है :** अगर आपको रिसेप्शनिस्ट की तरफ से एक मिनट से ज़्यादा इंतज़ार कराया जाता है, तब आप फ़ोन रख दें और दूसरे व्यक्ति को अन्य तरीकों से संपर्क करने की कोशिश करें।

⇒ **दूसरे लोगों को 'होल्ड' पर रखना :** अगर आप लोगों को इंतज़ार करा रहे हैं, तब उन तक बीस सेकेंड के बाद पहुंच जाएं। अगर आपको इससे ज़्यादा वक़्त तक उन्हें 'होल्ड' पर रखने की ज़रूरत लग रही है तब उनसे उनका नंबर मांग लें और जब आप तैयार हों तब उन्हें फ़ोन करें। फ़ोन करने वाले 'होल्ड' पर रखे जाने को टेलीफ़ोन शिष्टाचार की एक बड़ी कमी मानते हैं!

⇒ **कॉलर आईडी :** ये एक वरदान है क्योंकि इससे आप फ़ोन करने वाले की पहचान कर पाते हैं, और उसका अभिवादन उसके नाम के साथ कर पाते हैं (इससे आपकी गर्मजोशी झलकती है) या फिर अगर आप फ़ोन नहीं उठाना चाहते हैं तो आपको इसका भी मौका मिलता है!

⇒ **मददगार सहकर्मी :** अगर आप किसी सहकर्मी के लिए आए फ़ोन का जवाब दे रहे हैं तब बात खत्म होने के बाद आप अपना अगला कदम तय कर लें। क्या आपको अपने सहकर्मियों के लिए

मैसेज लेना पसंद है? अगर हां, तब फ़ोन करने वाले से उसका ब्यौरा मांग लें। अगर आप दूसरों के संदेश लेना पसंद नहीं करते, तब या तो अपने सहकर्मियों के फ़ोन का जवाब ना दें या फिर बस इतना कह दें, 'इस वक़्त वो अपनी डेस्क पर नहीं हैं। क्या आप उन्हें एक घंटे/दिन/हफ्ते बाद दोबारा फ़ोन लगा सकते हैं?', इस तरह आप फ़ोन करने वाले को साफ़ संकेत दे रहे हैं, 'मैं आपका मैसेज नहीं दे सकता। अगर आप उन तक पहुंचना चाहते हैं तो दोबारा कोशिश करें।'

अक्सर पूछे जाने वाले सवाल (FAQ)

सवाल: अक्सर एक साथ ढेरों लोगों को ईमेल भेजने वाले मेरी ऑफिशियल आईडी को दूसरों के साथ साझा कर देते हैं। मैं इसे कैसे रोक सकता हूं?

जवाब: ढेरों लोगों को भेजे जाने वाले ईमेल्स में, अगर किसी का ईमेल पता 'टू (To)' या 'सीसी (Cc)' फील्ड में है तब वो ईमेल पता स्वाभाविक तौर पर अजनबियों के पास चला जाता है। अगर आपको इससे परेशानी है, तब आप ईमेल भेजने वाले से आग्रह कर सकते हैं कि वो आगे से ऐसे ईमेल भेजते समय आपका ईमेल पता 'बीसीसी (Bcc)' फील्ड में डालें।

सवाल: मैं एक बड़े ग्लोबल बैंक के प्रोडक्शन डिपार्टमेंट में सीनियर प्रोफेशनल हूं। मंदी की वजह से हमें छंटनी करनी पड़ रही है। मैं अपने सहकर्मियों को ये बुरी खबर कैसे दूं?

जवाब: ये काम मुश्किल है क्योंकि आर्थिक दिक्कतों की तुलना में खराब परफॉर्मेंस की वजह से लोगों को निकालना आसान होता है। इन उपायों को अमल में लाएं:

⇒ **बुरी खबर केवल आमने-सामने की बैठकों में दें।** ईमेल के ज़रिए किसी को नौकरी से निकालना संवदेनहीनता है और इससे भी बुरा तो तब है जब उन्हें ये बुरी खबर अफ़वाहों के रूप में मिले।

⇒ **कर्मचारी के साथ मीटिंग तय करें।** उसे पर्याप्त समय दें ताकि वो शुरुआती झटके से उबर सके।

⇒ **हमदर्दी दिखाएं** : आप उन्हें बचा हुआ दिन अपने हिसाब से बिताने का सुझाव दे सकते हैं, क्योंकि हो सकता है कि वे इस बुरी खबर को बर्दाश्त करने के लिए अपना समय परिवार के साथ या अकेले

बिताना पसंद करें, ना कि सहकर्मियों के साथ जो उनके लिए शर्मिंदगी भरा हो सकता है।

⇒ **किसी केबिन या मीटिंग रूम का इस्तेमाल करें**, जिसके दरवाज़े बंद हो सकते हों। ये सुनिश्चित करें कि कोई और कर्मचारी आपकी बातें ना सुन सके।

⇒ **व्यक्ति की तारीफ करते हुए उसका हौसला बढ़ाएं** ताकि वो अपने भविष्य को लेकर सकारात्मक महसूस करे। अगर मुमकिन हो तो उसे ऐसे लोगों के संपर्क में लाएं जो अगली नौकरी के लिए उसकी मदद कर सकें।

⇒ **उनके संपर्क में रहें।** ज्यादातर कर्मचारियों की शिकायत होती है कि उनके पूर्व नियोक्ता कभी संपर्क में नहीं रहते। आप अपने कर्मचारियों से कभी-कभार बात करें और उनकी तरक्की के बारे में पूछें। अगर किसी नई नौकरी के बारे में आपको जानकारी मिली है तो ये जानकारी अपने पूर्व कर्मचारी को ईमेल करें।

सवाल—मैं एयरलाइन इंडस्ट्री में काम करता हूं और पिछले कुछ महीनों में कई लोगों की छंटनी की गई है। मैं अपने सहकर्मियों को क्या कहूं जिनकी नौकरी चली गई है?

जवाब—बस इतना कहें, 'मुझे आपकी नौकरी के बारे में सुनकर बुरा लगा। ये बुरा वक़्त है। मुझे यकीन है कि अपने टैलेंट और तजुर्बे के साथ आप कई दूसरी कंपनियों के लिए फायदेमंद होंगे।' ये याद रखना चाहिए कि जब अच्छा वक़्त लौटता है, तब कर्मचारी हमेशा उन लोगों और कंपनियों को याद करते हैं जिन्होंने मुश्किल वक़्त में उनकी गरिमा का सम्मान किया था।

2

कामयाबी का पहनावा

आपको अपनी छाप छोड़ने का केवल एक मौका मिलता है

कंपनियां अपने उत्पादों और सेवाओं की ब्रांडिंग और पैकेजिंग सुधारने पर लाखों डॉलर खर्च करती हैं, और लगातार अपनी 'छवि' को लेकर चिंतित रहती हैं जो उनके खरीदारों को बताई जाती है। वे इस काम के लिए नियुक्त अधिकारियों को मोटी तनख्वाह देती हैं, जो सुनिश्चित करते हैं कि कंपनी के उत्पाद सही संदेश दे सकें। हालांकि, वही कंपनियां अपने कर्मचारियों की छवि सुधारने पर बहुत कम समय या संसाधन निवेश करती हैं, जबकि ये कर्मचारी ही होते हैं जो उत्पाद या सेवा बेचते समय लगातार ग्राहकों से बातचीत करते हैं।

आज की तेज़ रफ्तार दुनिया में हम फ़ैसले तुरंत लेते हैं। नतीजा ये है कि शुरुआती 10 सेकेंड बेहद महत्वपूर्ण हो गए हैं जब हम अपने कारोबारी सहयोगियों से बातचीत करते हैं। हमें इसे स्वीकार करना चाहिए—हम किसी किताब के बारे में अपनी राय उसका कवर देखकर बनाते हैं। साथ ही, हम सभी अच्छी तरह से लिपटे तोहफों की तारीफ करते हैं ; इसलिए बिज़नेस में भी पैकेजिंग मायने रखती है।

'मैं (I)'—ब्रांड

विज़ुअल (दृश्य) की ताक़त और किसी संदेश को प्रसारित करने में इसकी अहमियत को समझने के लिए अपने चारों तरफ देखें। विज्ञापनदाता और मार्केटिंग प्रोफेशनल इसे अच्छी तरह समझते हैं और इसका इस्तेमाल ब्रांड

बनाने के लिए करते हैं। अब, कल्पना कीजिए कि आप एक ब्रांड हैं और उस असर के बारे में सोचिए जो आपके कपड़े छोड़ते हैं। काम की जगह पर, चूंकि कपड़े आपके शरीर के ज़्यादातर हिस्से को ढके रहते हैं, स्वाभाविक है कि वे बहुत बड़ा असर डालते हैं। आप खुद से ये तीन सवाल कीजिए:

⇒ अपनी पर्सनल ब्रांडिंग पर मुझे कितना स्कोर मिलेगा?

⇒ क्या मेरी 'छवि' मेरे प्रोफेशन से मेल खाती है?

⇒ क्या मेरे पेशेवर लक्ष्य उस तरीके से मेल खाते हैं जिसमें मैं खुद को अपने काम के दौरान अभी पेश कर रहा हूं?

जैसा फ़िल्मों और नाटक की दुनिया में होता है कि अगर आपको कोई भूमिका चाहिए तब ज़रूरी है कि आप उस भूमिका की तरह दिखें। उदाहरण के लिए, अगर आपको किसी वकील से मिलना है, तो आपके दिमाग में क्या विशेषण आते हैं कि उन्हें कैसा दिखना चाहिए? अब, अगर ये कोई इंश्योरेंस एजेंट होगा तो क्या ये विशेषण बदलेंगे? क्या किसी एडवर्टाइज़िंग प्रोफेशनल के लिए आपके विशेषण पूरी तरह अलग नहीं होंगे? इससे साफ़ तौर पर दिखता है कि अलग-अलग लोगों से हमारी कुछ खास अपेक्षाएं होती हैं, और अगर वे उन पर खरे उतरते हैं, तब हम उन्हें आसानी से अपने 'कम्फर्ट ज़ोन' में आने देते हैं। इसका ये मतलब बिलकुल नहीं है कि किसी को अपनी निजी शैली पूरी तरह छोड़ देनी चाहिए। असली चीज़ तो यही है कि आप अपनी पेशेवर उम्मीदों और अपनी निजी शैली के बीच बेहतर संतुलन कैसे बनाते हैं।

जब मैं एक प्रोफेशनल स्पीकर के तौर पर किसी कमरे में जाती हूं, मैं देखती हूं कि लोग मेरे उठने-बैठने, मेरे भाषण और बोलने के तरीके, क्या मुझसे आसानी से बात की जा सकती है, ऐसी चीज़ों पर गौर करते हैं। दूसरी तरफ, मैं अपने श्रोताओं में ये जानने की कोशिश करती हूं कि कौन मेरी बात समझ रहा है, किसने सबसे अच्छे कपड़े पहने हैं, वगैरह। शुरुआती छाप का बेजोड़ उदाहरण है : जब आप अच्छी तरह से तैयार होकर किसी ज्वेलरी/लग्ज़री स्टोर में जाते हैं, सेल्सपर्सन आपमें ज़्यादा दिलचस्पी लेते हैं बजाय उस बारी के जब आपने बेढंगे तरीके से कपड़े पहन रखे थे!

भारत में कारोबारी पहनावा

व्यापार के लिए लोगों के कपड़े पहनने के तरीकों में प्रदेशों के हिसाब से अंतर

हैं। उत्तर भारतीय पुरुष काम की जगह पर कमीज़/पैंट पहनने को प्राथमिकता देते हैं जबकि महिलाएं सलवार कमीज़ को। दक्षिण भारत में, अपना छोटे/मझोले उद्यम चलाने वाले पुरुष कमीज़ के साथ पारंपरिक धोती को प्राथमिकता देते हैं, जबकि महिलाओं को साड़ियों में देखा जाता है। देश भर में बहुराष्ट्रीय कंपनियों में पुरुष—महिला दोनों फॉर्मल या सेमी-फॉर्मल पश्चिमी परिधानों में दिखते हैं, जहां पुरुष ब्लेज़र और टाई पहनते हैं और औरतें पैंट या स्कर्ट। रंगों की पसंद में काफी अंतर दिखता है, जहां भारतीय चटख लाल, कत्थई, नीले और हरे रंगों को पसंद करते हैं वहीं पश्चिमी देशों में काला और पीला-भूरा (beige) रंग ज़्यादा पसंद किया जाता है।

एक इंश्योरेंस कंपनी के बिज़नेस हेड ने मुझे ये कहानी सुनाई। उनके एशिया-पैसिफिक सीईओ 2 दिनों के बिज़नेस ट्रिप के लिए भारत के दफ्तर आ रहे थे। भारत के सीईओ को सुबह आठ बजे उन्होंने फ़ोन करके पूछा कि क्या उनका प्रेज़ेंटेशन तैयार है। जब उन्होंने अपने बॉस को जवाब दिया कि उन्होंने आधी रात तक बैठकर इसे तैयार किया है, सीईओ ने कहा : 'बहुत बढ़िया ! उम्मीद है कि आपको मैं उस नीले बिज़नेस सूट और शानदार टाई में देखूंगा जो आपने हांगकांग की पिछली यात्रा में लिया था।' क्या उन्हें बात समझ आई? आपने सही समझा—वो बिलकुल उन्हीं कपड़ों में ऑफ़िस पहुंचे!

आत्म-विश्लेषण

थोड़ा वक्त निकालें और खुद से इन अहम सवालों को पूछें:

⇒ क्या मेरे कपड़ों से मेरी हैसियत और वरिष्ठता झलकती है?

⇒ पिछले 5 सालों में क्या मैंने अपनी प्रोफेशनल छवि को आलोचक की नज़र से देखा है?

⇒ क्या बिज़नेस की पोशाक पर निवेश का फायदा है?

⇒ क्या मैंने इस सदी में अपना हेयर स्टाइल बदला है?

⇒ भले ही फैशन थोड़ा सा हास्यास्पद हो चला है, क्या मैं समय के साथ चल

रहा हूं? (अगर लोगों को आपसे मिलकर लगता है कि वे 1970 या 1980 के दशक के भारत में पहुंच गए हैं तब एक बड़ी दिक्कत है।)

⇒ और अंत में, क्या मैं खुद के साथ बिज़नेस करना चाहूंगा?

अगर इनमें से किसी भी सवाल का जवाब 'नहीं' में है, तब आपको अपना विज़ुअल रेज़्युमे बदलने की ज़रूरत है क्योंकि रिसर्च दिखाते हैं कि अच्छे कपड़े पहनने वाले प्रोफेशनलों को ज़्यादा काबिल और ज़्यादा समझदार माना जाता है, और उन्हें बेहतर पैसे मिलते हैं!

अपनी 'विज़ुअल इमेज' बेहतर करें

हम हमेशा खुद से पूछते हैं, 'काम पर आज क्या पहनकर जाऊं?' जब भी संदेह हो तो बुनियादी बातें याद रखें :

⇒ अपने ओहदे के हिसाब से कपड़े पहनें

⇒ अपने ग्राहकों के लिए कपड़े पहनें

⇒ लेकिन कभी ऐसे कपड़े ना पहनें जिनमें आप असहज महसूस करें

कपड़े दूसरों को ये पहचान करने में मदद करते हैं कि आप कौन हैं—आपकी शैक्षिक पृष्ठभूमि, आपका व्यवसाय और आपकी सामाजिक हैसियत। नियम यही है कि कॉर्पोरेट पोशाक आपके उद्योग, आपके संस्थान की शैली और आपके ओहदे पर निर्भर करती है।

जब आप फ़ैसला कर रहे हों कि 'क्या पहनें', अपनी कंपनी की छवि और अपनी कॉर्पोरेट संस्कृति के बारे में सोचें। आप जिस कंपनी के लिए काम करते हैं, वो क्या बताती है? क्या ये आपकी व्यक्तिगत छवि से मेल खाती है? उदाहरण के लिए, अगर आपकी कंपनी 100 साल पुरानी एक कानूनी फर्म है, तो इसके साथ एक विशिष्ट विरासत जुड़ी हुई है और आपको वैसी ही छवि प्रस्तुत करनी होगी। दूसरी तरफ, अगर आप गूगल या स्काइप जैसी किसी नए युग की कंपनी में काम करते हैं, आपकी कंपनी की छवि आधुनिक, तनाव मुक्त लेकिन बौद्धिक रूप से प्रेरक कंपनी की है और आपको भी ऐसी ही छवि को पेश करना होगा।

⇒ **बैंकिंग, लीगल, कंसल्टिंग, एकाउंटिंग:** अगर आप इनमें से किसी सेक्टर में काम करने वाले प्रोफेशनल हैं तो आपको समर्थ और

भरोसेमंद दिखना होगा—इसका मतलब है कि आपकी पोशाक थोड़ी 'पारंपरिक' होनी चाहिए।

⇒ **मैन्युफैक्चरिंग, इंडस्ट्रियल, लाइफ़ साइंसेज़, एजुकेशन:** इन सेक्टरों में आपसे उम्मीद की जाती है कि आप तकनीकी रूप से समर्थ दिखें और आप तक पहुंचना आसान हो।

⇒ **टेक्नोलॉजी:** टेक्नोलॉजी की लगातार बदलती दुनिया में, आपको होशियार, समकालीन और निश्चिंत दिखना होता है।

⇒ **विज्ञापन:** कला (चित्रकारी, गायन और अभिनय), प्रकाशन या विज्ञापन की रचनात्मक दुनिया में आपका ऐसा दिखना सबसे अच्छा है जिसमें कलात्मक और खास दिखने के बीच अच्छा संतुलन हो।

जैसा कि साफ़ दिख रहा है, हर मामले में आप अपनी इंडस्ट्री में प्रचलित 'पारंपरिक' कपड़े पहन रहे हैं।

एक बात और, हम हमेशा अपने ग्राहकों को ध्यान में रखकर कपड़े पहनते हैं, खुद को ध्यान में रखकर नहीं क्योंकि ग्राहक ही हमें बिज़नेस देते हैं और हमारी तनख्वाह का भुगतान करते हैं। इसलिए कुछ भी पहनने का फैसला लेने के पहले अपने ग्राहकों की अपेक्षाओं को ध्यान में रखें। वरना आपके और ग्राहक के बीच में एक बड़ा अलगाव आ सकता है। साथ ही, इस तरह के कपड़े पहनने से बचें जो आपके ग्राहक के मन में किसी तरह का डर पैदा करे।

अगर आप समझ नहीं पा रहे कि क्या पहनें तो किसी से पूछें। अपने साथियों से, अपनी एचआर टीम से या अपने बॉस से ही पूछ लें। कई नौकरियों में सही कपड़े पहनना प्रोमोशन के लिए मायने रखता है। अगर आपने सही कपड़े नहीं पहने हैं तो किसी इंटरनेशनल इवेंट के लिए आपको 'दरकिनार' करके कोई जूनियर कंपनी का प्रतिनिधित्व करने के लिए चुना जा सकता है। जब आपके ऑफ़िस में कोई महत्वपूर्ण आदमी आने वाला हो और अगर आपका बॉस आपको कुछ 'स्मार्ट' पहनने के लिए कहता है तो समझ लीजिए कि आपके पास अपना 'विज़ुअल रेज़्युमे' अपग्रेड करने का वक़्त आ गया है। अपने आस-पास सभी पर नज़र डालें; अपने सीनियर्स को गौर से देखें। अगर आपको अपनी कंपनी के उच्च अधिकारियों की पोशाक में कोई कॉमन चीज़ नज़र आती है तो फिर संदेश बिलकुल साफ़ है—कंपनी के लिए यही 'लुक' काम करता है!

अक्सर, मैं लोगों को कहते सुनती हूं कि वे ऐसे लोगों को जानते हैं जो बहुत खराब तरीके से कपड़े पहनते हैं फिर भी बेहद कामयाब हैं। देखिए, हर नियम का हमेशा एक अपवाद होता है, और एक व्यक्ति अपनी प्रतिभा के बल पर इस अपवाद को बड़ा बना देता है।

इसे 'परिस्थितियों के हिसाब से' तय करें। 'क्या पहनें' का जवाब पाने का दूसरा तरीका है कि इसका फैसला परिस्थितियों के हिसाब से करें। अगर आप बोर्ड या अपने सबसे महत्वपूर्ण ग्राहक के सामने प्रेज़ेंटेशन करने जा रहे हैं, तब आपकी पोशाक में आपके दृष्टिकोण की गंभीरता झलकनी चाहिए। दूसरी तरफ, अगर आप ट्रेंडी डेनिम्स पहनने वाले कंटेंट डिज़ाइनरों के साथ बैठक कर रहे हैं, तब आप अपनी पोशाक को थोड़ा हल्का रख सकते हैं। इस रणनीति पर अमल करने के लिए आपके पास तरह-तरह के कपड़े हर वक़्त तैयार होने चाहिएं।

ऑफ़िस पार्टी के लिए पोशाक

आप ऑफ़िस की पार्टी में क्या पहनकर जाते हैं, ये महत्वपूर्ण है क्योंकि पूरा संस्थान, और खासकर सीनियर्स, वहां मौजूद होते हैं और लोग हर चीज़ पर गौर करते हैं।

⇒ अगर काम के बाद पार्टी ऑफ़िस में ही है, तब आप ऑफ़िस के कपड़ों में उसमें शामिल हो सकते हैं, हालांकि आपको ख़ुद को थोड़ा तरोताज़ा कर लेना चाहिए और पार्टी में जाने के पहले कोई एक्सेसरी (जैसे कोई स्कार्फ, कोई ज्वेलरी या मोतियों का एक हार) पहन लेनी चाहिए।

⇒ अगर पार्टी ऑफ़िस के बाहर किसी जगह पर है तब आपको अधिक आकर्षक कपड़े पहनने चाहिएं। इंडस्ट्री कोई भी हो, जो 'लुक' हमेशा काम आता है वो है शालीनता भरा। जब तक कि कोई थीम पार्टी ना हो, नाइटक्लब की अपनी पोशाक (शरीर से चिपकने वाले, शरीर दिखाने वाले या तड़क-भड़क वाले कपड़े) को दोस्तों और रिश्तेदारों के साथ वाली पार्टियों में ही पहनें।

साफ़ तौर पर, ऐसी कोई भी पोशाक जिसे आप किसी स्पोर्टिंग इवेंट, किसी नाइट क्लब या पब में, या किसी आउटडोर इवेंट में पहनते हैं, वो यहां पहनना उचित नहीं है।

ग्रूमिंग जिसमें कोई कमी ना हो
(IMPECCABLE GROOMING)

अच्छी ग्रूमिंग आपकी पर्सनल ब्रांडिंग का एक अहम हिस्सा है—इसी तरह से आप दुनिया के सामने अपनी मार्केटिंग करते हैं। साथ ही, अच्छी ग्रूमिंग हमेशा से फैशन में रहा है! भले ही आप कितने बड़े ब्रांड पहनते हों, अगर आपकी ग्रूमिंग अच्छी नहीं है तो आप असर नहीं छोड़ सकेंगे। कॉलर पर डैंड्रफ़, सांस में बदबू, गंदे जूते और गंदे नाखून देखते ही लोग आपसे दूर जाने लगते हैं। आसान शब्दों में कहें तो कामकाज की जगह पर अच्छी तरह से ग्रूम्ड होने का मतलब है सिर्फ साफ़-सुथरा और बदबू रहित रहना और ऐसा करना बहुत आसान है। अपने कद और त्वचा के रंग को लेकर आप कुछ नहीं कर सकते, लेकिन आप इन चीज़ों पर काफी हद तक काबू पा सकते हैं:

बाल

अच्छी तरह से सजे-संवरे बाल पुरुषों और स्त्रियों दोनों को सबके आकर्षण का केंद्र बना देते हैं। अपने बालों में नियमित तौर पर शैम्पू करें और उन्हें धोने के बाद चिपचिपे या सुगंधित तेल लगाने से बचें; इसकी बजाय ना चिपकने वाला या बगैर गंध वाला स्टाइलिंग जेल या क्रीम लगाएं। लेकिन याद रखें, बहुत ज़्यादा जेल या ब्लो-ड्राइंग (blow-drying) किसी 'फैशन आइकॉन' जैसा लुक देता है जो ज़्यादातर बिज़नेस सेटिंग्स में सही नहीं होता। जैकेट पर डैंड्रफ दिखना भद्दा लगता है और इसकी देखभाल बिलकुल प्रोफेशनल तरीके से करनी चाहिए।

गंध

अपने शरीर से गंध ना आने देना ज़रूरी हो गया है क्योंकि हम बंद वातानुकूलित दफ़्तरों में काम करते हैं और हल्की सी भी दुर्गंध बहुत तेज़ी से काम की जगह पर फैल जाती है।

⇒ **मुंह की दुर्गंध:** कारोबारी जगत में वैसे तो सांसों की बदबू अस्वीकार्य हैं, लेकिन अगर आपके सहकर्मी विनम्र हों तो आपको बता सकते हैं कि आप इससे पीड़ित हैं। पान/मसाला चबाना और धूम्रपान आपकी सेहत को नुकसान पहुंचाने के अलावा सांसों की बदबू के भी कारण बनते हैं। इसके अलावा दफ़्तर में कच्चे प्याज़, लहसुन और तेज़ गंध वाली चीज़ें खाना या लंबे समय तक कुछ

नहीं खाना भी सांसों की बदबू की वजह होती है।

वैसे माउथ फ्रेशनर जैसी चीज़ें चबाने से अस्थायी राहत मिलती है, इससे समस्या पूरी तरह खत्म नहीं होती क्योंकि सांसों की बदबू अस्वस्थ शरीर या दांतों की गंदगी को दिखाती है, और शायद इसे दूर करने के लिए किसी मेडिकल प्रोफेशनल की मदद भी लग सकती है। इलायची, लौंग और सौंफ जैसे कुदरती माउथ फ्रेशनर ज़्यादातर भारतीय घरों में मिल जाते हैं।

⇒ **शरीर की बदबूः** पसीना आना स्वाभाविक है क्योंकि हम एक गर्म और आर्द्र देश में रहते हैं। जब पसीना हमारे शरीर में कई घंटों तक लगातार चिपका रह जाता है तब इससे बदबू आने लगती है। इस बदबू को आसानी से रोज़ नहाकर और पसीना दूर करने वाले किसी डियोड्रेंट के इस्तेमाल से दूर किया जा सकता है।

⇒ **पैरों की बदबूः** भारतीय दफ़्तरों में ये आमतौर पर पुरुषों के साथ होने वाली आम दिक्कत है, क्योंकि वे पूरे दिन जूते पहने रहते हैं। 100 फीसदी सूती मोजे पहनना और उन्हें रोज़ बदलना इसका समाधान है। रात में अपने जूतों को दीवार से टिकाकर खड़ा रखें ना कि किसी बंद जूतों की दराज में धकेलें। इस दिक्कत को दूर करने के लिए कई गंधनाशक इनसोल्स (insoles) और पाउडर भी बाज़ार में मिलते हैं।

हाथ और पैर

वैसे तो अक्सर इसे नज़रअंदाज़ किया जाता है, लेकिन साफ़-सुथरे हाथ और पैर स्वच्छता पर ध्यान देना दिखाते हैं। पुरुषों को अपने नाखून छोटे रखने चाहिए जबकि महिलाएं मध्यम लंबाई तक अपने नाखून बढ़ा सकती हैं।

टिपः महिलाओं को नाखूनों की सफाई अच्छी तरह से करनी चाहिए, और उन्हें न्यूट्रल कलर्स, सी-थ्रू पॉलिश (see-through polish) या फ्रेंच मैनीक्योर (सफेद या ऑफ-व्हाइट छोरों वाले साफ़ नाखून) आजमाना चाहिए। एकाएक ज़रूरत पड़ने पर इस्तेमाल के लिए अपने हैंडबैग में एक नेल फाइल (nail file) रखें। साथ ही, महिलाओं को फटे पैरों की भी देखभाल करनी चाहिए जो सैंडल में से दिखने पर भद्दे लगते हैं।

इत्र

ऐसे इत्र लगाएं जो हल्के हों और उनकी सुगंध आप तक सीमित रहे। तेज़ सुगंध कामोत्तेजक मानी जाती है जो प्रोफेशनलिज़्म के खिलाफ है या इससे भी बुरा, वो आपके सहकर्मियों में अस्थमा या माइग्रेन की वजह बन सकती है। नियम ये है कि दिन के दौरान हल्की सुगंध का इस्तेमाल करें और शाम के वक़्त तेज़ सुगंध का।

बॉडी पीयर्सिंग/टैटू

जब तक आप किसी रचनात्मक काम से जुड़े नहीं हैं और आपके कामयाब सीनियर भी ऐसा ना करते हों, तब तक आप बॉडी पीयर्सिंग और ऐसी जगहों पर टैटू बनवाने से बचें, जो शरीर पर साफ़ दिखते हों।

किसी इंटरव्यू के लिए पोशाक

जब आप खुद पर निवेश करते हैं तब दूसरों के लिए आप पर निवेश करना आसान हो जाता है!

नौकरी के लिए किसी इंटरव्यू में फैसले लेने का वक्त कम होने की वजह से इस बात की अहमियत बढ़ जाती है कि पहली नज़र में आप दिखते कैसे हैं। आपका पहनावा ना सिर्फ आपकी अपनी मानसिकता को प्रभावित करता है बल्कि दूसरों की नज़र में आपकी छवि पर भी असर डालता है।

⇒ **उद्योग/नौकरी**: जिस नौकरी के लिए आपने अर्जी दी है, उसके इंडस्ट्री स्टैंडर्ड्स को समझकर अपने विजुअल रेज़्युमे पर काम करें। जैसा कि पहले बताया गया है, हर इंडस्ट्री का एक 'डोरवे' मॉडल लुक होता है और उसी बेंचमार्क को ध्यान में रखकर नौकरियां दी जाती हैं। उस बेंचमार्क से एक दर्जा ऊपर ही रहें और बेदाग ग्रूमिंग के साथ खुद को पेश करें।

⇒ **व्यक्तिगत शैली**: अपनी व्यक्तिगत शैली की एक छोटी छाप छोड़ें—पुरुषों के लिए एक स्मार्ट टाई या कफ़लिंक्स और महिलाओं के लिए एक स्कार्फ या अलग सी दिखने वाली कोई एक एक्सेसरी। बिलकुल अलग सा रंग इस्तेमाल करना भी नौकरी के इंटरव्यू में काफी काम आता है।

बिज़नेस फॉर्मल (BUSINESS FORMAL)

कोलमैन कॉक्स कहते हैं: 'आपके कपड़ों पर अच्छी तरह इस्तरी किए होने से आप काम के बोझ तले दबे नहीं दिखेंगे।'

ऑफ़िस जाने वाले ज़्यादातर लोगों को कम से कम एक बार अपनी ज़िंदगी में ऐसा निमंत्रण ज़रूर मिला होगा जिस पर लिखा होता है 'ड्रेस कोड: फॉर्मल'। पुरुषों के सवाल होते हैं : 'फॉर्मल वियर (formal wear) क्या है? क्या हमेशा ही बिज़नेस सूट? अगर मेरे पास ऐसा अच्छा सूट ना हो तो? क्या कमीज़, पैंट और टाई फॉर्मल नहीं हैं? क्या ब्लेज़र फॉर्मल माना जाएगा? आखिरकार, ब्लेज़र भी सूट जितना ही अच्छा होता है।' महिलाओं के सवाल होते हैं: 'सलवार कमीज़ को फॉर्मल वियर क्यों नहीं माना जाता है? मुझे किस तरह की साड़ी पहननी चाहिए? एक फॉर्मल इवेंट के लिए सही बिज़नेस सूट के रंग कौन से होते हैं?'

ड्रेस कोड (Dress Codes)

अंतर्राष्ट्रीय स्तर पर, ड्रेस कोड मोटे तौर पर तीन वर्गों में बांटे जाते हैं:

1. **सफेद टाई:** ये ड्रेसिंग की सबसे ज़्यादा फॉर्मल स्टाइल है। हालांकि भारत में ये आपको शायद ही देखने को मिले, अंतर्राष्ट्रीय स्तर पर चैरिटी डिनर, ओपेरा, फंड जुटाने वाले कार्यक्रमों वगैरह में ये प्रचलन में है। पुरुष काले टेलकोट (tailcoat), सफेद बो टाई (bow tie), सस्पेंडर्स (suspenders) और फैंसी कफलिंक्स (cufflinks) के साथ काले जूते पहनते हैं। आमतौर पर, महिलाएं लंबा गाउन पहनती हैं। किसी देश की राष्ट्रीय पोशाक पुरुषों और महिलाओं दोनों के लिए स्वीकार्य है।
2. **काली टाई:** पुरुष क्लासिक काली टक्सीडो (tuxedo) या डिनर जैकेट पहनते हैं और उसके साथ कमरबंद और मेल खाती बो टाई लगाते हैं। अगर निमंत्रण में 'ब्लैक टाई ऑप्शनल' लिखा हो तो आप गहरे रंग का बिज़नेस सूट पहन सकते हैं। महिलाएं काली कॉकटेल ड्रेस या अपनी राष्ट्रीय पोशाक या गहरे रंग का बिज़नेस सूट पहनती हैं।
3. **फॉर्मल:** भारत में अक्सर ऐसा निमंत्रण देखा जाता है, और इसका मतलब है पुरुषों के लिए गहरे रंग का बिज़नेस सूट, कमीज़, एक

टाई, कफ़लिंक्स और फॉर्मूल जूते। महिलाएं गहरे रंग का बिज़नेस सूट या कॉकटेल ड्रेस या अपनी राष्ट्रीय पोशाक पहन सकती हैं। भारत में महिलाओं के लिए साड़ी राष्ट्रीय पोशाक है। वैसे तो सलवार कमीज़ भी उतनी ही लोकप्रिय है, इसे फॉर्मल वियर नहीं माना जाता है। नेहरू जैकेट (बंदगला के नाम से भी मशहूर) पुरुषों की व्यक्तिगत पसंद है, और दुनिया भर के बड़े सूट-निर्माता इसकी बिक्री करते हैं।

बिज़नेस सूट

भारत में, बिज़नेस सूट की खरीदारी पारंपरिक रूप से एक पुरुष की ज़िंदगी के किसी महत्वपूर्ण अवसर से जुड़ी होती है—सगाई, शादी, पहली नौकरी का इंटरव्यू और करियर के बाद के दौर में प्रोमोशन। बिज़नेस सूट की परिभाषा इस तरह दी जा सकती है—'मेल खाते कपड़ों का एक कलेक्शन, जो एक ही कपड़े से तैयार किया जाता है, और पुरुषों के लिए कम से कम उसमें एक जैकेट और पतलून और महिलाओं के लिए स्कर्ट या पतलून होती है।' बिज़नेस सूट आपके वार्डरोब की सबसे महंगी पोशाक और साथ में सबसे महत्वपूर्ण भी होती है। कॉर्पोरेट माहौल में इससे एक तरह की अथॉरिटी का पता चलता है।

इसी तरह, कपड़ों का कुछ हद तक फॉर्मल होना आपको अच्छा दिखा सकता है और आत्मविश्वास बढ़ाने वाला भी होता है। अजीब बात ये है कि एक वक़्त बिज़नेस सूट को 'लाउंज सूट' कहा जाता था—इस पोशाक को पुरुषों के लिए 'आसपास घूमने-फिरने' के लिए डिज़ाइन किया गया था और औपचारिक अवसरों के लिए उपयुक्त नहीं समझा जाता था। बाद के वर्षों में, ये पोशाक आज के 'बिज़नेस सूट' के तौर पर उभरी जिसे सभी औपचारिक और व्यवसाय से जुड़ी बैठकों में पुरुष और स्त्रियां दोनों पहनते हैं। ये दिखाता है कि धीरे-धीरे ड्रेस कोड किस तरह से बदले हैं। वैश्विक स्तर पर, बिज़नेस सूट को ज़्यादातर महिलाएं पसंद करती हैं जबकि भारत में, सुरुचिपूर्ण साड़ी और आरामदायक सलवार कमीज़ को बराबरी पर रखा जाता है।

बिज़नेस स्मार्ट कैज़ुअल
(BUSINESS SMART CASUAL)

बिज़नेस कैज़ुअल एक ऑक्सीमोरॉन है, यानी ऐसा शब्द जिसके अर्थ में विरोधाभास है। इसे 'ड्रेसिंग डाउन' भी कहा जाता है और इसे ज़िंदगी को

आसान बनाने के लिए डिज़ाइन किया गया था। अमेरिका में 1970 के दशक से लोकप्रिय इस ड्रेस कोड को भारत में प्रचलन में आने के लिए नई सदी का इंतज़ार करना पड़ा। डॉट-कॉम का बुलबुला फूलने और फूटने के साथ, कंपनियों और प्रोफेशनल्स का ऐसा समूह उभरा जो महसूस करता था कि बिज़नेस सूट और टाई पहनना बहुत ज़्यादा सख्ती और औपचारिकता से भरा है। इस सोच ने ज़ोर पकड़ा, और अध्ययन दिखाते हैं कि इसका असर कर्मचारियों के ख़ुद के बारे में सोच बनाने और फिर धीरे-धीरे कामकाज की जगह पर उनके व्यवहार पर पड़ा।

बिज़नेस कैज़ुअल क्या है?

दुनिया भर में सीईओ पूरी कोशिश कर रहे हैं कि बिज़नेस कैज़ुअल के लिए कुछ न्यूनतम मानक तय कर दिए जाएं ताकि इसे 'बिज़नेस स्लॉब्स' (बिज़नेस के लिए कम मानक स्तर की चीज़ें) में जाने से रोका जा सके। जब भी आपको संदेह हो, तो आप 'कैज़ुअल' शब्द की बजाय 'बिज़नेस' शब्द पर ध्यान केंद्रित करें!

दिलचस्प ये है कि ऐसा कोई तय 'लुक' नहीं है जिसे बिज़नेस कैज़ुअल की तरह वर्गीकृत किया जाए। मोटे तौर पर आप कह सकते हैं कि ऐसी साफ़-सुथरी लेकिन आरामदेह पोशाक इस कैटेगरी में आती है जिसमें आप किसी ग्राहक के साथ लंच पर मिल सकें, अपने बॉस के साथ डिनर पर मिल सकें या अपनी टीम के साथ बिज़नेस स्ट्रैटेजी पर बैठक कर सकें।

प्रतिस्पर्धा बढ़ने के साथ-साथ, कंपनियों ने थोड़े सख्त बिज़नेस कैज़ुअल ड्रेस कोड बनाने की कोशिश की है, लेकिन एचआर प्रोफेशनल्स की शिकायत है कि इसे लागू करना बहुत बड़ी चुनौती है। विज्ञापन एजेंसियों और मीडिया हाउसेज़ में थोड़ा ज़्यादा रचनात्मक होने की छूट है, फिर भी क्लाइंट से मिलने वाले प्रोफेशनल्स को फॉर्मल कपड़े ही पहनने होते हैं। क्लाइंट से मिलने वाले आईटी प्रोफेशनल्स को साफ़-सुथरा और चुस्त-दुरुस्त दिखना होता है लेकिन बहुत ज़्यादा फॉर्मल नहीं। बैंकरों, वकीलों और मैनेजमेंट कंसल्टेंट्स से उम्मीद की जाती है कि वे पुराने दौर से चली आ रही पोशाकें ही पहनें। इसलिए, साफ़ तौर पर ऐसी कोई कॉर्पोरेट पोशाक नीति नहीं है जो हर किसी पर लागू की जा सके क्योंकि पोशाक में उद्योग, हर कर्मचारी की काम की ज़रूरतों और कॉर्पोरेट संस्कृति के हिसाब से विविधता होती है। कई एचआर निदेशकों और बिज़नेस हेड से मुलाकातों के बाद मेरे मुताबिक नीचे दी गई पोशाकों को

दुनिया भर के ज़्यादातर काम-धंधों में मान्यता है, और इससे किसी की भावना को ठेस नहीं पहुंचती।

पुरुषों के लिए बिज़नेस कैज़ुअल

⇒ **पतलून:** बिना क्रीज़ वाली खाकीज़ या चिनोज़, कॉटन, ट्विल या कॉर्डरॉय।

⇒ **कमीज़:** सफेद या हल्के नीले जैसे पारंपरिक रंगों में पूरी बाजू की सादी, चेक या धारीदार कमीज़ हर जगह चलती हैं। आउटडोर इवेंट के लिए पोलो और बटन-डाउन कमीज़ बेहतर हैं। कंपनी लोगो के साथ वाले कपड़े भी उपयुक्त होते हैं।

⇒ **शॉर्ट्स:** रचनात्मक क्षेत्रों में घुटने तक की लंबाई वाले बरमूडा ऑफ़िस में दिख जाते हैं, जबकि कंज़र्वेटिव बिज़नेस में पतलूनों की ज़रूरत होती है।

⇒ **जूते:** अच्छी क्वालिटी के चमड़े के जूते, विंग-टिप्स (wing-tips) के बजाय लोफर्स (loafers) और उससे मेल खाते चमड़े के बेल्ट अच्छे माने जाते हैं।

⇒ **एक्सेसरीज़:** स्मार्ट लुक वाले चमड़े के पोर्टफोलियो/ब्रीफकेस।

⇒ **ब्लेज़र:** एक पारंपरिक नीला ब्लेज़र/स्मार्ट जैकेट कभी भी काम आ सकता है क्योंकि थोड़ा ओवरड्रेस होने से कोई नुकसान नहीं है। भारत पोशाकों के मामले में परंपराओं से ज़्यादा जुड़ा है, इसलिए मैं सलाह दूंगी कि अपने पास एक टाई रखें जिसे ज़रूरत पड़ने पर पहना जा सके।

⇒ **रंग:** नेवी ब्लू, काला, ग्रे, गहरा भूरा और खाकी जैसे रंग आम चलन में हैं।

⇒ **जीन्स:** इस पर थोड़ी बहस होती है। ये बेहद आरामदायक और स्टाइलिश है, और मीडिया, विज्ञापन और आईटी उद्योग में स्वीकार्य है लेकिन पारंपरिक व्यवसायों में नहीं। अगर आप जीन्स पहनने का फ़ैसला करते हैं तब क्लासिक गहरे नीले डेनिम्स को चुनें।

महिलाओं के लिए बिज़नेस कैज़ुअल

⇒ **पतलून:** बिना क्रीज़ वाली खाकीज़ या चिनोज़, कॉटन या कॉर्डरोय।

⇒ **स्कर्ट:** कम से कम घुटनों तक लंबी होनी चाहिए, सीधी या फिर ए-लाइन।

⇒ **ड्रेस:** कॉटन या लिनेन ड्रेस, कम से कम घुटनों तक लंबी।

⇒ **कमीज़:** सफेद, हल्का नीला, गुलाबी या दूसरे हल्के रंगों में सादी, चेक या धारीदार क्लासिक सूती पूरे बांह वाली कमीज़। विदेशों में, ट्विन सेट (twin set), स्वेटर या कॉलर वाले निट (collared knit) बेहद लोकप्रिय हैं।

⇒ **भारतीय पोशाक:** भारत में, रेशमी या सूती सलवार कमीज़ उपयुक्त है, और साथ ही पारंपरिक सूती या रेशमी साड़ी।

⇒ **रंग:** बोल्ड पैटर्न से बेहतर हैं नेवी ब्लू, काला, ग्रे, भूरा, कत्थई, जैतूनी हरा या खाकी।

⇒ **एक्सेसरीज़:** गहने और दूसरी एक्सेसरीज़ कम से कम पहनें।

⇒ **जूते:** कम हील वाली सैंडल, खुली उंगलियों वाले या बंद पंप शूज़ पहनें, साथ में मेल खाती क्लासिक बेल्ट पहनें और टोट बैग (tote bag) या पोर्टफोलियो रखें।

⇒ **जैकेट:** डेनिम से बने जैकेट को छोड़कर ज़्यादातर जैकेट चलते हैं। मेरा सुझाव होगा कि आप अपने साथ एक जैकेट या एक स्कार्फ हमेशा रखें जिसे ज़रूरत पड़ने पर पहना जा सके।

वैसे तो कोई भी लिस्ट ऐसा नहीं हो सकती जिसमें सारी चीज़ें बताई जा सकें, अपनी बिज़नेस कैज़ुअल पोशाक चुनते वक़्त अपने उद्योग, ओहदे और दिन भर के काम को ध्यान में रखें। नियम ये है कि आपकी पोशाक इतनी संतुलित हो कि आपके लिए आरामदेह भी हो और किसी महत्वपूर्ण बैठक में शामिल होने लायक भी।

जीन्स पर एक खास टिप्पणी

चूंकि जीन्स पहनने में काफी आरामदायक और स्टाइलिश होती है, एंटरटेनमेंट और टेक्नोलॉजी जैसे कुछ उद्योगों के प्रोफेशनल्स में जीन्स पॉपुलर है। अक्सर, हम देखते हैं कि ये प्रोफेशनल ट्रेंडी डेनिम्स को कैजुअल शर्ट या ग्राफिक डिज़ाइन वाली टी-शर्ट के साथ पहनते हैं। डेनिम के फैशन पर कोई सवाल नहीं उठाया जा सकता, औपचारिक

उद्योगों में भी हफ्ते के अंत में, या ट्रेनिंग में या सफर के दौरान अच्छी धुली हुई गहरी नीली जीन्स किसी जैकेट या कमीज़ के साथ पहनी जा सकती है, लेकिन तब नहीं जब फैसले लेने वाले लोगों के साथ बैठक हो। जीन्स के बारे में ये बातें याद रखें:

⇒ अपनी जीन्स के साथ बेल्ट पहनें ताकि वो नीचे से झूलती ना दिखें, जिस स्टाइल को 1990 के दशक में हिप-हॉप कलाकारों ने काफी लोकप्रिय बना दिया था। दरअसल, गायकों को इसकी प्रेरणा जेल के कैदियों से मिली थी जिन्हें बेल्ट इसलिए नहीं दी जाती थी कि वे कहीं एक-दूसरे का गला ना घोंट दें!

⇒ सफेद जीन्स ऑफिस में पहनने के लिए सही नहीं है—उन्हें पूरे दिन साफ़-सुथरा रखना मुश्किल है और ऐसा लगता है कि आप ऑफिस नहीं, किसी समुद्र तट पर घूमने आए हों।

⇒ बूट कट या स्ट्रेट फिट जीन्स ट्रेंड में है फिर भी ऑफिस पहनकर जाया जा सकता है। स्किनी जीन्स ऑफिस के लिए उपयुक्त नहीं है क्योंकि वे शरीर से चिपके रहते हैं और कैज़ुअल दिखते हैं। बैगी या रिप्ड जीन्स कुछ ज़्यादा ही ट्रेंडी लगते हैं। जीन्स पर किसी तरह की कोई सजावट आपको एक कॉर्पोरेट प्रोफेशनल की बजाय किसी रॉक स्टार की तरह दिखा सकती है।

⇒ बाकी सभी रंगों की तुलना में गहरा डेनिम अधिक आकर्षक दिखता है। इन डेनिम्स को ब्लैक ड्रेस शूज़ और ब्लैक/नेवी ब्लू ब्लेज़र के साथ पहनें। बटन-अप ड्रेस शर्ट के ऊपर कार्डिगन या फिटेड अंडरशर्ट के ऊपर वी-नेक स्वेटर भी दिखने में अच्छा लगता है।

भारतीय महिला अधिकारी

महिलाएं बड़ी तादाद में दफ्तरों में काम करने पहुंच रही हैं, इसलिए मैंने इस अध्याय में एक अलग सेक्शन महिला अधिकारियों की बिज़नेस पोशाक के लिए देने की ज़रूरत महसूस की। मैंने पहले ही विस्तार से बिज़नेस सूट और इसकी एक्सेसरीज़ के बारे में बताया है। सूट के अलावा, भारतीय महिलाओं के पास कामकाज पर पहनने के दो दूसरे विकल्प भी हैं—सुरुचिपूर्ण साड़ी और आरामदायक सलवार कमीज़।

साड़ी

मेरी निजी पसंद, साड़ी कॉर्पोरेट इंडिया की वरिष्ठ महिला प्रोफेशनलों के बीच काफी लोकप्रिय परिधान है। एक साड़ी अलग-अलग मौकों पर इस्तेमाल की जा सकती है—आम कामकाजी दिनों में, बोर्डरूम की मीटिंग में, क्लाइंट लंच में,

शाम की कॉकटेल पार्टी में और दिन के अंत में परिवार के साथ किसी रेस्टोरेंट में! और कौन सा परिधान आपको इस स्तर के विकल्प देता है?

भारत में, साड़ी की बुनाई पूरे मन से की जाती है और ये दिखता है—हमारी साड़ियों में बेहतरीन कढ़ाई होती है, खासकर उन साड़ियों में जो हमें अपनी माताओं और दादी-नानियों से विरासत में मिलती हैं। चूंकि साड़ी भारतीय महिलाओं की राष्ट्रीय पोशाक है, इसे अंतर्राष्ट्रीय स्तर पर पहना जा सकता है, चाहे ड्रेस कोड या अवसर कुछ भी हो। हम सबने साड़ियों में ऊर्जावान इंदिरा गांधी या सौम्य महारानी गायत्री देवी की तस्वीरें अंतर्राष्ट्रीय शिखर सम्मेलनों, राजकीय भोज और यहां तक कि रॉयल एस्कॉट (इंग्लैंड के एस्कॉट में होने वाली चार दिवसीय घुड़दौड़) में देखी हैं!

ऑफ़िस के लिए साड़ियां

भारत में साड़ियों की बेहतरीन विविधता है—बालूचेरी और कांथा (बंगाल), मधुबनी (बिहार), जामदानी (उत्तर प्रदेश), महेश्वरी (मध्य प्रदेश), पटोला (गुजरात), गडवाल और पोचमपल्ली (आंध्र प्रदेश), संबलपुरी और बोमकाई (उड़ीसा), और मुगा और पैट (असम) इनमें से कुछ हैं जिनमें से अपनी पसंद का चुनाव भारतीय महिला अधिकारी कर सकती हैं।

गर्मियों में सूती साड़ी बढ़िया विकल्प है लेकिन कामकाजी महिलाओं को ये भारी रख-रखाव वाली लगने लगी हैं क्योंकि इन्हें स्टार्च करने के बाद भारी इस्त्री की ज़रूरत होती है और इनकी तह आसानी से बिगड़ जाती है। क्रेप सिल्क और टसर कामकाज की जगह पर पहने जाने वाली साड़ियों में सबसे आगे हैं। आप जॉर्जेट भी आजमा सकती हैं। दफ्तर में पहनने के लिए ज़्यादातर रंग सही लगते हैं, केवल बेहद भड़कीले जैसे गहरे गुलाबी, फ्लोरोसेंट पीले/हरे और चमकीले नारंगी रंगों को छोड़कर। गहरे रंगों की और भारी रेशमी साड़ियां जाड़े के लिए रखें। आपकी निजी पसंद जो भी हो, साड़ियां पारदर्शी नहीं होनी चाहिए, क्योंकि उनसे लोगों का ध्यान आपके काम से हटकर आपके शरीर पर जाने लगता है।

ऑफ़िस की पार्टियों और कॉकटेल पार्टियों के लिए ऐसी साड़ी पहनें जो थोड़ी अधिक आकर्षक हो, जैसे सोने या चांदी के काम वाली भारी दक्षिण भारतीय/ओडिशा/असमी साड़ियां, जरदोज़ी वाली जॉर्जेट, गहरे रंग वाली क्रेप या रेशमी धागों वाली जामावर। क्रिस्टल, नेट या लेस से दूर रहें।

ब्लाउज़ और बांधने की शैली

मेल खाता या कॉन्ट्रास्ट वाला स्टैंडर्ड—कट ब्लाउज़, बांह वाली या बगैर बांह वाली, पहनें। अगर आप बिना बांहों वाला ब्लाउज़ चुनती हैं तो कट को फॉर्मल रखना ना भूलें।

वैसे तो भारत के हर राज्य में अपनी खास शैली है, काम के लिए जाते समय अपनी साड़ी को स्टैंडर्ड फॉर्मल तरीके से बांधें। इसे ज़्यादा प्रोफेशनल लुक देने के लिए, पल्लू को ब्लाउज़ से पिन कर दें ताकि वो पूरे दिन अपनी जगह पर टिका रहे।

जूते

खुली/पीप-टो (peep-toe) जूतियां और प्लेटफॉर्म/वेज-हील (platform/wedge-heel) सैंडल सही हैं।

मोतियों की ताक़त

मैं मोतियों की बहुत बड़ी प्रशंसक हूं और मुझे लगता है कि वे स्टाइलिश लगते हैं, अंतर्राष्ट्रीय स्तर पर सराहे जाते हैं, किसी गोल्ड या डायमंड एक्सेसरीज़ के बगैर भी पहने जा सकते हैं और हर तरह के रंगों और कपड़ों (भारतीय, पश्चिमी और चीनी) के साथ जम जाते हैं। अपनी खूबसूरती और विविधता के कारण सदियों से राजाओं और रानियों ने इन्हें अपने श्रृंगार में शामिल किया है। वैसे तो साउथ सी, बसरा और मिकिमोटो मोती काफी महंगे होते हैं, मैं सभी महिलाओं को सलाह दूंगी कि वे आखिरी मिनटों में खुद को सजाने और आकर्षक दिखाने के लिए किफायती सफेद या ऑफ—व्हाइट मोतियों की एक माला अपने पास हमेशा रखें।

सलवार कमीज़

सलवार कमीज़ आज के सबसे लोकप्रिय भारतीय परिधान के तौर पर उभरा है। महिलाएं इसमें बसों, टैक्सियों, ट्रेनों और मर्सिडीज़ में समान रूप से दौड़ती नज़र आ रही हैं। आराम के अलावा, इसमें साड़ी के मुकाबले पैरों को हिलाना-डुलाना बेहतर है, धोने और पहनने में आसान है और पूरा शरीर इससे ढका रहता है—आप ऐसे परिधान को मात नहीं दे सकते जो इतने सारे फायदे देता

हो। इसका केवल एक नुकसान है—फैशन इतनी तेज़ी से बदलता है, कुछ ही महीनों के भीतर कुर्ता शॉर्ट से लॉन्ग हो जाता है, स्लिम-फिट (slim-fit) से फ्लेयर (flare) हो जाता है, और 18 महीनों के भीतर आपका पूरा कलेक्शन 'फैशन से बाहर' चला जाता है, और इस वजह से सदाबहार साड़ी या बिज़नेस सूट के मुकाबले इस पर आपको ज़्यादा पैसे खर्च करने पड़ते हैं।

ऑफ़िस में पहनने के लिए सलवार कमीज़

सूती (हैंडलूम, दक्षिण भारतीय, लखनवी चिकनकारी, महेश्वरी, और अन्य), रेशमी (क्रेप, टसर, खादी सिल्क जैसे हल्के वाले), जॉर्जेट, ब्लॉक-प्रिंटेड पॉलीकॉट्स (block-printed polycots), जरी का काम वाले सूती—सभी अच्छे चलते हैं। अगर आपको क्लासिक लुक पसंद है, तो आप सामान्य चौड़ाई वाले सलवार या स्लिम-फिट चूड़ीदार पहनें। वैसे तो सलवार थोड़ी फैली हुई होती हैं, लेकिन वे हर तरह के शरीर पर अच्छी लगती हैं। पतले पैरों वाली महिलाओं को चूड़ीदार के साथ छोटी कुर्ती पहननी चाहिए जबकि भारी पैरों वाली महिलाओं को सलवार के साथ लंबे कुर्ते पहनने चाहिए।

भले ही शैलियां बहुत जल्दी-जल्दी बदलती हों, एक सदाबहार लुक उभरकर आया है जिसे नए ट्रेंड्स से कोई फर्क नहीं पड़ता। ये है घुटनों को छूता हुआ एक ए-लाइन (A-line) कुर्ता, साथ में मैचिंग सलवार या चूड़ीदार और हल्के रंगों (pastel shades) में स्टैंडर्ड लंबाई का शिफॉन दुपट्टा, जिस पर हल्की कढ़ाई या सजावट (trimmings) हो। लेकिन याद रखें कि औपचारिक अवसरों पर पहनने के लिए बिज़नेस सूट या साड़ी बेहतर विकल्प है। सलवार कमीज़ ऐसे मौकों पर थोड़ा कम जंचता है।

जूते

बेज/भूरे/बरगंडी/टैन/काले या किसी दूसरे गहरे रंग की बंद जूतियां या सैंडल पहनें। अगर आप उंगलियों को खुला रखने वाली जूतियां पसंद करती हैं तब ध्यान रखें कि आपके पैर के नाखून साफ़-सुथरे हों।

सुझावः इन बातों पर विचार करें

⇒ ऐसे छोटे कुर्ते जो मुश्किल से कूल्हों के नीचे तक पहुंचते हैं, वे ऑफ़िस में

पहनने के लिए उपयुक्त नहीं हैं।

⇒ ऐसे सलवार सूट हटा देने चाहिएं जिनका रंग फीका पड़ गया हो।

⇒ ऑफ़िस में पहनने के लिए 'बगैर दुपट्टा लुक' थोड़ा ज़्यादा कैज़ुअल और अधूरा है।

⇒ सस्ते फैब्रिक के सलवार कमीज फीके और रंगहीन लगते हैं।

⇒ सलवार कमीज पर भी उतना खर्च करें जितना आप किसी अच्छी साड़ी या बिज़नेस सूट पर करती हैं।

⇒ उनकी फिटिंग आपके शरीर के हिसाब से अच्छी होनी चाहिए, ना कि शरीर से चिपकी हुई।

⇒ बहुत ज़्यादा मिक्स-एन-मैच करना बेकार साबित हो सकता है। भले ही कुछ क्रिएटिव इंडस्ट्रीज़ में ऐसा चलता है, लेकिन आम तौर पर देखने में ये अच्छा नहीं लगता।

चूंकि महिलाओं के पास पोशाकों के ज़्यादा विकल्प होते हैं, वे ज़्यादा गलतियां भी करती हैं! महिलाओं को ऐसे कपड़ों पर खर्च करना चाहिए जो सभ्य दिखें, उनके शरीर को अच्छी तरह ढकें, उनके आकार के अनुरूप हों और उन पर आकर्षक लगें। माना जाता है कि, आप जितने ज़्यादा तरह के कपड़े पहनती हैं, आपकी औपचारिकता और व्यावसायिकता का स्तर उतना ही ऊंचा होता है।

एक्सेसरीज़

बिज़नेस से जुड़ी पोशाकों के लिए एक्सेसरीज़ ज़रूरी हैं क्योंकि वे पारंपरिक कपड़ों में आपकी व्यक्तिगत छाप जोड़ती हैं। उनकी मदद से आपके व्यक्तित्व में एक तरह का 'क्लास' झलकने लगता है। यहां मैं एक्सेसरीज़ चुनने में आपकी मदद के लिए कुछ खास बातें बता रही हूं।

बेल्ट

इनका फैशन तेज़ी से बदलता है लेकिन सदाबहार श्रेणी में वे बेल्ट आते हैं जो चमड़े के बने होते हैं और मानक चौड़ाई (1.25 इंच) के होते हैं। ध्यान रखें कि बेल्ट आपके जूतों से मेल खाने चाहिए, रंग और टेक्सचर (texture) दोनों में। पुरुष आराम से तीन सॉलिड रंगों—काले, भूरे और बरगंडी में पैसे खर्च कर सकते हैं और उन्हें फॉर्मल, बिज़नेस कैज़ुअल और कैज़ुअल पोशाकों के साथ पहन सकते हैं। महिलाओं के पास चौड़ाई के कहीं ज़्यादा विकल्प होते हैं

लेकिन रंग मोटे तौर पर वही रहते हैं। बकल मेटल (buckle metal) की मैचिंग अपनी दूसरी मेटल एक्सेसरीज़ से कराने की कोशिश करें। नियम ये कहता है कि अगर आपकी पतलून में लूप्स (loops) हैं तो आपको बेल्ट पहननी है।

जुराबें

जुराबें पतलून से मेल खानी चाहिएं और कम से कम उनकी ऊंचाई आपकी एड़ी और घुटनों के बीच की जगह की आधी होनी चाहिए, जिससे जब आप पैर क्रॉस करके बैठें तो आपकी टांगें ना दिखें। आपकी पतलूनों से आपकी जुराबों और फिर आपके जूतों तक सीमलेस ट्रांज़िशन (seamless transition) होना चाहिए। सफ़ेद जुराबें ऑफ़िस के इस्तेमाल के लिए नहीं होतीं; वे कसरत के लिए होती हैं। महिलाएं जुराबें नहीं पहनतीं, सिवाय एड़ी तक की ऊंची जूतियों के साथ लाइनर्स (liners) के तौर पर। सूती जुराबें आपके पैरों को हवादार बनाए रखती हैं, और बदबू को दूर रखती हैं।

स्कार्फ़

किसी महिला के पहनावे का ये मुख्य आकर्षण है और ये उसकी शख्सियत में एक तरह की ज़िंदादिली जोड़ता है! भारतीय या पश्चिमी प्रिंट में रेशमी स्कार्फ़ चुनें, रंग आपकी पसंद से गहरे या हल्के हो सकते हैं। इसे अपने कंधों के चारों तरफ लपेटें या फिर अपनी जैकेट के नीचे बांधें।

जूते

क्या जूते कोई असर डालते हैं? बिलकुल डालते हैं! लोग पहले आपके चेहरे पर गौर करते हैं और फिर—आपके जूतों पर। जूते आपकी छवि बताते हैं, आप खुद महसूस कीजिए—किसी मोटरसाइकिल सवार के जूते, दोपहर के खाने के लिए बाहर निकली किसी महिला के अव्यवहारिक जूते, डिलीवरी ब्वॉय के स्नीकर्स (sneakers), कॉर्पोरेट लीडर के पेनी लोफर्स (penny loafers)—ये सब अलग-अलग कहानियां कहते हैं!

टिप 1: काम के लिए जब जूते खरीदें, एक अच्छे ब्रांड में पैसे लगाएं जो अच्छी तरह फिट आते हों, क्योंकि आपके पैर ही हैं जो आपका सारा वजन उठाते हैं।

टिप 2: काम की जगह पर फैशन की गलतियों से बचने के लिए, हल्के रंग के जूतों के साथ हल्के रंग के कपड़े और गहरे रंग के जूतों के साथ गहरे रंग के कपड़े पहनें।

पुरुषों के लिए जूते

बिज़नेस सूट के साथ साधारण, अच्छी तरह पॉलिश किए हुए जूते सबसे अच्छे लगते हैं। फॉर्मल जूते अलग-अलग क्लासिक स्टाइलों में आते हैं:

⇒ ऑक्सफोर्ड्स (अमेरिका में बैल्मोरल्स कहा जाता है): बंद फीते वाले, सादे या कैप-टो (cap-toe) स्टाइल में।

⇒ ब्रोग्स (अमेरिका में विंग-टिप्स कहा जाता है): अलग सी डिज़ाइन, मोटे चमड़े में छोटे-छोटे छेद होते हैं, जिन्हें क्लासिक पैटर्न में बनाया जाता है।

⇒ डर्बी (अमेरिका में ब्लूचर्स कहा जाता है): ऑक्सफोर्ड की तरह, लेकिन खुले फीतों के साथ।

⇒ मॉन्क-स्ट्रैप (Monk-strap): आम तौर पर साइड स्ट्रैप पर एक या दो बकल्स के साथ; फीते नहीं।

⇒ स्लिप-ऑन्स (Slip-ons): बांधने के लिए कुछ नहीं होता; सबसे लोकप्रिय हैं टैसल लोफर्स (tassel loafers)।

काम पर, आप चमड़े के काले, भूरे या बरगंडी में कोई भी फॉर्मल स्टाइल पहन सकते हैं। औपचारिक शाम या पार्टियों के लिए पेटेंट लेदर (Patent leather) के जूते इस्तेमाल करने चाहिए। जूते जिनमें लोगो (logo) बाहर दिखते हैं, बहुत ज़्यादा सिलाई, बड़े बकल्स या रंगीन ट्रिमिंग्स (trimmings) कैज़ुअल माहौल में इस्तेमाल किए जाते हैं। चमड़े के लोफर्स अनौपचारिक बिज़नेस मीटिंग्स में अच्छे लगते हैं जबकि बूट्स (boots) काम की गैर-पारंपरिक जगहों पर जींस के साथ जमते हैं।

महिलाओं के लिए जूते

'मज़ेदार है कि जूतों की एक अच्छी जोड़ी हमें हमारे सिर में अच्छा महसूस कराती है—हमारे शरीर के बिलकुल विपरीत सिरे पर'—लेवेंडे वाटर्स का ये वाक्य महिलाओं और जूतों के प्रति उनके जुनून को सही ढंग से दर्शाता है!

महिलाओं का ध्यान जूतों पर तुरंत जाता है और कई महिलाएं स्वीकार करती हैं कि वे लोगों को उनके जूतों से आंकती हैं।

काले, भूरे और बेज या बरगंडी में 1-3 इंच ऊंची ब्लॉक (Block), वेज (wedge) और किटेन हील्स (kitten heels) हर वॉर्डरोब की ज़रूरत हैं। वैसे तो किसी साड़ी के साथ सफेद सैंडल जम सकती है, वो ऑफ़िस के दूसरे कपड़ों के साथ सही नहीं लगती। इसके लिए आप पंप (pump), पीप—टोज़ (peep-toes) या स्लिंग बैक्स (sling backs) चुनें क्योंकि काम के दौरान आरामदायक जूते ज़रूरी हैं, और भारी या सजावटी सैंडल/जूते पार्टी के लिए रखें। स्कर्ट और पतलूनों के साथ बंद जूते (पंप) चुनें; साड़ी के साथ पीप टोज़/सैंडल चुनें; और सलवार कमीज़ के साथ आप इन दोनों में से कुछ भी पहन सकती हैं।

शू कलर चार्ट

- ⇒ काले जूते—नेवी, ग्रे के सभी शेड या काले ट्राउज़र्स
- ⇒ भूरे जूते—बेज, खाकी, टैन, भूरे या जैतूनी हरे ट्राउज़र्स
- ⇒ बरगंडी जूते—बेज, खाकी, नीले या ग्रे ट्राउज़र्स

गहने

जब गहने चुनने की बात आए तब अपने ऑफ़िस के लिए 'थोड़ा ही काफ़ी है' कहावत का पालन करें।

- ⇒ **महिलाएं:** काम पर, छोटी इयरिंग्स, एक पतली चेन, एक पतली चूड़ी/ब्रेसलेट, एक पतली नेकलेस और एक हाथ में सोने या चांदी की एक अंगूठी। कॉर्पोरेट जगत में वरिष्ठ महिलाओं के साथ काम करते हुए मैंने अक्सर गौर किया है कि वे थोड़े कीमती पत्थरों या मोतियों की लुभावनी चीज़ें पहनती हैं जो ऑफ़िस की पोशाक से मेल खाते हैं। हल्के काम वाले हीरों के गहने भारतीय और पश्चिमी दोनों पोशाकों के साथ अच्छी तरह मेल खाते हैं। जब गहने चुनें, बस ये याद रखें कि उनका काम आपको आकर्षक दिखाना होना चाहिए, आपको सबकी नज़रों में लाना नहीं!

कलाई घड़ी

आजकल, 'अच्छी' घड़ी के अनगिनत विकल्प बाज़ार में मौजूद हैं! घड़ियां अक्सर एक महंगे गहने की तरह देखी जाती हैं और उन्हें प्रतिष्ठा का प्रतीक (status symbol) माना जाता है। चांदी, सोने या चमड़े के बेल्ट वाली ऑफ़—व्हाइट या सफेद डायल वाली घड़ियां खास तौर पर पारंपरिक उद्योग-धंधों वाले दफ्तरों के लिए सही हैं। क्रिएटिव बिज़नेस में बोल्ड पैटर्न के बेल्ट वाली फैशनेबल घड़ियां अक्सर देखने को मिल जाती हैं।

कलम

कलम अब केवल लिखने की चीज़ नहीं रह गई हैं; उनका दर्जा स्टेटस सिंबल का बन गया है। एक अच्छी क्वालिटी की कलम खरीदें और उसे हमेशा अपने साथ रखें, और जब किसी पर छाप छोड़नी हो तब उसे अपनी जेब से बाहर निकालें—जैसे, किसी क्लाइंट मीटिंग में नोट्स लेते वक्त, किसी बोर्ड मीटिंग में मिनट्स लिखते वक्त या किसी कॉन्ट्रैक्ट पर दस्तखत करते वक्त। अक्सर, मैं देखती हूं कि स्मार्ट बिज़नेस सूट पहने सीनियर प्रोफेशनल अपने पास नए मॉडल के मोबाइल फ़ोन या गैजेट्स रखेंगे, लेकिन जब नोट्स लेंगे तो उनके हाथों में एयरलाइन या होटल से तोहफे में मिली कलम रहेगी। कितनी अजीब बात है!

महिलाएं कलम वहां रख सकती हैं जहां वे आसानी से ढूंढ़ सकें जैसे किसी बैग या फोल्डर में। पुरुषों को कलम अपनी अंदर वाली जैकेट की जेब में रखनी चाहिए (कमीज़ की जेब में ना रखें तो बेहतर) या फिर अपने ब्रीफकेस या लैपटॉप बैग में।

हैंडबैग

एक अच्छी क्वालिटी का लेदर बैग, जिसमें कई खाने (compartments) हों, वो किसी भी महिला कॉर्पोरेट एक्जीक्यूटिव के लिए अनिवार्य है। लेकिन, फैशन में चल रहे 'बड़े' आकार के बैग इसके लिए उपयुक्त नहीं है क्योंकि उसमें से सामान ढूंढ़ कर निकालने में वक्त लगता है, और किसी मीटिंग के दौरान अपने बिज़नेस कार्ड या कलम को ढूंढ़ने में आपको कई बेशकीमती मिनट गंवाने पड़ सकते हैं। बिज़नेस मीटिंग के लिए आपको हैंडबैग के अलावा पोर्टफोलियो, ब्रीफकेस (कभी-कभी दिखते हैं) या लैपटॉप बैग भी साथ रखना चाहिए। सजीले बैग सामाजिक समारोह के लिए बेहतर हैं।

पुरुष चाहें तो लैपटॉप बैग (पारंपरिक कंपनियों में) या फिर हैवरसैक (जिससे आपकी छवि आधुनिक सोच वाली लगती है और क्रिएटिव, टेक्नोलॉजी प्रोफेशनल्स और युवा कर्मचारियों के लिए ये उपयुक्त है) ले सकते हैं।

बिज़नेस मीटिंग के दौरान

⇒ एक नई मीटिंग की शुरुआत अपने नोट पैड का नया पन्ना खोलकर करें।

⇒ नियम से, सभी बैग्स फर्श पर अपनी बाईं तरफ रखें, ना कि बिज़नेस या डाइनिंग टेबल पर।

मेक-अप का इस्तेमाल

मेक-अप से आपके चेहरे पर निखार आ जाता है, लेकिन, ये ध्यान रहे कि वो आपकी त्वचा से अच्छी तरह मेल खा जाए। आजकल नैचुरल या 'न्यूड' मेक-अप का चलन है। एक अच्छी सनस्क्रीन क्रीम ज़रूर खरीदें (कम से कम एसपीएफ 20)। इसके अलावा एक बढ़िया मॉइस्चराइज़र, आई-लाइनर या काजल और डियो या परफ्यूम ज़रूर लें। ब्लश और आई शैडो का इस्तेमाल कम से कम करना चाहिए। उम्रदराज औरतें दिन में कंसीलर का इस्तेमाल अपनी त्वचा की खामियों को छुपाने के लिए करती हैं, जबकि शाम को इसी चीज़ के लिए फाउंडेशन का इस्तेमाल करती हैं।

आपके कपड़े अगर बेहद रंग-बिरंगे हों या फिर उन पर बड़े-बड़े पैटर्न हों, तो आपके काम से ज़्यादा लोगों का ध्यान आपकी वेश-भूषा पर जाएगा। ये मत भूलिए कि आप ऑफ़िस में अपने फैशन के लिए नहीं, बल्कि अपनी सोच और बिज़नेस की समझ के लिए पहचान बनाना चाहेंगी।

बिज़नेस टूर के लिए पैकिंग

जब आप ऑफ़िस के काम से देश में कहीं बाहर या विदेश जाएं, तो समझदारी से पैकिंग करना बहुत ज़रूरी है। आपके कपड़े, आपके काम और जिस जगह आप जा रहे हैं उसके अनुसार होने चाहिएं। पर ये ध्यान में रहे कि आप अपनी कंपनी के प्रतिनीधि के तौर पर जा रहे हैं। चाहे ऑफ़िस हो या फिर ऑफ़िस के बाहर क्लाइंट से मीटिंग हो, कोई बिज़नेस डिनर हो या किसी पब में लोकल

टीम के साथ कॉकटेल पार्टी या फिर किसी सहकर्मी के घर डिनर, आपके कपड़ों से प्रोफेशनलिज़्म झलकनी चाहिए।

एक महिला सीईओ ने एक बार मुझसे कहा कि उन्हें ऑफिशियल टूर की पैकिंग करने में दो घंटे से ज़्यादा का वक्त लगता है, फिर भी वो संतुष्ट नहीं होती हैं। वो हमेशा यही सोचती रहती हैं, 'क्या ये कपड़े इस मीटिंग के लिए सही हैं? क्या ये ज़्यादा फैशनेबल तो नहीं? क्या सोमवार सुबह की मीटिंग के लिए ये रंग ज़्यादा भड़कीला तो नहीं है? क्या इस पोशाक को प्रेस करने में बहुत वक्त तो नहीं लगेगा?'। उन्होंने स्वीकार किया कि दो घंटे तक इस जद्दो-जहद के बाद, उन्होंने 28 किलो का सूटकेस पैक किया जिसमें कई ऐसी पोशाक थीं जिनकी बारी तक नहीं आई! समझदारी से पैकिंग करने पर ऑफिशियल टूर में कपड़ों को लेकर चिंता से आप मुक्त रहेंगे, क्योंकि हर मौके और हर अवसर के लिए आपके पास उपयुक्त पोशाक होंगी।

पैकिंग के लिए टॉप 13 टिप्स

पैकिंग के समय निम्नलिखित बातों का ख्याल रखें :

1. छोटी यात्रा के लिए जैकेट या कोट को सूटकेस में ना डालें। इससे उसमें शिकन आ सकती है। बेहतर यही होगा कि आप कोट या जैकेट पहन कर जाएं।
2. लंबी यात्रा के लिए सबसे पहले अपने सूट को बगैर फोल्ड किए सूटकेस के बीचों-बीच रखें और दोनों छोर को बाहर की ओर गिरने दें। बीच की जगह में आप दूसरे कपड़े, जूते और बाकी सामान रखें। अब कोट के दोनों छोर को मोड़ कर बाकी सामान को ढक दें।
3. नीले या काले जैसे रंगों को अपनी पोशाकों का आधार बनाएं और बाकी कपड़ों को उसी अनुसार चुनें।
4. कपड़ों के साथ एक लेदर फोल्डर, बिज़नेस कार्ड और एक अच्छी कलम ज़रूर रखें।
5. छोटा प्रेस रखना ना भूलें।
6. रेन कोट या छाता ज़रूर रखें।
7. अगर आप किसी ठंडी जगह जा रहे हैं, तो घुटनों तक आने वाले ओवरकोट और एक लिंट ब्रश (Lint Brush) खरीदें।

8. मेक-अप, साबुन, शैंपू वगैरह के छोटे पैकेट या बोतल साथ ले जाएं।
9. कम से कम गहने लें क्योंकि इन्हें सुरक्षित रखने में दिक्कत आ सकती है। एक मोतियों का हार, एक छोटी सी कान की बाली, घड़ी और चूड़ी (जो आप पहन कर जा सकती हैं) के अलावा और कुछ ना लें।
10. सेफ्टी पिन
11. एक साफ पॉलीथीन बैग—आपातकाल में ये बहुत फायदेमंद साबित हो सकता है।
12. हवाई यात्रा के दौरान आरामदायक जूते पहनें क्योंकि पैरों में सूजन आने की संभावना होती है।
13. स्पेशल चीजें: पीठ के सपोर्ट के लिए फुलाने वाले तकिये और नेक-पिलो (neck pillow) या पोर्टेबल एयर कुशन (portable air cushions)।

वार्डरोब सेलेक्शन में होने वाली टॉप 25 गलतियां

1. पुरुष के लिए बिजनेस सूट के साथ हाफ शर्ट पहनना।
2. फैले हुए कॉलर वाली कमीज़ पहनना।
3. अलग-अलग पैटर्न—चेक, स्ट्राइप और डॉट्स सब एक साथ पहनना।
4. बिज़नेस मीटिंग या फॉर्मल डिनर के दौरान महिलाओं का अपने मेक-अप को ठीक करना।
5. शर्ट के कफ़ पर दाग या फिर गंदगी होना।
6. बगल में पसीने के निशान। कृपया एंटी-पर्सपिरेंट डियो (anti—perspirant deodorant) ज़रूर खरीदें।
7. अंडर-गार्मेंट्स का बाहर झांकना।
8. कपड़ों पर दाग होना—इससे यह झलकता है कि आप लापरवाह इंसान हैं।
9. गंदे जूते।
10. लाल नेल पॉलिश।

11. शरीर से चिपके हुए कपड़े पहनना।
12. फॉर्मल कपड़ों के साथ स्पोर्ट्स शूज पहनना।
13. उम्र के हिसाब से वेश-भूषा का ना होना।
14. डील-डौल के हिसाब से वेश-भूषा का ना होना।
15. बिज़नेस मीटिंग में महिलाओं का बालों को बटरफ्लाई क्लिप (butterfly clips) से बांधना।
16. हर चीज़ मैचिंग पहनना—आजकल 'मिक्स एंड मैच' का जमाना है इसलिए अलग-अलग रंगों का शालीनता से मेल कराकर पहनिए।
17. डिनर टेबल पर आंख/नाक में दवा डालना।
18. फॉर्मल जूतों के साथ सफेद मोजे पहनना।
19. लो-वेस्ट पैंट या जीन्स पहनना।
20. बेल्ट ना लगाना।
21. ऑफ़िस में सैंडल या चप्पल पहन कर जाना।
22. कंपनियों के लोगो दिखाने वाले कपड़े पहनना—जब तक आपको ऐसे कपड़े पहनने के लिए पैसे ना मिल रहे हों, इसे ना पहनें।
23. बहुत तंग शर्ट पहनना।
24. बहुत ज़्यादा परफ्यूम लगाना!
25. बिना 6 पैक ऐब्स के फ्लैट-फ्रंट ट्राउज़र पहनना!

अक्सर पूछे जाने वाले सवाल

प्र. कोट पर कितने बटन लगाने चाहिएं?

उ. फैशन हमेशा बदलता रहता है। आजकल 2-बटन वाला सूट चलन में है जबकि थोड़े दिन पहने 3-बटन वाले सूट को उपयुक्त माना जाता था।

⇒ 2-बटन सूट—सिर्फ पहला बटन लगाएं

⇒ 3-बटन सूट—ऊपर के दो बटन या फिर सिर्फ बीच वाला बटन लगाएं

ऐसा कहा जाता है कि इंग्लैंड के राजा एवडर्ड VII इतने मोटे थे कि वो अपने कोट का आखिरी बटन नहीं लगा पाते थे और एक नए फैशन ट्रेंड की शुरुआत हुई। आज भी कोट या जैकेट के आखिरी बटन को हमेशा खुला रखा जाता है। जब मीटिंग या डिनर के लिए बैठें, तो सारे बटन खोल देने चाहिएं, नहीं तो, या तो कोट गुब्बारे की तरह फूला हुआ दिखेगा, या फिर आप अपनी बाजुएं नहीं उठा पाएंगे।

प्र. क्या बिज़नेस सूट के साथ बेल्ट लगाना चाहिए?

उ. अगर आपके पैंट पर बेल्ट के लूप हैं, तो बिलकुल लगाना चाहिए। खाली लूप बहुत खराब दिखते हैं। हालांकि, आजकल ऐसे पैंट भी आते हैं जिनमें एडजस्ट करने की व्यवस्था बनी होती है, जिसकी वजह से लूप नहीं होता और बेल्ट लगाने की जरूरत नहीं पड़ती है। जो भी हो, आपको अपनी पैंट को उसकी जगह पर टिकाए रखने के लिए कुछ ना कुछ तो करना ही पड़ता है, लेकिन ये जिम्मेदारी आप अपने कूल्हों या तोंद पर नहीं छोड़ सकते!

प्र. मुझे अपने सूट को कितने अंतराल पर ड्राई-क्लीन करवाना चाहिए?

उ. भारत जैसे देश में जहां गर्मी की वजह से लोगों को पसीना बहुत आता है, वहां सूट एक-दो बार पहनने के बाद ही ड्राई-क्लीनिंग के लिए दे देना चाहिए। सफाई बरकरार रखने से सूट ज्यादा दिनों तक सही सलामत रहेगा, हालांकि, बहुत ज्यादा ड्राई-क्लीनिंग कराने से कपड़े को नुकसान पहुंच सकता है।

सूट पहनने के बाद, जैकेट को एक-दो दिनों के लिए ऐसी जगह लटका कर रखें जहां उसे हवा अच्छी तरह लगे—जैसे कि आपके बेडरूम में या किसी खिड़की के पास या फिर आपके केबिन में (अगर वहां

पर्याप्त जगह हो तो)। पर ये ध्यान रहे कि पहनने के तुरंत बाद कोट को अलमारी में ना रखें।

प्र. क्या शर्ट के कॉलर को जैकेट के लेपल के बाहर किया जा सकता है?

उ. मुझे यकीन है कि आपने 70 के दशक में अमिताभ बच्चन को ऐसा करते हुए देखा होगा। पर तब उसका चलन था, आज नहीं है।

प्र. क्या मैं अपने 3-बटन सूट को 2-बटन सूट में बदलवा सकता हूं? मेरी पैंट आज के स्लिम फिट फैशन के मुताबिक नहीं है, क्या दर्जी से उसकी फिटिंग नए सिरे से करवाना उचित रहेगा?

उ. एक नया सूट खरीद लीजिए—इसे एक निवेश की तरह मानिए जो आगे चलकर आपको फायदा देगा। जैकेट या पैंट के आकार को सही तरीके से बदल पाना बेहद मुश्किल है।

प्र. स्लेटी (Grey) रंग के सूट के साथ किस रंग के जूते पहनने चाहिए?

उ. हल्के स्लेटी सूट के साथ आजकल बरगंडी रंग के जूतों का चलन है लेकिन काले रंग के जूते भी अच्छे लगते हैं। गहरे स्लेटी रंग के सूट के साथ सिर्फ काले रंग के जूते ही पहनने चाहिए और साथ में काले रंग की बेल्ट लगाना ना भूलें।

प्र. सूट के साथ मोजे पहनने का फॉर्मूला क्या है?

उ. पैंट के साथ मोजे का मेल कराएं और ध्यान रखें कि वे जूतों के साथ भी मेल खाते हों।

प्र. क्लब वेयर क्या होता है?

उ. तंग, भड़कीली पोशाकें जो सिर्फ किसी नाइट-क्लब या फिर पार्टी में पहनने लायक हों।

प्र. क्या नेहरू जैकेट को फॉर्मल कपड़ों के साथ पहना जा सकता है?

उ. जी हां। नेहरू जैकेट बेहद परिष्कृत और औपचारिक लगता है और आजकल दुनिया भर में छाया हुआ है। अंतर्राष्ट्रीय स्तर पर अपने देश का प्रतिनिधित्व करने के लिए इससे बेहतर और कोई पोशाक नहीं है। आमतौर पर नेहरू जैकेट के साथ टाई पहनने की ज़रूरत नहीं पड़ती।

सवालः क्या ब्राउन सूट फैशन में हैं?

जवाबः अगर आपके पास कई नेवी ब्लू, ग्रे और पिन-स्ट्राइप काले सूट हैं और आप बदलाव चाहते हैं, तब आप ब्राउन सूट पर पैसे खर्च

कर सकते हैं। वरना, आजकल इसे बिज़नेस सूट का रंग नहीं माना जाता है।

सवाल: जैकेट के कॉलर के नीचे कमीज़ का कितना कॉलर दिखना चाहिए?

जवाब: जैकेट के कॉलर के नीचे कमीज़ का आधा इंच कॉलर दिखना चाहिए।

सवाल: मुझे इंटरव्यू के लिए क्या पहनना चाहिए?

जवाब: बिज़नेस अगर ज़्यादा औपचारिक हैं तब गहरे रंग का सूट, नीली या सफेद कमीज़, स्मार्ट टाई, सामान्य काले जूते और बेल्ट पहनें। कम औपचारिक व्यापारिक संस्थानों के लिए अच्छी तरह प्रेस किए हुए खाकी, एक बटन-डाउन शर्ट, थोड़े कम फॉर्मल लेकिन अच्छी तरह पॉलिश किए जूते और मेल खाती बेल्ट पहनें। निजी तौर पर मैं एक ब्लेज़र पहनने की भी सलाह दूंगी। अपने साथ कागज़ के खाली पन्नों समेत अपना पोर्टफोलियो, एक कलम और अपने रेज़्युमे की एक कॉपी रखें।

3

कार्यस्थल पर सभ्य आचरण

विनम्रता सफलता की कुंजी है

बिज़नेस की दुनिया में तहज़ीब का ना होना, ना सिर्फ कर्मचारी के लिए बल्कि कंपनी के लिए भी बेहद नुकसानदायक साबित हो सकता है। दूसरी ओर, जो मैनेजर तहज़ीब से काम लेते हैं वो इन वजहों से बेहद फायदेमंद साबित होते हैं:

⇒ क्लाइंट और पार्टनर के साथ उनका रिश्ता बेहतर होता है।

⇒ वो अपने आपको लीडर के तौर पर पेश कर पाते हैं जिससे टीम का मनोबल बढ़ता है।

⇒ वो अलग-अलग लोगों और टीमों के साथ आसानी से काम कर पाते हैं।

⇒ दूसरों को सम्मान देकर वो अपने लिए भी इज्जत कमाते हैं।

यह भले ही सुनने में आसान लगता हो, लेकिन, आज के हाई-प्रेशर कंडीशंस में अपने आप पर संयम रख पाना आसान नहीं है। डेडलाइन, गुस्सैल बॉस और काम के दबाव की वजह से अक्सर लोगों का पारा चढ़ जाता है। लेकिन, ऑफ़िस में अभद्र व्यवहार बिलकुल सही नहीं है। यह आपके और आपकी कंपनी के लिए बहुत महंगा पड़ सकता है। गुस्से से ना सिर्फ कर्मचारियों का मनोबल टूट जाता है, उन्हें कंपनी में रोककर रखना भी बेहद मुश्किल साबित हो सकता है। यही नहीं, आगे चलकर कोई असंतुष्ट कर्मचारी आप पर मुकदमा भी ठोक सकता है। सर्विस इंडस्ट्री में असभ्य व्यवहार से बिज़नेस को भी भारी

नुकसान हो सकता है। असंतुष्ट कर्मचारी आपके मौजूदा या होने वाले क्लाइंट्स से आपके व्यवहार की चर्चा कर सकते हैं, जिससे आपकी प्रतिष्ठा को ठेस पहुंच सकती है।

बिज़नेस मीटिंग

हर इंडस्ट्री में मीटिंग्स होती हैं—मीडिया कंपनी से लेकर लॉ फर्म तक। आप करियर में जितना ऊंचा जाते रहेंगे, आपको उतनी ज़्यादा मीटिंग्स में बैठना पड़ेगा। चाहे आप पुरुष हों या महिला, चाहे आपकी इंडस्ट्री जो भी भी, चाहे आप किसी भी देश में हों, हर मीटिंग के लिए एक सुनहरा नियम है—अच्छा व्यवहार।

मीटिंग इन्विटेशन भेजते वक्त लक्ष्य ज़रूर लिखें, फिर कार्यक्रम तय करें और उस हिसाब से लोगों को बुलाएं। हो सकता है कि हर कोई मीटिंग में आने का इच्छुक ना हो, लेकिन, आपको बिलकुल ढील नहीं देनी चाहिए। मीटिंग में उपस्थित हर व्यक्ति को कार्यक्रम का पालन करना चाहिए और लक्ष्य को हासिल करने के लिए उन्हें अपने योगदान की व्याख्या करनी चाहिए। इन बातों को याद रखिए :

⇒ जल्द से जल्द अपना कैलेंडर ब्लॉक करें और अपने पार्टिसिपेशन को कंफर्म करें। मीटिंग के कार्यक्रम और उद्देश्य को अच्छी तरह समझ कर ही जाएं।

⇒ अगर किसी वजह से आप मीटिंग में नहीं जा सकते हैं, तो वक्त रहते संबंधित व्यक्ति को सूचित करें। साथ ही, मीटिंग के बाद, चर्चा के अहम मुद्दों की सूची लेना ना भूलें।

पहले से तैयारी नहीं

भले ही इससे आपको अपने स्कूली ज़िंदगी के डरावने दिन याद आते हों, बिज़नेस मीटिंग्स में कामयाबी के लिए भी आपको अपने ग्राहकों के बारे में रिसर्च करना, जिन मुद्दों पर बात करनी है उनके लिए तैयारी करना और अपने ग्राहक की ज़रूरत के हिसाब से कस्टमाइज़ेशन करना ज़रूरी है। आज की प्रतिस्पर्धात्मक दुनिया में हर किसी को आप एक ही प्रोडक्ट पेश नहीं कर सकते।

मीटिंग की शुरुआत

हमेशा निर्धारित वक्त पर मीटिंग की शुरुआत करनी चाहिए। इससे यह दिखाई देता है कि आप लोगों के वक्त की अहमियत को जानते हैं। जिस तरह खिलाड़ी मैदान पर उतरने से पहले वॉर्म-अप करते हैं, उसी तरह मीटिंग में मुद्दे तक पहुंचने से पहले आपको भी वॉर्म-अप करना चाहिए। मीटिंग की शुरुआत हमेशा रोज़मर्रा की बातों से करें—उस दिन की सुर्खियां, मौसम का हाल या फिर क्रिकेट के नतीजे। इससे हर किसी को घुलने-मिलने और कंफर्टेबल होने का मौका मिलता है।

मीटिंग के दौरान

⇒ **बात काटना मना है**—दूसरों को अपनी बात खत्म ना करने देना या फिर उन्हें बीच में टोकना बुरी आदत है। उन्हें अपनी बात पूरी करने दीजिए फिर आप अपनी राय सामने रखिए।

⇒ **दूसरों को नीचा दिखाना**—यह बेहद बुरी आदत है। इससे आपकी छवि खराब होती है। सभी के विचारों को ध्यानपूर्वक सुनें और फिर फैसला करें।

⇒ **प्रोफेशनलिज़्म दिखाएं**—किसी भी मीटिंग में हर एक शब्द को रिकॉर्ड करना संभव नहीं है। इसलिए मीटिंग के दौरान नोट्स बनाएं। चाहें मीटिंग अंदरूनी हो या फिर क्लाइंट के साथ, नोट्स बनाना बेहद ज़रूरी है क्योंकि इसके सहारे आप आगे की कार्रवाई कर पाएंगे। हर मुद्दे पर दोबारा जाकर सफाई मांगने से आपकी छवि खराब होती है।

⇒ **एक हाथ से ताली नहीं बजती**—ठीक, उसी तरह बातचीत के लिए दोनों भागीदारों के योगदान की ज़रूरत है। सिर्फ अपनी बात कहने के बजाय, लोगों से उनके विचार सुनें। हर किसी को अपनी चर्चा में शामिल करें, उन लोगों को भी, जो बात करने में हिचकिचाहट महसूस करते हैं। हालांकि, बहुत ज़्यादा सवाल ना पूछें वरना वह सीबीआई की जांच जैसी लगेगी!

⇒ **शालीनता से असहमति जताना**—दो सहकर्मियों के मतभेद को सुलझाने की सबसे अच्छी जगह मीटिंग रूम के बाहर होती है। हालांकि, कभी-कभी मतभेद से भी पॉज़िटिव रिज़ल्ट निकल सकते हैं। दूसरों की बातों का सम्मान करें, चाहे वो आपकी सोच से बिलकुल उलटे क्यों ना हो। अपने आप को सही साबित करने की

बजाय, आप उनके विचारों को शालीनता से स्वीकार करें और आगे बढ़ें।

⇒ **स्वीकार कीजिए कि कोई भी सर्वज्ञ नहीं हो सकता**—चाहे आप बेहद कामयाब हों, या फिर आपके पास अनुभव का भंडार हो, यह जान लीजिए कि आपके पास हर सवाल का जवाब होना मुमकिन नहीं है। अक्सर, युवा कर्मचारियों के पास नया नज़रिया होता है या फिर ऐसी जानकारी होती है जिससे आप बिलकुल वाकिफ ना हो। ज्ञान देने वाले किसी को भी पसंद नहीं आते हैं।

⇒ **मुश्किलें पैदा करने वालों को संभालना**—वो शख्स जो हमेशा 10 मिनट देर से आता है, या फिर वो लड़की जिसे टोकने की आदत है, या वो मैनेजर जो बात-बात पर भावुक हो जाता है, या वो इंसानी एनसाइक्लोपीडिया जिसे हर मुद्दे पर अपनी बात कहनी होती है—हर मीटिंग में आपको ऐसे लोग मिल जाएंगे, लेकिन, इन्हें तरतीब से संभालें और मीटिंग को अपने हाथ से फिसलने ना दें। ऐसा करने पर, सहकर्मियों में आपकी इज्जत और भी बढ़ जाएगी जो मीटिंग में अपना कीमती समय दे रहे हैं।

मीटिंग का अंत

चर्चा के अहम मुद्दों को संक्षेप में दोहराते हुए बिज़नेस की बातों का अंत करें। हालांकि, मीटिंग खत्म करने से पहले दो-चार मिनट हल्की-फुल्की बातें ज़रूर करें।

झूठ बोलना

क्या आप काम पर झूठ बोलते हैं? बिलकुल नहीं! लेकिन, असलियत में आपको कुछ चीज़ों को गोपनीय रखना पड़ सकता है। झूठ बोलने और भरोसा खोने की बजाय, चेहरे पर बगैर कोई भाव लाए, ये कहना बेहतर है 'कोई टिप्पणी नहीं' या 'मैं अभी इस बारे में ज्यादा नहीं बता सकता'।

ऑफ़िस में आप

बॉस मेज पर आमने सामने अपने जूनियर के साथ

एक व्यक्ति ऑफिस मेज पर लैपटाप, मोबाइल, टेलीफोन और कागजों के साथ

मैनेजर की भूमिका

जो बॉस बहुत सख्त होते हैं वो मुझे एक चुटकुले की याद दिलाते हैं। एक अकाउंटेंट बीस सालों से हर दिन सुबह 9 बजे ऑफ़िस पहुंचता था। पर एक दिन, वो 9 की जगह 10 बजे पहुंचा। उसके कपड़े फटे हुए थे और उसे चोट भी लगी हुई थी। जब उसके बॉस ने पूछा कि क्या हुआ तो उसने कहा कि चर्चगेट स्टेशन पर दो मंज़िलों के बराबर की सीढ़ियों पर वो फिसल गया था, फिर भी वो ऑफ़िस आया है क्योंकि उसे रिपोर्ट देनी थी। उसके बॉस ने उसकी तरफ घूरकर देखा और कहा, 'तुम्हें दो मंज़िल की सीढ़ियों से फिसलने में एक घंटा लग गया!'

द इकोनॉमिक टाइम्स के कॉर्पोरेट डॉज़ियर के संपादक, विनोद महंता का मानना है कि 'भारत में स्थित बिज़नेस स्कूल और कॉर्पोरेट लीडरशिप प्रोग्राम का पूरा ध्यान सिर्फ "हार्ड स्किल" यानी कार्यक्षमता और कुशलता बढ़ाने पर होता है। पर मैनेजर की कामयाबी की असली कुंजी है सॉफ्ट स्किल्स यानी आपका व्यवहार और दूसरे कर्मचारियों के साथ आपका बर्ताव।' बतौर मैनेजर आप मीटिंग में और मीटिंग रूम के बाहर भी फैसले लेते हैं। आप भले ही अपने तय लक्ष्यों तक पहुंचते हो, बिज़नेस मीटिंग्स के दौरान आपको इन बातों का ध्यान भी रखना चाहिए:

1. **बॉडी लैंग्वेज को समझिए:** अपने आस पास देखिए—क्या आपको झुके हुए कंधे और उदासीन चेहरे दिखाई दे रहे हैं? अगर ऐसा है तो आपके पास दो विकल्प हैं—हंसी-मज़ाक करके लोगों का मन हल्का कर दें या फिर मीटिंग को टाल दें।
2. **लोगों को अपनी बात कहने का मौका दें**—कुछ लोग अपनी बात को सामने रखने में बिलकुल नहीं हिचकिचाते, लेकिन, कुछ कर्मचारी ऐसे भी होते हैं जो कुछ भी बोलने में झिझकते हैं। बतौर मैनेजर आपको ऐसे कर्मचारियों को अपनी बात कहने का मौका देना चाहिए और उनकी बातों को ध्यानपूर्वक सुनना भी चाहिए। अगर वो कहते-कहते रुक जाते हैं, तब उनके चेहरे को पढ़कर समझने की कोशिश करें कि क्या वो आगे और बोलेंगे या फिर उन्होंने अपनी बात पूरी कर ली है।

3. **आसान भाषा का इस्तेमाल करें**—अपनी बातों को सरल भाषा में कहें ताकि लोगों को समझने में आसानी हो। अगर आप बड़े-बड़े शब्दों का इस्तेमाल करेंगे, तो आपके जूनियर्स ठीक से समझ नहीं पाएंगे, और 'मुझे समझ में नहीं आया' कहने से कतराएंगे भी।
4. **लोगों को उनकी राय रखने का मौका दें**—अगर आपकी मान्यताओं से अलग भी हो तब भी अपने सहकर्मियों को उनकी राय रखने का मौका दें। इससे ना सिर्फ अलग-अलग नजरियों से आप वाकिफ होंगे, साथ ही, आपके सहकर्मी भी प्रोत्साहित महसूस करेंगे। जो बॉस सिर्फ अपनी बात मनवाना चाहता है, आगे चलकर सबसे ज़्यादा घाटा उसी का होता है।
5. **'मैं' की जगह 'आप' का ज़्यादा इस्तेमाल करें**—जो बॉस अपनी बातचीत में 'आप' शब्द का इस्तेमाल करता है, उसकी चर्चा में ज़्यादा लोग भाग लेते हैं। जबकि 'मैं' शब्द का ज़्यादा इस्तेमाल करने पर बॉस और कर्मचारी के बीच एक अदृश्य मानसिक दीवार खड़ी हो जाती है, और लोग चर्चा में हिस्सा लेने से झिझकते हैं।
6. **मुस्कुराइए**—अगर आप बहुत गंभीर बात भी कहने जा रहे हों, तब भी किसी उदाहरण या कहानी या किसी कहावत के ज़रिए अपनी बात सामने रखिए। साथ में मुस्कुराएं भी। इससे आपकी बातों को लोग बेहतर तरीके से समझ पाएंगे। जो बॉस सिर्फ गंभीर रहता है उससे उसके कर्मचारी डरते हैं और कभी ठीक तरीके से जुड़ नहीं पाते हैं।

बुरी खबर कैसे सुनाएं

आप मानें या ना मानें, अक्सर बॉस के पास बुरी खबर सबसे देर से पहुंचती हैं। कॉर्पोरेट जगत में ऊपर तक पहुंचते-पहुंचते बुरी खबर का रंग फीका पड़ जाता है, और अच्छी खबर नीचे तक पहुंचते-पहुंचते और भड़कीली हो जाती है। बॉस के तौर पर यह आपकी जिम्मेदारी है कि आप ऐसा माहौल बनाएं, जहां आप को बुरी खबर बताने में कोई हिचकिचाए नहीं। इससे आप हालात को बेहतर तरीके से संभाल सकेंगे।

अगर बॉस के नाते आपको दुखद समाचार देना हो तो, उसे लोगों के मुताबिक ढालें। लेकिन ये मत सोचें कि आपके कर्मचारी आपकी बात समझ

नहीं पाएंगे। अक्सर, बॉस अपनी टीम की समझने की क्षमता का आंकलन गलत करते हैं, जबकि अधीनस्थ कर्मचारियों को अपने बॉस के मुकाबले कोई भी बुरी खबर पहले पता चलती है! हालांकि, यह ध्यान रहें कि मीटिंग का अंत हमेशा सुखद स्वर में हो।

एक्ज़ीक्यूटिव प्रेज़ेंस (executive presence) क्या होता है?

एक कंपनी किसी एक कॉलेज से 6 अलग-अलग स्टूडेंट्स की भर्ती करती है। 15 साल बाद, उनमें से एक सीईओ के पद पर होता है, जबकि बाकी लोग कहीं ना कहीं अटके होते हैं। क्यों? इसलिए क्योंकि सिर्फ तकनीकी और मानसिक क्षमताओं से आपकी तरक्की तय नहीं होती है। दूसरों की नज़रों में आपके प्रति सम्मान, लीडर के तौर पर आपकी छवि और लोगों को रिझाने की आपकी काबिलियत ही तय करती है कि कॉर्पोरेट जगत में आपकी दौड़ कितनी दूर तक होगी। इसी को 'एक्ज़ीक्यूटिव प्रेज़ेंस' कहा जाता है।

क्या हममें यह खूबी जन्म से होती है या फिर इसे सीखा जा सकता है? हममें से कोई इन सभी खूबियों के साथ पैदा नहीं होता है। आप जिसे भी बेहद आकर्षक समझते हैं, दरअसल, वो बेहद समझदार लोग हैं और इस मुकाम तक पहुंचने के लिए उन्होंने बहुत मेहनत की है। अच्छी खबर यह है कि हम सब 'एक्ज़ीक्यूटिव प्रेज़ेंस' सीख सकते हैं—

1. **खूबियों को पहचानिए**—आप जिन कॉर्पोरेट या राजनीतिक लीडर्स की प्रशंसा करते हैं, उन्हें गौर से देखिए और समझने की कोशिश करिए कि उनमें क्या खूबियां हैं।
2. **कामयाब ट्रैक रिकॉर्ड बनाएं**—करियर में कामयाब होने के लिए मेहनत के अलावा कोई दूसरा विकल्प नहीं है। रातों-रात कामयाबी बहुत कम लोगों को ही मिलती है इसलिए डटे रहें और मेहनत करते रहें। करियर में कामयाबी मिलने से आत्मविश्वास बढ़ता है और इसकी झलक आपके बोलचाल और व्यवहार में दिखाई देती है।
3. **स्वयं को सुधारने के लिए संकल्प करें**—अपने आप से वादा करें कि आप अपनी वोकल, विजुअल और वर्बल स्किल्स में सुधार करेंगे। इन सभी से 'एक्ज़ीक्यूटिव प्रेज़ेंस' बढ़ती है।

⇒ विजुअल—आप कैसे अपने आप को पेश करते हैं। अच्छे कपड़ों

> और जूतों में निवेश करें और हमेशा सही तरीके से तैयार होकर ही ऑफ़िस जाएं।
>
> ⇒ वर्बल—आप क्या बातचीत करते हैं। जो भी कहें, स्पष्ट तरीके से कहें ताकि आपकी बात सभी को समझ आए।
>
> ⇒ वोकल—आप कैसे बातचीत करते हैं। अपनी आवाज़ का सही इस्तेमाल करें ताकि आपका संदेश साफ़ सुनाई दे। साथ ही, दूसरों की बातें सुनने पर भी ध्यान दें।

आपके बॉस

हर किसी का बॉस होता है—सीईओ भी बोर्ड ऑफ डायरेक्टर्स को रिपोर्ट करता है। बोर्ड शेयरधारकों को, उद्यमी अपने ग्राहक और निवेशकों को। जब भी आप अपनी नौकरी बदलते हैं या फिर आपका प्रोमोशन होता है, आपकी रिपोर्टिंग भी बदल जाती है।

क्या आप अपने बॉस को उनके नाम से पुकार सकते हैं? आमतौर पर ऑफ़िस का माहौल यह तय करता है कि आप अपने सीनियर को उनके नाम या फिर उनकी पदवी से संबोधित करते हैं। लेकिन, ऐसा कोई लिखित नियम नहीं है क्योंकि हर ऑफ़िस का चलन अलग होता है। अगर आपके बॉस ने कहा भी हो, फिर भी आप उन्हें दूसरों के सामने उनके नाम से मत पुकारिए, खासतौर से बाहरी लोगों के सामने। हालांकि, यह बात उस ऑफ़िस में लागू नहीं होती है जहां हर कोई हर किसी को उनके नाम से ही बुलाता हो, चाहे वो कितने सीनियर क्यों ना हो।

मुश्किल बॉस का सामना कैसे करें

बॉस को नीचा दिखाना या फिर उनके बारे में अनाप-शनाप कहना इसका हल नहीं है। इसकी जगह आप उनसे निपटने के लिए रणनीति बनाएं। हालांकि, अगर आपको ऐसा लगता हो कि आपका शोषण हो रहा है तब आप इसकी शिकायत करें या फिर नौकरी बदलने पर विचार करें।

⇒ **बॉस को समझने की कोशिश करें**—अपने आप को अपने बॉस की जगह रखें। इस बात को समझिए कि आपके बॉस पर कंपनी की गुणवत्ता को बढ़ाने की जिम्मेदारी है। यह भी ध्यान रहे कि यह मुश्किल वक्त है और कंपिटीशन तगड़ा—अगर आप घुटन महसूस

कर रहे हैं तो यह सोचिए कि आपके बॉस पर कितना दबाव होगा।

⇒ **बॉस को स्वीकार करना**—यह बात मान लीजिए कि हर बॉस वाहियात नहीं होता और ना ही हर बॉस बेहद अच्छा। ज्यादातर बॉस इन दोनों छोरों के बीच में होते हैं। वो हमारी तरह ही इंसान हैं। अगर आपने तय कर लिया है कि आप कंपनी में बने रहेंगे तो अपने बॉस को स्वीकारना ही सबसे अच्छा विकल्प है। हर रिश्ते में हम लोगों को उनके मूल रूप में स्वीकारते हैं और रिश्ते की गाड़ी को आगे बढ़ाने पर ध्यान देते हैं। तो अपने बॉस के साथ भी आप वैसा ही रवैया क्यों नहीं अपनाते हैं?

⇒ **जोश और उमंग दिखाइए**—जब आपको कोई भी नई जिम्मेदारी दी जाती है तो क्या आप उसे गर्मजोशी के साथ स्वीकार करते हैं या फिर ठंडे मन से? आपका रवैया और जो संकेत आप देते हैं, वे बहुत मायने रखते हैं। आपके बॉस आपके दिए संकेतों को तुरंत समझ सकते हैं।

अपने बॉस के साथ कैसे घुले-मिलें

⇒ **खाने पर बुलाइए**—लोगों के साथ घुलने-मिलने के सबसे बेहतरीन उपायों में से है खाना और बहुत मुमकिन है कि आपके बॉस भी अलग नहीं होंगे। ऑफ़िस में दोपहर का खाना साथ में खाएं, या फिर उनके साथ चाय पीने जाएं। अगर देर रात तक आप काम कर रहे हैं, तो रात का खाना साथ में खाएं।

⇒ **अपने बॉस के साथ कभी ड्रिंक्स पर मत जाएं।** अगर जाना भी पड़ा तो कम से कम वक्त बिताएं और अपने पीने पर संयम रखें। नशे में आकर अपनी टीम के साथियों के राज अपने बॉस के सामने ना खोलें। हो सकता है कि ऐसा करने पर कुछ देर के लिए आप उनका ध्यान अपनी ओर खींच लें लेकिन आगे चलकर नुकसान आपका ही होगा।

विशेष परिस्थितियां

⇒ **पियक्कड़ बॉस**—अगर आपके बॉस को नशा करने की आदत है तो आपको बहुत कठिनाई का सामना करना पड़ सकता है। वो ऑफ़िस में देर से आ सकते हैं, या फिर उनका ध्यान काम पर नहीं

होगा, या हो सकता है कि उनका व्यवहार बहुत खराब हो। नशा एक बीमारी है और ज्यादातर मरीज इसे मानने से इनकार करते हैं। अगर आप किसी बड़ी संस्था में काम करते हैं तो अपने एचआर से इस बारे में बात करें। लेकिन, अगर आप ऐसी कंपनी में हैं जहां मालिक ही आपका बॉस है, तो आपको नई नौकरी तलाशनी चाहिए।

⇒ **बहुत ज़्यादा काम करने वाले बॉस**—आपके बॉस रोज़ सुबह 8 बजे ऑफ़िस पहुंच जाते हैं और रात में हमेशा देर से निकलते हैं। ऐसे में क्या करना चाहिए? वक्त के पाबंद बनें और कभी-कभार देर तक रुक सकते हैं। ज़रूरी यह है कि आप दिया हुआ काम वक्त पर पूरा करें। अगर आप ऐसा करते हैं तो आपके बॉस के पास शिकायत करने की कोई वजह नहीं होनी चाहिए।

⇒ **'दादा' बॉस**—वो बॉस जो हमेशा अपना रौब झाड़ता हो या फिर अपनी ताक़त दिखाने के लिए लोगों के साथ खराब बर्ताव करता है। हो सके तो उनकी बातों को अनदेखा करें, लेकिन, अगर पानी सर के ऊपर आ जाए, तो एचआर से शिकायत करें।

⇒ **बोल-बच्चन**—अपनी बातों को बढ़ा-चढ़ाकर पेश करना अपने ब्रांड को बनाने का अहम हिस्सा है। लेकिन, अगर बॉस की यह आदत बन जाए, तो उसके जूनियर उसे भाव देना बंद कर देते हैं। ऐसे हालात में बॉस की बातों को हंस कर टाल देने में ही समझदारी है।

आपके सहकर्मी

स्कूल के साथियों की ही तरह ऑफ़िस में आपके सहकर्मी भी अलग-अलग तरीके के होते हैं। कभी-कभी वो बहुत तकलीफदेह साबित होते हैं, लेकिन, उनके नज़रिए को समझना और फिर उनकी बातों को अनसुनी या फिर हंस कर टाल देने से ही आप अपने लक्ष्य तक पहुंच पाएंगे। यह ध्यान रहे कि दुनिया की रौनक ही अलग-अलग लोगों से होती है और कंपनी में भी यही बात लागू होती है। आपके सहकर्मी अलग कंपनियों या फिर अलग देशों के भी हो सकते हैं। हर किसी को साथ लेकर चलने की कला, आपको जल्द से जल्द सीखनी चाहिए।

⇒ **गप्पी**—यह प्रजाति नर या मादा हो सकती है, इसकी खुराक इधर-उधर की बातें होती हैं और यह हर किस्म की कंपनी में पाई जाती है। ऑफ़िस के गलियारे में आप उनके बगल से जैसे ही गुजरते हैं

वो आपको रोककर कहते हैं, 'आज करण बहुत उदास दिखाई दे रहा है। उसकी बीवी जैसी है, उसके साथ कोई भी रहे उसका हाल तो बुरा ही होगा...' यह बात सच है कि गपशप ऑफ़िस के माहौल को हल्का करता है, लेकिन जब ये बातें किसी के निजी जीवन के बारे में हो, या फिर इनका उद्देश्य भड़काऊ हो तो सिर्फ बुरा ही होता है। सबसे अच्छा विकल्प है कि आप जल्द से जल्द उस स्थिति से बाहर निकल आएं। अगर आपके बारे में लोग अफवाह फैला रहे हैं, तो बेहतर यही है कि आप उस पर ध्यान ना दें और वक्त के साथ वो बातें भी खत्म हो जाएंगी। पर अगर ऐसा नहीं होता है, तब इसकी मूल वजह की तलाश करें (ज्यादातर वक्त कुछ चुनिंदा मुजरिम ही होते हैं) और उनसे जवाब तलब करें। वो इस बात से इनकार करेंगे कि उन्होंने यह अफवाह फैलाई है लेकिन उन्हें यह बात समझ आ जाएगी कि आगे वो आपके बारे में बात ना करें।

⇒ **दिखावटी**—ये भाई साहब अपनी हर चीज़ के बारे में लंबी-लंबी बातें करते हैं और हमेशा उसकी कीमत ही उनकी बातों की धुरी होती है। इस तरह के लोग अक्सर ऐसी बातें करते पाए जाते हैं, 'मालूम है जब मैं जर्मनी में ऑटोबान में गाड़ी चला रहा था...।', या 'मेरे नए आई-पैड में...'। ऐसे लोगों से निपटने का सबसे अच्छा तरीका है कि आप सिर्फ 'वाह' बोलकर वहां से निकल जाएं।

⇒ **ज्ञानदाता**—इन भाईसाहब को दुनिया में हर चीज़ के बारे में पता है। चाहे विषय कुछ भी हो। इनके पास हर प्रकार का अनुभव है। इसका उपाय—इनका इस्तेमाल तब करें जब आप अपनी छुट्टी या ऑफ-साइट की प्लानिंग कर रहे हों।

⇒ **बदतमीज़**—इन जनाब को अपनी बातों को तहज़ीब के साथ कहना नहीं आता और जाने-अनजाने में वो दूसरों को ठेस पहुंचा देते हैं। ये वो लोग है जो किसी के मुंह पर कुछ भी बोल सकते हैं। मिसाल के तौर पर, 'अरे, तुम कितने मोटे हो गए हो!' या 'यह बाल तुमने कैसे कटवाए हैं।' इनकी बातों का बुरा ना मानें और आगे बढ़ें।

⇒ **चिपकू**—हम सब इन भाई साहब से अच्छी तरह वाकिफ हैं—ये चाहते हैं कि हम इन्हें पूरी तरह अपनी पनाह में ले लें। हो सकता है शुरुआत में आपको यह अच्छा लगे, लेकिन, थोड़े वक्त के बाद आपको घुटन महसूस होगी। इन जैसे सहकर्मियों से बच कर

रहें—मिसाल के तौर पर, अगर काम के बाद ये आपको ड्रिंक्स के लिए बुलाते हैं, तो चार में से एक बार ही जाएं; अगर बार-बार फोन करें, तो तुरंत फोन उठाने की जगह देरी से उसका जवाब दें, और दोष काम के बोझ पर डालें।

सहकर्मियों के बीच अच्छे रिश्ते का फायदा हर इंसान को होता है। मुश्किल की घड़ी में अपने सहयोगियों का साथ दें। यह बहुत छोटी सी चीज़ भी हो सकती है जैसे कोई रिपोर्ट पूरी कर देना, या फिर, प्रेज़ेंटेशन का स्लाइड बना देना, या ज़रूरी कागज़ात को पोस्ट करना, या फिर बाहर से खाना मंगवा देना। आपको इस मदद के लिए कोई आर्थिक इनाम नहीं मिलेगा, लेकिन, जब आपको ज़रूरत पड़ेगी तब आपकी मदद के लिए लोग सामने आएंगे। अगर आपने किसी से मदद ली है, तो उनका शुक्रिया अदा करते हुए एक छोटी सी चिट्ठी या उपहार, या उन्हें खाने का न्यौता देने से आपके रिश्ते और मजबूत होंगे। यह याद रखिए कि कारोबार कंपनियों के बीच नहीं बल्कि लोगों के साथ किया जाता है।

नए कर्मचारियों के साथ मुलाकात

हम सब को कुछ ऐसे लोग याद रहते हैं जिनसे हम किसी नई नौकरी के पहले दिन मिले थे।

⇒ जब आपको कोई नए कर्मचारी से मिलवाए तो गर्मजोशी से उनसे हाथ मिलाएं, और कहें, 'हमारे दफ्तर में आपका स्वागत है। अगर आपको कोई भी ज़रूरत हो तो बेझिझक मुझे बताइएगा। मेरे बैठने की जगह है...' अपने सीट के बारे में पूरा ब्यौरा दें।

⇒ चाहे ओहदा कुछ भी हो, हर नए कर्मचारी के लिए पहले कुछ दिन बेहद मुश्किल होते हैं। ऐसे में, आप उन्हें दोपहर का खाना साथ में खाने का न्यौता दे सकते हैं या फिर उन्हें ऑफ़िस के अलग-अलग हिस्सों की सैर करा सकते हैं, साथ ही, उनसे कहें कि आप उनकी मदद के लिए हमेशा उपस्थित हैं। इससे नया कर्मचारी आश्वस्त महसूस करता है और वो कभी आपकी उदारता को नहीं भूलेगा।

⇒ नए कर्मचारियों के साथ ऑफ़िस की इधर-उधर की बातें करना लाभदायक नहीं है क्योंकि वो अभी तक हर किसी को पहचानते नहीं हैं। उन्हें लोगों को जानने का वक्त दें।

आपका इंटरव्यू

1. **इंटरव्यू में जाने से पहले**

⇒ कंपनी के बारे में जितना पढ़ सकते हैं, पढ़ें। उनकी वेबसाइट देखें, उनकी वार्षिक रिपोर्ट पढ़ें, जो आपका इंटरव्यू लेंगे उनकी प्रोफाइल देखें। अगर मुमकिन हो तो गूगल पर उनकी फोटो खोजें। अगर आप पहले से यह जान लें कि आपका इंटरव्यू लेने वाला व्यक्ति कैसा दिखता है तो उससे आपको थोड़ी सहूलियत महसूस होगी।

⇒ अपने कपड़े ध्यान से चुनें। जिस कंपनी में आप इंटरव्यू देने जा रहे हैं वहां की संस्कृति के हिसाब से अपनी पोशाक चुनें। वक्त रहते कपड़े तय कर लें और उन्हें इस्त्री कराना ना भूलें। अपने साथ एक अच्छा फोल्डर, नोटपैड और बढ़िया कलम लेकर जाएं।

⇒ कंपनी और अपने किरदार के बारे में 3 सवालों की सूची पहले से बना लें। यह ध्यान रहे कि सवाल ऐसे हों जिनसे सामने वाले पर आपका अच्छा प्रभाव पड़े।

2. **इंटरव्यू के पहले इंतज़ार के दौरान**

⇒ रिसेप्शनिस्ट या एक्ज़ीक्यूटिव असिस्टेंट का अभिवादन मुस्कुराहट के साथ करें और अपने बॉस या इंटरव्यू लेने वाले तक अपने आने का संदेश भिजवाएं।

⇒ इंतज़ार करते हुए चाय या कॉफी की जगह पानी पीना चाहिए।

3. **इंटरव्यू के बाद**: जिन-जिन लोगों ने आपका इंटरव्यू लिया था, उनका शुक्रिया करते हुए छोटा पत्र भेजें।

घर से काम करना

जैसै-जैसे टेक्नोलॉजी में तरक्की हो रही है, वैसे-वैसे कई प्रोफेशनल और एंटरप्रेन्यॉर घर से काम करने को तरजीह दे रहे हैं। घर से काम करने के कई फायदे हैं—

⇒ आने-जाने का वक्त बचता है

⇒ परिवार के साथ ज़्यादा वक्त मिलता है

⇒ कंपनी और कर्मचारी दोनों के पैसे बचते हैं

लेकिन, इसके कई नुकसान भी हैं—

⇒ कड़े अनुशासन की ज़रूरत होती है

⇒ मदद या देखरेख के लिए कोई नहीं होता है

⇒ सहकर्मियों से मुलाकात नहीं होती है

घर से काम करने की क्षमता को बढ़ाने के लिए इन बातों का ध्यान रखें—

⇒ घर के शोरगुल से दूर काम करने की जगह बनाएं। हाई स्पीड इंटरनेट, हैंड्स फ्री हेडसेट, ब्रांडेड ईयरफोन और वीडियो कॉन्फ्रेंस के लिए अच्छे कैमरा में निवेश करें। अपनी मुद्रा सही रखें; बिस्तर पर बैठकर वीडियो कॉन्फ्रेंस करने का लालच हो सकता है, पर ऐसा ना करें। अगर आप कुर्सी-मेज़ पर बैठते हैं, तो आपकी पीठ पर कम दबाव पड़ता है जिससे आपका ध्यान नहीं भटकता। एक अच्छी कुर्सी और मेज़ ज़रूर खरीदें।

⇒ दिनचर्या की योजना ध्यान से बनाएं और पहले से ही घर वालों और अपने बॉस को इसके बारे में बता दें। खुद को अनुशासित करें और पहले से तय कार्यक्रम के अनुसार काम करें; अगर आप ऐसा नहीं करते हैं, तो आपको साप्ताहिक छुट्टी के दिन या फिर देर रात तक काम करना पड़ सकता है। इससे आपके निजी जीवन पर असर पड़ेगा और आपका तनाव बढ़ेगा।

⇒ घर पर रहने से बेवक्त खाना और ज़रूरत से ज़्यादा खाना खाने की गुंजाइश रहती है। इसलिए अपनी सेहत का खास ध्यान रखें। अच्छे कपड़े पहनें और रख-रखाव पर ध्यान दें, जैसे रोज़ाना दाढ़ी बनाएं और वक्त पर बाल कटवाएं। बेपरवाह रवैया अक्सर काम में भी लापरवाही में बदल जाता है।

⇒ जब भी क्लाइंट और सहयोगियों के साथ बातचीत हो, तो आपकी आवाज़ में उत्साह झलकना चाहिए। हालांकि, दरवाजे की घंटी और बच्चों के शोरगुल के बीच ऐसा करना आसान नहीं है। याद रखिए कि वक्त की पाबंदी, कार्यबद्धता और कर्मठता ही कामयाबी की कुंजी है, चाहे आप घर से या कहीं से भी काम कर रहे हैं।

⇒ ऑफ़िस में आप अपने सहयोगियों के साथ बातचीत कर, मन हल्का कर सकते हैं। लेकिन, घर से काम करने पर ऐसा करना मुश्किल है। ऑनलाइन मीटिंग के बाद, या फिर फ़ोन कॉल के ज़रिए या

कंपनी की समाज सेवा से जुड़ी गतिविधियां सहयोगियों के साथ घुलने—मिलने का अच्छा अवसर देती हैं।

क्यूबिकल में किन बातों का ध्यान रखें

मेट्रो शहरों में आसमान छूती ज़मीन की कीमतें और किराए की वजह से ऑफ़िस में बेहद छोटे वर्क-स्टेशन बनने लगे हैं। यह क्यूबिकल आपका दूसरा घर होता है क्योंकि यहां आप शायद घर से भी ज़्यादा वक्त बिताते हैं। क्यूबिकल ना सिर्फ किफायती होते हैं इससे संवाद भी बेहतर होता है क्योंकि दफ्तर में कोई दीवार नहीं होती है। पर गोपनीयता और एकाग्रता को इसका खामियाजा भुगतना पड़ता है। इस वजह से उत्पादकता पर भी असर पड़ता है।

कॉर्नेल यूनिवर्सिटी के डिपार्टमेंट ऑफ डिज़ाइन एंड एनवायरमेंटल एनालिसिस के जस्टिन मार्डेक्स ने एक सर्वेक्षण में ऑफ़िस जाने वाले 13000 लोगों से बातचीत की। उन्होंने पाया कि 'बगैर रुकावट के अकेले काम करने की क्षमता' किसी भी ऑफ़िस के लिए सबसे बड़ी खासियत है।

इन नियमों का पालन करके आप ऑफ़िस में अच्छे पड़ोसी बन सकते हैं, भले ही वहां प्राइवेसी बिलकुल ना के बराबर हो—

पहला नियम: शोर बंद करें

अमेरिकन सोसायटी ऑफ इंटीरियर डिज़ाइनर्स (एएसआईडी) के सर्वेक्षण में 70 प्रतिशत लोगों ने कहा कि अगर ऑफ़िस में शोर कम हो तो उनकी उत्पादकता बढ़ जाएगी। हालांकि, केबिन में बैठने वाले लोगों में सिर्फ 19 प्रतिशत का यही मानना था। इससे साबित होता है कि ऑफ़िस में प्रदूषण का सबसे बड़ा कारण है शोर।

भारतीय दफ्तरों में बहुत शोरगुल होता है—लोग आपस में ऊंची आवाज़ में बातचीत करते हैं, फ़ोन पर ज़ोर-ज़ोर से बातें करते हैं, लगातार फ़ोन बजते रहते हैं, साथ ही, जगह बेहद कम होती है और इन दफ्तरों में आवाज़ गूंजती भी है। एकाग्रता को कम करने में सबसे बड़ा योगदान शोर का ही होता है और इसका असर उत्पादकता में दिखाई देता है। इन छोटे-छोटे कदमों के जरिए आप ध्वनि प्रदूषण को कम कर सकते हैं—

⇒ सहयोगियों के साथ या फिर फोन में बेहद धीमी आवाज़ में बात करें।

⇒ अपने पड़ोसियों के साथ संपर्क करने के लिए फ़ोन या ईमेल का

इस्तेमाल करें या फिर उठकर उनके पास जाएं। अपनी जगह से चीखकर यह पूछना, 'राधिका, क्या वो रिपोर्ट पूरी हो गई है?' बेहद खराब आदत है और इससे दूसरों का ध्यान भटक जाता है।

⇒ जब भी आपका लैंडलाइन फ़ोन बजे तो तुरंत उसे उठाएं। अपने फ़ोन की घंटी को सबसे कम आवाज़ पर रखें क्योंकि बजते हुए फ़ोन से तुरंत एकाग्रता टूटती है। मोबाइल फ़ोन को स्पीकर पर ना डालें।

⇒ अपने मोबाइल को साइलेंट या वाइब्रेट मोड पर रखें। क्योंकि मोबाइल हमेशा हमारे साथ रहता है इसलिए फोन की घंटी की ज़रूरत नहीं पड़ती है। साथ ही, जब भी आप अपनी जगह से उठें, तो मोबाइल फ़ोन अपने साथ ले जाना ना भूलें। मैंने कई बार देखा है कि ऑफ़िस में लोग हाथ में बजता हुआ फ़ोन लेकर अपने सहयोगी को ढूंढ़ रहे हैं। वो मदद से ज़्यादा उस चिड़चिड़ाने वाले रिंगटोन से बचने के लिए ऐसा करते हैं।

⇒ जब आप अपनी मेज़ से उठें, तो लैंडलाइन फ़ोन पर वॉयसमेल को एक्टिवेट करना ना भूलें ताकि आपके सहयोगियों को बार-बार उठकर आपके फ़ोन का जवाब ना देना पड़े।

⇒ अगर आपको फ़ोन पर लंबी बातें करने की ज़रूरत पड़ती है या फिर आपको गाने सुनने का शौक है, तो हेडफ़ोन ज़रूर खरीदें।

⇒ ऑफ़िस में चिप्स या च्युइंगम ना खाएं।

दूसरा नियमः दूसरों की प्राइवेसी का सम्मान करें

एक बेहतर सहकर्मी बनने के लिए आपको दूसरों की प्राइवेसी के साथ-साथ अपनी उपलब्धता भी बनाई रखनी चाहिए। इन आसान कदमों का पालन करें—

⇒ दूसरों के क्यूबिकल में जाने से पहले एक्सटेंशन पर फ़ोन करें, क्यूबिकल का पार्टिशन खटखटाएं या फिर आंखों के इशारे से पूछें।

⇒ दूसरों की प्राइवेसी का सम्मान करें और वो फ़ोन पर किससे क्या बात कर रहे हैं, इसे सुनने की कोशिश ना करें। साथ ही, उनकी कंप्यूटर स्क्रीन या मेज़ पर बिखरे कागज़ों को पढ़ने की कोशिश ना करें।

⇒ 'घुसपैठियों' से निजात पाने के लिए सांकेतिक भाषा का प्रयोग करें। जैसे बात करते हुए खड़े हो जाएं, या फिर अपने क्यूबिकल तक चलकर जाएं, या ऐसा दिखाएं कि आपका ध्यान भटका हुआ है

या फिर हां या ना में जवाब दें। इससे उन लोगों को आप से संपर्क बनाए रखने में उलझन महसूस होगी और आप घुसपैठियों को दूर रख पाएंगे।

⇒ लेन-देन ना करें! क्यूबिकल के दरवाज़े नहीं होते हैं इसलिए हम दूसरों से कुछ भी मांगने में हिचकिचाते नहीं है, खासतौर पर कलम या फिर नोटपैड। 'लेन-देन मना है' के इस नियम से भले ही आपको अपने स्कूल के दिनों के सख्त अध्यापक की याद आ जाए, यह अच्छी प्रैक्टिस है और सहकर्मियों के बीच रिश्तों को और पुख्ता करने में मददगार होता है। अगर आपने अपना स्टेपलर गंवा दिया है, तो पड़ोसी से मांगने की जगह नया स्टेपलर मंगवाएं।

⇒ जब भी आप लंच या फिर मीटिंग के लिए जाएं, तो अपनी दराज़ पर ताला लगाना ना भूलें। इससे ना सिर्फ चीज़ें अपनी जगह व्यवस्थित रहती हैं, उसे ढूंढ़ने के तनाव से भी आप बच जाते हैं और ऑफ़िस में गरमा-गरमी का मौका भी नहीं बनता है।

तीसरा नियम—अपने कम्युनिकेशन स्किल को बेहतर करें

जब हमारे सहकर्मी अपनी घरेलू दिक्कतों या फिर डॉक्टर से अपनी सेहत के बारे में बात करते हैं, तो हम चुपचाप उनकी बातों को सुनने लगते हैं। यह गलती आप एक-दो बार कर सकते हैं लेकिन बार-बार यहीं गलती दोहराएंगे तो आपके करियर को बड़ी ठेस पहुंच सकती है।

सात फुट ऊंची हल्की लकड़ी की दीवार किसी को कोई गोपनीयता नहीं देती है। जब भी आप अपने सहयोगियों से बात करें तो इन चीजों का ध्यान रखें—

⇒ अपने क्लाइंट या वेंडर से बात करते वक्त क्यूबिकल की जगह मीटिंग रूम का इस्तेमाल करें। खास तौर पर जब आप मोल-भाव कर रहें हो या फिर किसी को फीडबैक दे रहें हो।

⇒ जब भी किसी जूनियर को उनकी गलतियों के बारे में बताना हो, या फिर उन्हें पिंक स्लिप (नौकरी से निकालना) देना हो, तब उन्हें शर्मिंदगी से बचाने के लिए मीटिंग रूम का इस्तेमाल ज़रूर करें। अपने बॉस से डांट खाना जूनियर्स हजम कर सकते हैं, लेकिन, सहकर्मी ने अगर छोटी सी टिप्पणी भी कर दी, तो वो पचाना मुश्किल हो जाता है।

⇒ अगर गलती से आप किसी की गोपनीय बात सुन लें, तो उसे अनसुना कर दें और ऑफ़िस में बाकी लोगों को बताने से परहेज़ करें।

⇒ अगर आप किसी सहकर्मी को यूं ही 'दीवार ताकते हुए' देख लें, तो उन्हें टोके नहीं। हो सकता है कि वो किसी मुद्दे के बारे में सोच रहा हो, या फिर किसी प्रोजेक्ट के लिए रणनीति बना रहा हो, या सिर्फ अपने काम से थोड़ी देर के लिए ब्रेक ले रहा हो। अपने मनोरंजन के लिए उनकी टांग ना खींचें।

जब आपका कोई सहकर्मी...

जिन सहकर्मियों के साथ हमारी दोस्ती होती है, ऐसे हालातों में उन्हें संभालना आसान होता है, लेकिन जो सिर्फ हमारे सहकर्मी होते हैं, उनके सामने हम कई बार लड़खड़ा जाते हैं। जब किसी सहकर्मी:

⇒ **की सगाई हो, शादी हो या वो गर्भवती हो**: सच्ची मुस्कान के साथ गर्मजोशी भरे शब्दों में कहें, 'बहुत- बहुत बधाई! आपको ढेरों शुभकामनाएं।' उन्हें विवाहित ज़िंदगी या नए बच्चे के बाद ज़िंदगी में आने वाले बदलावों की कहानियां सुनाकर डराएं नहीं! भले ही ऐसे मौकों पर हम मुफ़्त की सलाह देना पसंद करते हैं, ये याद रखें कि जो शादी करने जा रहा है या मां-बाप बनने जा रहा है, वो पहले से ही काफी तनाव में रह रहा होता है।

⇒ **की तबीयत खराब हो, तलाक हो गया हो, गर्भपात हो गया हो, नौकरी से निकाल दिया गया हो या किसी करीबी की मौत हो गई हो**: सहानुभूति रखें, बोलने की बजाय उनकी सुनें और उनकी जरूरत के वक्त अपनी तरफ से मदद की पेशकश करें। जब आपका सहकर्मी अपनी निजी त्रासदी से जूझ रहा हो, तब उसके काम में मदद करके उसे आप सबसे बड़ी मदद दे सकते हैं। 'सब कुछ अच्छे के लिए होता है' या 'कम से कम तकलीफ तो दूर हुई' कहना भले ही सच्चाई हो, लेकिन अभी भी इसे संवेदनहीनता माना जाता है।

ऑफ़िस में पर्सनल फोन कॉल

दफ्तर में हम घंटों बिताते हैं, ऐसे में निजी फ़ोन कॉल का आना तय है। जब भी आपको फ़ोन पर बात करनी हो, तो दफ्तर के किसी शांत कोने में चले जाएं। हो सके तो मीटिंग रूम या फिर बालकनी में जाकर बात करें, ताकि आपके

सहकर्मियों की एकाग्रता भंग ना हो। साथ ही, आप यह भी नहीं चाहेंगे कि दूसरे लोग आपकी निजी बातें सुनें। निजी कॉल करने के लिए मोबाइल फ़ोन का इस्तेमाल करें, या फिर, अपने सहकर्मियों की गैर-मौजूदगी में लैंडलाइन फ़ोन से बात करें।

⇒ अगर आपको अपने सहकर्मियों के सामने फ़ोन उठाना पड़े, तो अपनी बातचीत को जितना छोटा रख सकते हैं, रखें। मिसाल के तौर पर, यह कहने की जगह कि 'मैं अरुण से बात करके शनिवार की पार्टी का प्लान तय करता हूं,' कहें, 'मैं पता करके आपसे संपर्क करूंगा।' किसी पर चिल्लाने के बजाय कहें, 'मैं आपको थोड़ी देर बाद फोन करता हूं।' बातचीत छोटी रखें जैसे कि 'हम शनिवार या रविवार को बात करते हैं जब मेरे पास ज़्यादा वक्त होगा।' अगर सामने वाले इंसान को आपकी बात समझ ना आए, तो उन्हें विनम्रता के साथ कहें कि आप उनसे बाद में बात करेंगे।

⇒ ऑफ़िस में अपनी बीवी या पति से फोन पर झगड़ा ना करें, ना ही अपने बच्चों या फिर काम करने वाली बाई को डांटें, ना ही, अपने कर्ज़दारों से बात करें।

चौथा नियम—अपने क्यूबिकल को ज़्यादा ना सजाएं

क्यूबिकल में घंटों बिताने की वजह से आपको ऐसा लग सकता है कि वह आपका दूसरा घर है, लेकिन, इस बात को ज़्यादा गंभीरता से ना लें और उसे अपने घर की तरह ना सजाएं। आप अपने व्यक्तित्व के मुताबिक सजावट कर सकते हैं, लेकिन, यह ध्यान रहे कि वो सीमा के अंदर हो और ऑफ़िस की सजावट से बहुत ज़्यादा अलग ना हो। आप अपने परिवार की तस्वीरें या फिर अपनी डिग्री की फोटो लगा सकते हैं, लेकिन, क्यूबिकल आपके निजी जीवन की उपलब्धियों का बखान करने की जगह नहीं है। एक बार मैं किसी निजी कंपनी के एचआर मैनेजर के केबिन में गई थी और वहां इतने पौधे थे कि जंगल को शर्म आ जाए।

पांचवां नियम—सफाई पर ध्यान दें

आपका क्यूबिकल कोई फ्रिज नहीं है कि जहां अलग-अलग प्रकार के खाने का भंडार रखा जाए।

⇒ अपनी मेज़ की साफ-सफाई पर खास ध्यान दें। जूठा खाना और चाय के खाली कप आपकी छवि पर बुरा असर डालती हैं।

⇒ अगर आपको कोई संक्रामक बीमारी हो जाए, तो ऑफ़िस ना जाएं। दफ्तर के वातानुकूलित माहौल में दूसरों के बीमार पड़ने की संभावना बहुत बढ़ जाती है।

⇒ तेज़ महकने वाली चीजें जैसे नेल पॉलिश रिमूवर, या लहसुन की चटनी, या फिर तेज़ परफ्यूम ऑफ़िस में लेकर जाने से परहेज़ करें। बदबूदार सांस, पसीने की बदबू या फिर मोजे की बदबू आपके सहकर्मियों के लिए परेशानी का सबब बन सकती हैं। आमतौर पर इन चीज़ों की वजह निजी साफ-सफाई की कमी होती है या अगर आपको कोई बीमारी है तो इसे कम करने के लिए अपने डॉक्टर से सलाह करें। अगर आपके सहकर्मी इन सब से पीड़ित हैं, तो बड़ी समझदारी के साथ उन्हें यह बात बताएं। अगर कोई फायदा नहीं हो, तो अपने एचआर को सूचना दें।

⇒ अगर काम के दबाव में आप हर कुछ घंटों में धूम्रपान करते हैं, तो ध्यान रखें कि सिगरेट की बदबू आपकी सांसों में बनी रहती है, और इससे आपके सहकर्मियों को परेशानी हो सकती है। धूम्रपान हमेशा खुली जगह में करें, और सिगरेट पीने के बाद पेपरमिंट जैसी चीजें ज़रूर खाएं, खासतौर पर मीटिंग से पहले। मीटिंग रूम के बंद कमरे में यह बदबू बहुत तेज़ आती है और बाकी लोगों को बहुत दिक्कत दे सकती है।

क्यूब मेट्स के साथ होने वाली आम दिक्कतें

हम अक्सर डिलबर्ट की हालत पर हंसते हैं लेकिन जब हम उन्हीं हालातों में आते हैं तब हमारा हास्य गायब हो जाता है। खुद से एक साधारण सा सवाल पूछें: 'क्या सहकर्मी के इस व्यवहार से मुझे दिक्कत होगी?' और अगर आपका जवाब हां में है, तब इस व्यवहार में खुद को शामिल ना करें। अगर आपको लगता है कि आपके वर्क एरिया में कुछ दिक्कत हो सकती है और इससे आप चिंतित हैं, तब अपने क्यूब मेट्स के पास जाएं और शालीनता से इस विषय पर बात करें। साथ ही, बीच-बीच में उन्हें फीडबैक के लिए कहें और आप

अचरज में पड़ जाएंगे जब वे आपके साथ खुलकर अपनी राय रखेंगे। छोटी-छोटी दिक्कतों को नज़रअंदाज़ कर देना चाहिए और मानना चाहिए कि वे लोगों की अलग-अलग आदतों की वजह से होती हैं।

⇒ **च्युइंगम**: अपने सहकर्मियों के सामने ज़ोर-ज़ोर से आवाज़ करते हुए च्युइंगम चबाना या बबल गम फुलाना अभद्रता है, लेकिन आप अपने क्यूबिकल में काम करते हुए चुपचाप च्युइंगम चबा सकते हैं। अगर कोई सहकर्मी ऐसा कर रहा हो, तो उसे शालीनता के साथ च्युइंगम थूककर आने को कहें।

⇒ **सहकर्मियों के लिए तोहफे**—ऑफ़िस में कई बार हमसे 'सपना के जन्मदिन के केक' के लिए चंदा मांगा जाता है। मुमकिन है कि हम 'सपना' को ठीक तरीके से जानते भी ना हो। अगर ऐसी चीज़ें कभी-कभार हों तो अपनी उदारता का उदाहरण दें। हालांकि, ऐसा अगर अक्सर होता है, तो अपने सहकर्मियों को साफ़ बता दें कि आप केवल चुनिंदा लोगों के लिए चंदा देंगे या फिर सबके साथ मिलकर इसके लिए कोई दीर्घकालिक उपाय निकालें।

⇒ **शर्मिंदा करने वाली स्थिति**—अगर आपके सहकर्मी की कमीज़ पर दाग हो, या फिर उनकी पैंट की चेन खुली हो तो उन्हें इस बारे में बताना चाहिए। अगर महिला होने के नाते आप संकोच कर रही हैं, तो किसी पुरुष सहकर्मी के ज़रिए उन तक यह बात पहुंचाएं। लेकिन, आपको किसी के मेक-अप, कपड़े या फिर बालों में रूसी के बारे में कोई भी टिप्पणी नहीं करनी चाहिए। यह आपके एचआर डिपार्टमेंट का काम है, उन्हें ही करने दें।

⇒ **गंदी आदतें**—बार-बार नाक साफ़ करना, मेज़ पर तबला बजाना, गुनगुनाना, थूकना, बार-बार गला साफ़ करना, जोर से अंगड़ाई लेना, खुजाना या फिर ऐसे जेवर पहनना जिनसे आवाज आती हो (चूड़ी या पायल) दूसरों को बहुत खीझ दिलाती हैं और ऑफ़िस में ऐसा करने से परहेज़ करना चाहिए। अगर आपकी अपने सहकर्मी से अच्छी दोस्ती है, तो उन्हें अलग ले जाकर इस बारे में बताएं। अगर नहीं है, तो अपने एचआर डिपार्टमेंट को बताएं और उन्हें इससे निपटने दें।

पार्ट-टाइम कर्मचारियों के लिए विशेष: कंपनियों की तरफ से फ्लेक्सी-टाइम और फ्लेक्सी-स्पेस दिए जाने की वजह से भारत में अस्थायी कर्मचारियों की संख्या में कई गुना की बढ़ोतरी हुई है। ये अस्थायी कर्मचारी हफ्ते में कुछ दिनों के लिए ऑफिस आते हैं, और बाकी समय घर से काम करते हैं।

एक पार्ट-टाइम कर्मचारी के रूप में, आपकी सबसे बड़ी चुनौती अपनी प्रतिबद्धता दिखाना है। ऐसा करने के लिए, आप अपने सहकर्मियों को ऑफिस आने के समय के बारे में पहले से जानकारी

दें, और व्यवस्थित तरीके से काम करें। साथ ही, समय के पाबंद रहें, प्रोफेशनल की तरह कपड़े पहनें, अपने सहकर्मियों से अपने लिए संदेश हासिल करें और समय सीमा पर चूक न करें।

कभी-कभी, आप बीमार बच्चे या माता-पिता की देखभाल करते हुए पार्ट-टाइम काम कर रहे होंगे। अपने सुपरवाइजरों से बात करने और रिलैक्स्ड डेडलाइन की उम्मीद करने के बजाय इस दबाव का सामना करना सीखें।

बिज़नेस में लैंगिक समानता

कारोबार की दुनिया में पिछले एक दशक में आने वाले अहम बदलावों में से एक है बड़ी तादाद में महिलाओं का शामिल होना। इसकी वजह से लैंगिक समानता से जुड़े नियमों में भी कई बदलाव आए हैं। आज सभी को एक समान माना जाता है और इस वजह से हमें सामने वाले के लिंग को अनदेखा करते हुए काम करना चाहिए। आज कल की महिला कर्मचारी चाहती हैं कि उन्हें कमज़ोर या फिर असहाय ना माना जाए और प्रोमोशन के वक्त उन्हें अनदेखा ना किया जाए। 1960 के नारी-शक्ति अभियान की बदौलत काफी बदलाव आए और आज यह माना जाता है कि ऑफ़िस में कोई लड़का या लड़की या पुरुष या महिला नहीं होता, सिर्फ 'प्रोफेशनल' होते हैं। बिज़नेस की अपनी पहल और कड़े कानूनों की मदद से, आज दफ्तर में लैंगिक समानता आ गई है।

भारत: बिज़नेस में महिलाएं

वर्ल्ड इकोनॉमिक फोरम के 'ग्लोबल जेंडर गैप रैंकिंग्स 2009' ने दफ्तरों में पुरुष और महिला कर्मचारियों को मिलने वाले वेतन और अवसरों का मुआयना किया। इस सर्वेक्षण में 134 देशों में भारत 119वें स्थान पर आया (आज भारत 113वें पर है)। हालांकि, उसी साल ग्रांट थॉर्नटन की एक रिपोर्ट में पाया गया कि देश के टॉप एक्ज़ीक्युटिव में 15 प्रतिशत महिलाएं शामिल हैं। अमेरिका में यही आंकड़ा 20 प्रतिशत है जबकि फिलीपींस में 47 प्रतिशत है। भारत में कुछ महिला सीईओ हैं जो घरेलू या फिर अंतर्राष्ट्रीय कंपनियों की अगुवाई कर रही हैं, लेकिन, ज्यादातर महिला एक्ज़ीक्यूटिव, पारिवारिक कारोबारी घराने की बेटियां या बीवियां हैं। इससे यह साबित होता है कि भारत में ज़्यादातर बेटियों को अभी तक उच्च शिक्षा नहीं मिल रही है, लेकिन, अमीर खानदान की बेटियां अच्छी जगहों से पढ़-लिख कर आ रही हैं।

आज के कारोबारी शिष्टाचार के नियम पुरुष या महिला में भेद-भाव नहीं करते हैं।

मिस्टर/मिसेज

पिछली सदी के नारीवादियों को लगता था कि महिलाओं को उनकी वैवाहिक स्थिति के अनुसार मिस या मिसेज़ कहा जाता था, लेकिन, पुरुषों के लिए हमेशा मिस्टर का ही इस्तेमाल होता था। इसीलिए उन्होंने 'Ms' उपाधि निकाली जिसे हर लिखित और मौखिक संवाद में महिलाओं को संबोधित करने के लिए इस्तेमाल करना चाहिए। वैसे तो 'Ms' सत्रहवीं शताब्दी में इस्तेमाल किए जाने वाले शब्द 'मिस्ट्रेस' का संक्षिप्त रूप है, लेकिन, यह ध्यान रहे कि उस शब्द का मतलब अब बदल गया है और किसी भी महिला को वैसे ना संबोधित करें।

अगर किसी महिला को 'मिसेज़' कहलाना पसंद है तो उन्हें अपने सहकर्मियों को यह बात बता देनी चाहिए। अंतर्राष्ट्रीय स्तर पर कई विधवा और तलाकशुदा महिलाएं 'मिसेज़' का इस्तेमाल जारी रखती हैं और इससे यह समझ आता है कि इस उपाधि का जीवित या वर्तमान पति से संबंध नहीं है।

परिचय और हाथ मिलाना

कारोबारी जगत में परिचय ओहदे के मुताबिक दिया जाता है, ना कि लिंग के अनुसार। इसका मतलब यह है कि आप किसी महिला कर्मचारी को सबसे पहले इंट्रोड्यूस तभी करेंगे जब वो सबसे सीनियर हो। यह माना जाता है कि इंट्रोडक्शन के दौरान सभी कर्मचारी, चाहे वो पुरुष हो या महिला, आमने-सामने खड़े होंगे और हाथ मिलाने के साथ-साथ बिज़नेस कार्ड भी एक-दूसरे को देंगे।

आजकल हाथ मिलाने का कोई 'मर्दाना' या 'जनाना' तरीका नहीं होता। चाहे आप पुरुष से हाथ मिला रहे हों, या फिर, महिला से, यह उम्मीद रहती है कि आप मज़बूती से हाथ मिलाएंगे और समूह के सभी लोगों के साथ। ये भी याद रखें कि ऐसी कोई लिंग आधारित परंपरा नहीं है कि हाथ मिलाने की शुरुआत कौन करेगा।

लिखित संवाद

कुछ लोगों के नाम से उनके लिंग का पता नहीं चलता है (मिसाल के तौर पर—दीपक, संतोष, सैम, पैट) और इन लोगों को यह शिकायत रहती है कि जब उन्हें कोई अनजान व्यक्ति ईमेल करता है तो वो उन्हें गलत उपाधि से

संबोधित करता है। आज की दुनिया में किसी के लिंग के बारे में अनुमान लगाना उचित नहीं है। जहां शंका हो, वहां पूछ लेना बेहतर है। चाहे उनके ऑफ़िस के ज़रिए हो, या फिर इंटरनेट की मदद से (लिंक्डइन, जूमइंफो, गूगल जैसी वेबसाइट की मदद लें)। गलत लिंग से संबोधन करना किसी को गलत नाम से पुकारने जितनी बड़ी गलती है। यह दिखाता है कि आप छोटी-छोटी चीज़ों पर ध्यान नहीं देते हैं।

वैसे भी बिज़नेस की भाषा में लिंग भेद मौजूद होता है। उससे निपटने के लिए 'चेयरमैन' की जगह 'चेयरपर्सन', 'बिज़नेसमैन' की जगह 'बिज़नेसपर्सन' लिखें। लिंग पर आधारित संज्ञाओं के इस्तेमाल से परहेज़ करें और जितना मुमकिन हो उतना लिंग—निरपेक्ष भाषा का प्रयोग करें।

शारीरिक संपर्क

ऑफ़िस में प्रोफेशनल्स के बीच हाथ मिलाना ही इकलौता मान्य शारीरिक संपर्क है। कभी कभार शाबाशी देने के लिए आप किसी की पीठ थपथपा सकते हैं, लेकिन, किसी के लिए 'डियर' या 'प्रिय' जैसे शब्द, ज़रूरत से ज़्यादा किसी की तारीफ करना या फिर अश्लील चुटकुलों को अनुचित माना जाता है।

भारतीय महिला प्रबंधक के लिए विशेष

ये उम्मीद की जाती है कि आप अपने पुरुष सहकर्मियों के साथ घुलेंगी-मिलेंगी और एक स्वस्थ कामकाजी रिश्ते बनाएंगी। आपके व्यवहार, बोलचाल, पोशाक और देह भाषा में हर वक्त प्रोफेशनलिज़्म दिखना चाहिए। सभी पुरुष ऐसे नहीं होते कि वे अपनी महिला सहकर्मियों पर भद्दी टिप्पणियां करने के मौकों का इंतज़ार करें। लेकिन, ये भी याद रखें कि कभी-कभी कुछ परिस्थितियां खतरनाक हो सकती हैं इसलिए सही समय पर शालीनता के साथ उससे बाहर निकल जाएं।

कार्यस्थल परीक्षण पर सभ्यता

नए युग की महिला कर्मचारी अपने पुरुष सहयोगियों से उनके लिए दरवाज़े खोलने, या फिर उनका बैग उठाने जैसी उम्मीदें नहीं रखती हैं। हालांकि, शिष्टाचार कहता है कि आपको पुरुष या महिला की परवाह किए बगैर नीचे बताई गई चीजों का पालन करना चाहिए—

⇒ अगर आप दरवाज़े तक पहले पहुंचे हैं, तो पीछे आने वाले व्यक्ति के लिए दरवाज़ा खोल कर रखें।

⇒ अगर आप लिफ्ट में हैं, तो लिफ्ट का दरवाज़ा खोल कर रखें ताकि चढ़ने वालों को सहूलियत हो।

⇒ भारी सामान उठाने में अपने सहयोगियों की मदद करें।

⇒ बीमार सहकर्मी के लिए टैक्सी या गाड़ी बुलाने की व्यवस्था करें।

इंटरनेशनल बिज़नेस

अंतर्राष्ट्रीय स्तर पर कारोबार करते वक्त लिंग संबंधी शिष्टाचार का महत्व और बढ़ जाता है। हमारे देश के कायदे से तो हम वाकिफ होते हैं, लेकिन, जब देश के बाहर काम हो तो वहां लिंग-समानता के क्या कायदे-कानून हैं, इसकी जानकारी भी होनी चाहिए। मिसाल के तौर पर, अरब देशों में महिला कर्मचारी से किसी भी तरह का संपर्क करने पर मनाही है, जबकि फ्रांस में पुराने सहयोगियों के बीच 'एयर किस' को भी सही माना जाता है। दूसरे देश में जाने से पहले पूरी जानकारी जुटा लें।

यौन उत्पीड़न

यौन उत्पीड़न से जुड़े कई कानून तो हैं लेकिन आम जनता में इसके बारे में जानकारी अभी तक सीमित है। जैसे-जैसे सरकारी और गैर-सरकारी संस्थाएं महिला कर्मचारियों को इस बारे में जागरूक करा रही हैं, वैसे-वैसे अदालतों में यौन-उत्पीड़न संबंधी मुकदमों में भी बढ़ोतरी हो सकती है।

यौन उत्पीड़न क्या है? मोटे तौर पर समझें तो किसी की ज़रूरत से ज़्यादा तारीफ करना, जान-बूझ कर अभद्र भाषा का प्रयोग करना, घूरना, या फिर कोई भी ऐसी हरकत करना जिससे महिला कर्मचारी को परेशानी महसूस हो। अश्लील एसएमएस या ईमेल, हाथ मिलाने या कभी-कभार पीठ थपथपाने के अलावा हर प्रकार का शारीरिक संपर्क, डेट पर जाने के लिए बुलाना, अश्लील वॉयस मैसेज भेजना या फिर प्रोमोशन या ट्रांसफर के लिए किसी भी तरह का ब्लैकमेल, यौन उत्पीड़न की परिभाषा में शामिल है। हालांकि, हल्का-फुलका मज़ाक और काम की तारीफ करना इसमें शामिल नहीं है।

अगर आपको लगता है कि आप पीड़ित हैं, तो पहले 'गुनहगार' का सीधा सामना करने का प्रयास करें (हालांकि, यह आसान नहीं होता है)। अगर

चेतावनी के बाद भी कोई सुधार नहीं आता है तो अपने एचआर या फिर किसी करीबी को इस बारे में बताना बेहद ज़रूरी है। निडर रहें और शर्मिंदा हुए बगैर हर वारदात का पूरा ब्यौरा दें। हो सके तो इन घटनाओं को लिख कर रखें, इससे पूछताछ के दौरान आसानी होगी। जैसे-जैसे हमारे दफ्तरों में विविधता बढ़ रही है, पुरुष भी यौन उत्पीड़न का शिकार बन रहे हैं। इन मामलों को भी गंभीरता से लेने की ज़रूरत है। अगर आपकी कंपनी आपका साथ नहीं दे रही है, तो बेहतर है कि आप नई नौकरी तलाशें क्योंकि बगैर किसी मदद के कानूनी लड़ाई लड़ना आसान नहीं है।

सहकर्मी के साथ इश्क

जैसे-जैसे काम के घंटे बढ़ रहे हैं, वैसे-वैसे सहकर्मियों के बीच इश्क होने की संभावना भी बढ़ रही है। यह ध्यान रहे कि दफ्तर में लोगों के सामने आप अपना प्रोफेशनल व्यवहार बनाए रखें। अगर आप सिंगल हैं तो आपकी गतिविधियों से किसी को कोई दिक्कत नहीं होगी। लेकिन, अगर आप शादीशुदा हैं, तो यह आपके करियर पर बुरा असर डाल सकती है। इसलिए इससे दूर रहें। वैसे, सहकर्मी के साथ प्यार-मुहब्बत यौन उत्पीड़न नहीं माना जाता है।

अगर आपको अपने सहकर्मी के साथ प्यार हो गया है तो इस बारे में कंपनी की नीतियां पता करें। यह लिखित तो नहीं होते हैं और इन्हें समझने की ज़रूरत पड़ती है। बेहद दुर्लभ मामलों में कंपनी प्रेमी जोड़े से उनके निजी जीवन के बारे में पूरी जानकारी मांगती है या फिर उनका तबादला अलग-अलग विभागों में कर देती है। ऐसा इसलिए किया जाता है ताकि अगर दोनों के बीच बात बिगड़ जाए तो उसका असर कंपनी के कारोबार पर ना पड़े। अगर आप अपने सीनियर के साथ जुड़े हैं (सीनियर्स के मुकाबले जूनियर्स ज़्यादा आज़ाद होते हैं) तो अपने सहकर्मियों की बातें और टिप्पणियां सुनने के लिए मानसिक तौर पर तैयार रहें।

अगर आप अपने जूनियर के साथ जुड़े हैं जिसके अप्रैजल की जिम्मेदारी भी आप पर हैं, तो आप पर पक्षपात का आरोप लग सकता है। अगर क्लाइंट के साथ रिश्ते हैं आपके, तो सहकर्मी आपके हर फैसले पर शंका जताएंगे। हालांकि, अगर ब्रेक-अप हो जाता है तो आप बिज़नेस और अपने पार्टनर दोनों से हाथ धो बैठेंगे।

अपने प्रेमालाप के लिए ऑफ़िस के ईमेल का इस्तेमाल ना करें। आपकी आईटी टीमों के पास आपके ईमेल पढ़ने का अधिकार है और वो आपकी

गोपनीय बातों को पढ़ सकते हैं। फेसबुक या ट्विटर पर प्रेम भरे संदेश या पोस्ट ना लिखें। आगे चलकर आपकी प्रोफेशनल छवि पर इसका असर पड़ सकता है।

ऑफ़िस में मेहमाननवाजी

अगर आपको लोगों से आमने-सामने मिलने की ज़रूरत पड़ती है तो दफ्तर में आपको मेहमाननवाजी के लिए तैयार रहना चाहिए। ये मेहमान घरेलू या विदेशी क्लाइंट, अलग ब्रांच से आपके सहकर्मी, वेंडर, चैनल पार्टनर या फिर अंतर्राष्ट्रीय ज्वाइंट-वेंचर पार्टनर हो सकते हैं। आपके बिज़नेस रिलेशन इस पर निर्भर करते हैं कि आप अपने मेहमानों की कितनी अच्छी देखभाल करते हैं। हम यह तो कह सकते हैं कि भारतीय अपने घरों पर बेहतरीन मेहमाननवाजी करते हैं, लेकिन, ऑफ़िस के लिए यह बात सही नहीं है।

मीटिंग से पहले

इस चेक-लिस्ट की मदद से अपनी मीटिंग की तैयारी करें—

⇒ पहले से ही मीटिंग के मुख्य मुद्दों को जान लें और यह भी सुनिश्चित करें कि बाकी भागीदारों को भी इसकी जानकारी है।

⇒ पहले से मीटिंग रूम की बुकिंग कर लें। मैंने कई बार देखा है कि लोग मीटिंग रूम की तलाश में इधर-उधर भागते रहते हैं, जबकि मेहमान रिसेप्शन पर इंतज़ार करता रहता है।

⇒ आने वाले लोगों से पहले ही पूछ लें कि उन्हें किसी तरह ऑडियो-विजुअल मशीनों की दरकार है या नहीं। इससे मीटिंग के दौरान आप अपना कीमती वक्त बचा पाएंगे।

रिसेप्शन/रिसेप्शनिस्ट

यह वह जगह है जो बात बना सकती है या फिर हमेशा के लिए बिगाड़ सकती है। यह जानना मददगार है कि रिसेप्शन की सजावट और रिसेप्शनिस्ट का बर्ताव दोनों बेहद अहम हैं। क्योंकि रिसेप्शन ही वो पहली चीज़ है जहां पर आने वाले मेहमान की नज़र पड़ती है। अगर आप रिसेप्शन पर काम करते हैं, तो आपको हर काम को छोड़कर सबसे पहले आने वाले मेहमान का मुस्कुरा कर स्वागत करना चाहिए। जब आप उनके नाम-पता का ब्यौरा ले रहे हों, तो ध्यान रहे

कि आप विनम्रता के साथ उनसे पेश आएं। अगर आप उन्हें मीटिंग रूम तक ले जा रहे हों, तो 'मेरे पीछे-पीछे आइए' कहने की जगह विनम्रतापूर्वक बोलें, 'आइए मैं आपको मीटिंग रूम तक ले चलता/चलती हूं।'

रिसेप्शन पर मेहमान

चूंकि सुरक्षा नियम सख्त होते जा रहे हैं, आपसे मिलने के लिए आने वाले शख्स का पूरा ब्यौरा पहले से रिसेप्शनिस्ट या लॉबी के सुरक्षा कर्मचारियों को दे दें। इससे आपके मेहमान के अभिवादन और उन्हें बैठाने की प्रक्रिया आसान होगी और अच्छी छवि बनेगी। अगर मुमकिन हो तो सभी संबंधित लोगों को कॉन्फ्रेंस रूम की बुकिंग का वक्त और मेहमानों के नाम ईमेल कर दें।

⇒ **अगर आपको देरी हो रही है**—यह सुनिश्चित करने की कोशिश करें कि किसी भी मेहमान को रिसेप्शन पर चंद मिनटों से ज़्यादा इंतज़ार ना करना पड़े, भले ही आप कितने भी व्यस्त क्यों ना हो। अगर आप किसी चीज़ में उलझे हैं, तो आने वाले मेहमान तक चलकर जाएं और उनसे देरी के लिए माफी मांगे। किसी जूनियर को भेजने से यह संदेश जाता है कि आपका वक्त आने वाले मेहमान से ज़्यादा कीमती है और इससे बुरा प्रभाव पड़ता है। इंतज़ार करते हुए मेहमानों को अखबार या मैगज़ीन उपलब्ध कराएं और उनके लिए चाय-कॉफी की व्यवस्था करना ना भूलें। अगर आपको 20 मिनट से ज़्यादा का वक्त लगने वाला हो तो दोनों पक्षों की सहमति से मीटिंग को किसी और तारीख के लिए टालना बेहतर विकल्प है।

⇒ **ऑफ़िस में निजी मेहमानों से परहेज़ करें**—दोस्तों या नजदीकी लोगों के साथ बातचीत बेहद निजी होती है, इसलिए कोशिश करें कि ऑफ़िस में इनसे ना मिलें। सिर्फ बेहद ज़रूरी परिस्थितियों में ही अपने दोस्तों या घर वालों को ऑफ़िस बुलाएं।

मीटिंग के दौरान

जब आपके घर पर कोई मेहमान आता है, तो आप दरवाज़े पर जा कर उनका स्वागत करते हैं। ऑफ़िस के मेहमानों के लिए भी यही नियम लागू होता है। अगर आप ऐसा करने में असमर्थ हैं, तो यह सुनिश्चित करें कि आपकी सेक्रेटरी या फिर जूनियर, मेहमानों को मीटिंग रूम तक लेकर आएं। इन छोटी-छोटी बातों के ज़रिए आप अपने मेहमान को सहूलियत दे सकते हैं—

⇒ खड़े होकर, बड़ी सी मुस्कान दें और उनके पास जाकर पूरे उत्साह के साथ हाथ मिलाएं।

⇒ अपना और अपने सहयोगियों का परिचय दें। बिज़नेस कार्ड का लेन-देन करें और हल्की-फुल्की बातों में चंद मिनट बिताएं।

⇒ उन्हें चाय-कॉफी या पानी ऑफर करें। मेरे साथ ऐसा कई बार हुआ है कि किसी दफ्तर के बॉस ने मुझे शानदार कॉफी ऑफर की, लेकिन, कुछ देर में ही सेक्रेटरी ने निराशा जताते हुए बताया कि कॉफी मशीन खराब है। यह सुनिश्चित करें कि मेहमानों को ऑफर करने से पहले आप या फिर आपकी सेक्रेटरी इस बात से अवगत हो कि क्या उपलब्ध है और क्या नहीं।

⇒ असली मुद्दे पर बातचीत शुरू करें लेकिन वक्त और एजेंडा पर पूरा ध्यान रहना चाहिए।

मीटिंग का अंत

अपने मेहमान के साथ रिसेप्शन या फिर लिफ्ट तक जाएं। यह ना सिर्फ शालीनता का संकेत है, बल्कि इससे यह भी सुनिश्चित किया जा सकता है कि आपके मेहमान सीधे बाहर ही जाएं।

सार्वजनिक जगह

किसी भी भारतीय के लिए ऑफ़िस तक का सफर बेहद तनाव भरा होता है— खराब सड़कों पर ट्रैफिक से जूझकर या फिर ट्रेन या बस में लोगों के धक्के खाकर ही कोई ऑफ़िस पहुंचता है। पर जैसे ही आप दफ्तर में घुसते हैं, तो आप कर्मचारी में तब्दील हो जाते हैं। आपका व्यवहार दूसरे सहकर्मी, क्लाइंट, स्टाफ और आने-जाने वाले कारोबारी देख सकते हैं। सार्वजनिक जगहों पर आप कैसा बर्ताव करते हैं, इससे आपकी प्रोफेशनल छवि पर असर पड़ता है।

दरवाज़े

शालीनता के ये नियम याद रखिए—

⇒ **दरवाज़े खोलना**—कौन किसके लिए दरवाज़ा खोलता है? जो सबसे पहले दरवाज़े तक पहुंचता है, वो अगले व्यक्ति के लिए दरवाज़ा खोलता है चाहे वो पुरुष हो या औरत। मैं कई बार दुर्घटना से बची हूं क्योंकि सामने वाले व्यक्ति ने पीछे देखे बिना दरवाज़ा

बंद कर दिया।

⇒ **घूमने वाले दरवाज़े**—भरी हुई जगह में घुसने की कोशिश ना करें। यह भी ध्यान रहे कि आप धक्का देकर दरवाज़े के घूमने की रफ्तार को ना बढ़ाएं। इससे पीछे वाले को चोट पहुंचने का डर रहता है।

⇒ **केबिन/मीटिंग रूम**—हर बंद दरवाज़े में घुसने से पहले खटखटाना चाहिए, चाहे वो कांच का दरवाज़ा ही क्यों ना हो। जब कोई मीटिंग चल रही हो, तो दरवाज़े पर 'मीटिंग इन प्रोग्रेस' का बोर्ड लगाएं ताकि दूसरे लोग बार-बार खलल ना डालें। दरवाज़ों को धीमे से बंद करें क्योंकि शोर खुले दफ्तरों में एकाग्रता तोड़ने का सबसे बड़ा अपराधी है।

लिफ्ट

भारत के मेट्रो शहरों में ज़्यादातर दफ्तर ऊंची इमारतों में होते हैं। इसी वजह से लिफ्ट ऑफ़िस का अभिन्न हिस्सा बन गया है। लिफ्ट सार्वजनिक जगह है, और लिफ्ट में सफर करने के नियमों की जानकारी, दफ्तर में शालीन बनने का पहला कदम है। हालांकि, कोई भी लिफ्ट यात्रा 30 सेकंड से ज़्यादा की नहीं होती है, लेकिन फिर भी कई बड़ी गलतियां होती हैं।

⇒ **चारों कोनों का इस्तेमाल करें**—फोर कॉर्नर गेम की ही तर्ज पर उम्मीद यही रहती है कि आप लिफ्ट के कोने में खड़े रहेंगे। इससे सफर करने वालों में पर्याप्त दूरी बनी रहती है। अगर लिफ्ट में चार से ज़्यादा लोग हैं तो अपने हाथ, लैपटॉप और फाइल अपने सामने रखें ताकि आप कम से कम जगह लें। यात्रा के दौरान हिले-डुले नहीं और सुनिश्चित करें कि आप किसी को छू नहीं रहे हों।

⇒ **पर्सनल स्पेस का सम्मान करें**—लिफ्ट में जगह कम होती है, इसलिए, ज़्यादा हाथ-पैर ना हिलाएं। किसी से आंख ना मिलाएं और लिफ्ट के बटन या अपनी फाइल या फिर खाली हवा में देखने का अभ्यास करें। आपकी बदन की बदबू से भी दूसरों के पर्सनल स्पेस का उल्लंघन हो सकता है, क्योंकि लिफ्ट की 4X4 के बक्से में पसीने की बदबू या फिर परफ्यूम की खुशबू बहुत ज़्यादा महसूस होती है।

⇒ **अपनी बॉडी लैंग्वेज पर ध्यान दें**—जिन लिफ्ट में शीशा लगा रहता है, वे मीटिंग से पहले अपने आप को देखने के लिए बेहतरीन अवसर प्रदान करती हैं। लेकिन, ये ध्यान रहे कि वो आपका निजी सज्जाकक्ष

नहीं है और घंटों तक अपने बालों को ना संवारें। लिफ्ट में बाल झाड़ना, परफ्यूम लगाना, सिगरेट बुझाना या टाई पहनना बिलकुल गलत है। साथ ही, च्युइंगम चबाने, हेडफोन पहनकर गुनगुनाने या फिर घूरने को भी हर देश में अभद्र माना जाता है।

⇒ **चढ़ने-उतरने की जगह दें**—जब आपको भरी हुए लिफ्ट में चढ़ना हो तो उतरने वालों को पहले उतरने दें। हम भारतीयों को हमेशा 'लिफ्ट पकड़ने' की जल्दी होती है और हम अक्सर यह गलती करते हैं।

⇒ **शशश...**—लिफ्ट में ज़्यादा बातचीत ना करें क्योंकि दूसरों को आपकी बातों में दिलचस्पी नहीं होती है। अगर आप फोन पर बात कर रहें हो, तो लिफ्ट में चढ़ने से पहले फोन रख दें और यात्रा के दौरान कॉल ना करें। लिफ्ट में,'अरे नेटवर्क नहीं आ रहा है,' चीखते हुए लोग हर किसी के लिए परेशानी पैदा करते हैं। अगर आपकी बॉस से मुलाकात हो जाए तो मुस्कुरा कर हैलो कहना काफी है। लिफ्ट बॉस पर इंप्रेशन बनाने की जगह नहीं है।

⇒ **मदद करिए**—अगर आप किसी को आते हुए देखते हैं, तो उसके लिए लिफ्ट को रोककर रखें। अगर भरी हुए लिफ्ट में आप बटन पैनल के सबसे करीब हैं, तो अपने साथी सवारियों से पूछें, 'कौन सा फ्लोर?' और पैनल पर वो बटन दबा दें। अगर सबसे पीछे हैं तो विनम्रता पूर्वक कहें, 'कृपया 12वीं मंजिल का बटन दबा दीजिए' और फिर उनका शुक्रिया अदा करें। अगर आप बॉस हैं और फोन पर आप किसी से बात कर रहे हैं, तो अपने जूनियर या फिर सिक्योरिटी गार्ड से दरवाजा खुला रखने के लिए ना कहें। लिफ्ट में सफर करते वक्त कोई सीनियर या जूनियर नहीं होता है।

⇒ **आप ऊपर जा रहे हैं या नीचे?**—ऊपर जाने के लिए 'अप' और नीचे जाने के लिए 'डाउन' का बटन दबाएं। जो लोग गलत बटन दबाते हैं वो बिना मतलब लिफ्ट को रोकते हैं और दूसरों का वक्त बरबाद करते हैं। साथ ही, अगर आप बहुमंज़िली इमारत की दूसरी मंज़िल पर हैं और आपको कोई बीमारी नहीं है या आपके पास भारी सामान नहीं है तो लिफ्ट की जगह सीढ़ियों का इस्तेमाल करें।

लिफ्ट की अच्छी सवारी का मतलब है कि सवारियों के बीच कम से कम बातचीत या संपर्क। अगर कोई लिफ्ट ऑपरेटर है तो उससे विनम्रता पूर्वक बात करें और उसका धन्यवाद ज़रूर करें। अगर हर व्यक्ति लिफ्ट में आने-जाने के नियमों का पालन करने लगे तो यह सफर बेहद सुहाना बन सकता है।

एस्केलेटर (स्वचालित सीढ़ी)

एक तरफ खड़े रहें और जिनको जल्दी है उन्हें जाने का मौका दें। अगर आप जल्दी में हैं तो 'एक्सक्यूज मी' कहकर ही आगे बढ़ें।

वॉशरूम टॉयलेट

यह भले ही संवेदनशील विषय हो, इस बारे में बात करना ज़रूरी है क्योंकि इसका इस्तेमाल दफ्तर के अलग-अलग लोग और आने वाले मेहमान भी करते हैं। साफ-सफाई पर दफ्तरों में अक्सर विवाद होता है। 'छोटी' चीज़ों का ध्यान रखने से दूसरों को 'बड़ी' सहूलियत होती है। तो इन बातों का ध्यान रखें—

करें :

⇒ याद रखिए कि वॉशरूम चर्चा की जगह नहीं है क्योंकि हर किसी को वॉशरूम इस्तेमाल करने की जल्दी होती है। इसलिए यहां लंबी चर्चा ना करें। वॉश बेसिन या फिर हैंड-ड्रायर पर दुआ-सलाम तक ही अपनी बातों को सीमित रखें।

⇒ अगर दरवाज़ा हल्का सा खुला है, तो बगैर खटखटाए अंदर ना घुसें।

⇒ एग्जॉस्ट फैन का इस्तेमाल करें ताकि बदबू बाहर चली जाए और पंखे के शोर में अन्य आवाजें छिप जाएं। अगर पंखा नहीं है तो एक-दो बार फ्लश करें (अगर पानी का अभाव नहीं है) या फिर नल को थोड़ी देर के लिए खुला रखें ताकि बदबू कम हो जाए।

⇒ टॉयलेट से बाहर निकलने से पहले उसे उसी अवस्था में छोड़े जिसमें आप उसका इस्तेमाल करना चाहेंगे। फ्लश करने के बाद जांच लें कि ठीक तरीके से फ्लश हुआ है या नहीं। फर्श को साफ़ और सूखा रखें।

⇒ अगर टॉयलेट पेपर खत्म हो गया है तो निकलने से पहले नया रोल लगा दें।

⇒ साबुन से हाथ धोना ना भूलें।

ना करें :

⇒ अगर वॉशरूम के लिए कतार लगी है, तो उसे ना तोड़ें, भले ही आप बॉस क्यों ना हो। इस जगह पर कोई बड़ा या छोटा नहीं होता है।

⇒ क्यूबिकल में बैठे लोगों से यह ना पूछे कि 'हुआ'। साथ ही, उनका काम खत्म होने का इंतज़ार ना करें क्योंकि दरवाज़े के बाहर आपको देखकर वो शर्मसार महसूस करेंगे। दूसरी मंज़िल पर किसी अलग वॉशरूम का इस्तेमाल करें और अगर वो विकल्प मौजूद नहीं हैं तो वापस लौट जाएं और थोड़ी देर बाद फिर से आएं।

⇒ टॉयलेट में गप ना लड़ाएं। आप यह नहीं जानते कि अंदर क्यूबिकल में कौन बैठा है। दीवारों के भी कान होते हैं! फोन पर बातें ना करें क्योंकि दूसरे आपकी बातों को सुन सकते हैं।

⇒ ज़्यादा परफ्यूम का इस्तेमाल ना करें क्योंकि कई लोगों को तेज खुशबू से एलर्जी होती है।

लॉबी/कैंटीन

जब आप सार्वजनिक जगहों में हो तो शांत रहें और आपकी बॉडी लैंग्वेज से आत्मविश्वास झलकना चाहिए। सर्विस स्टाफ का अभिनंदन करना ना भूलें, तब भी जब आप सीनियर्स के साथ हों, और स्टाफ से बात करते वक्त उनकी तरफ देखकर बातें करें। सिक्योरिटी गार्ड, लिफ्टमैन, ऑफ़िस ब्वॉय, पैंट्री ब्वॉय, क्लीनर, डिलीवरी ब्वॉय जैसे स्टाफ मेंबर्स को लोग अक्सर अनदेखा कर देते हैं। अगर आप 'कृपया'और 'शुक्रिया' कहते हैं तो वे हमेशा याद रखेंगे और आप इनके काम को सम्मान और गरिमा दे रहे होंगे।

धूम्रपान करने वालों के लिए खास नोट

भारत में दफ्तरों में और सार्वजनिक जगहों पर धूम्रपान करने की मनाही है। इसलिए, धूम्रपान करने के लिए लोग बालकनी या फिर फुटपाथ जैसी जगहों पर जाते हैं। यह ध्यान रखिए कि आप ज़्यादा देर तक या कई बार धूम्रपान करने के लिए ना जाएं। इससे आपकी छवि पर बुरा असर पड़ता है। आपके बॉस को लगता है कि बगैर सिगरेट के आप काम के दबाव को नहीं संभाल सकते और बाहर वालों को यह लगता है कि आपके ऑफ़िस में कोई काम नहीं होता क्योंकि आप आधा दिन तो धूम्रपान करते हुए ही निकाल देते हैं!

⇒ लोग अक्सर समूह बनाकर धूम्रपान करने के लिए जाते हैं। इस समूह में ऑफ़िस या बाहर के लोग भी शामिल होते हैं। हालांकि, इस समूह के जरिए आप अपने नेटवर्क को बढ़ा सकते हैं, लेकिन काम से जुड़ी बातों को गोपनीय रखें। सिगरेट पीने के बाद उसे कूड़ेदान में फेंके, ना कि सड़क पर जहां पहले से ही काफी गंदगी होती है।

⇒ अगर आप धूम्रपान नहीं करते हैं तो यह ध्यान रखिए कि सिगरेट पीने वाले अगर नियमों का पालन कर रहे हैं (जैसे कि खुले में धूम्रपान करना या फिर स्मोकिंग ज़ोन में सिगरेट पीना) तो आपको उन्हें टोकना नहीं चाहिए। अगर आपको धुंए से परेशानी है तो टिप्पणी करने की बजाय दूर रहें। नहीं तो लोग आपको 'खूंसट' या फिर 'नुक्ता-चीनी करने वाला' कहेंगे।

पर्सनल स्पेस और प्राइवेसी

ऑफ़िस के बाहर की दुनिया आपका निजी जीवन है और आपको पूरा हक है इसे अपने हिसाब से जीने का। पूरे जी-जान से इस दुनिया की रक्षा करें और अपने जीवन के बारे में बातें करने से डरे नहीं। धार्मिक मान्यताएं, पारिवारिक जीवन और लैंगिक-रुझान आपकी निजी दुनिया है और इसे ऑफ़िस से ना जोड़ें।

आपकी निजता

अपने अनुभव में मैंने पाया है कि भारतीय बिना हिचकिचाहट लोगों से निजी सवाल करते हैं। अक्सर अनजान लोग ये पूछते हैं, 'क्या आप शादीशुदा हैं?' या 'आपके कितने बच्चे हैं?'। अगर आप इन सवालों का जवाब 'ना' में देते हैं, तो लोग हैरतअंगेज होकर पूछते हैं, 'क्यों?'।

परिवार

भारतीय अपने परिवारों से बहुत करीबी तौर पर जुड़े होते हैं। लोग त्योहार और जन्मदिन जैसे अवसर अपने घरवालों के साथ अपने 'गांव' में मनाते हैं। हमारी संस्कृति में चचेरे भाई-बहन और वे लोग जो हमारे करीबी हैं उन्हें भी परिवार का हिस्सा माना जाता है। हालांकि, घर-परिवार की दिक्कतों की चर्चा ऑफ़िस में ना करें। अपनी बीमार चाची, या चचेरे भाई की कामयाबी, या चाचा की चौंका देने वाली हरकतों का जिक्र दफ्तर में नहीं करना चाहिए। अगर आप रईस या पहुंचे हुए खानदान से हैं, तो अपनी 'पहुंच' के बारे में बात ना करें।

शादी और निजी जीवन

अगर आपके जीवन में लोग आते-जाते रहते हैं, तो अपने सहकर्मियों से इसके बारे में विस्तार से बात करने की कोई ज़रूरत नहीं है। जितना छिपा कर रख सकते हैं रखें। अपने सहकर्मियों को 'सलाहकार' के तौर पर इस्तेमाल ना करें। अपने निजी जीवन के बारे में ज़्यादा विस्तारित बातें यौन उत्पीड़न भी मानी जा सकती हैं।

यही नियम आपकी बीवी और बच्चों की बातों पर भी लागू होता है। शादीशुदा ज़िंदगी की दिक्कतें या फिर बच्चों की शिकायत करने से आपके बॉस को लग सकता है कि आप ज़्यादा जिम्मेदारी लेने के लिए सक्षम नहीं है। जब तक मामला बेहद गंभीर ना हो, अपने निजी जीवन की बातें दफ्तर में ना करें।

तलाक अब ज़िंदगी की सच्चाई बन गई है। अगर आप इस दौर से गुजर रहे हैं तो अपने बॉस को उन चीज़ों के बारे में बताएं जिनसे आपके काम पर या छुट्टी लेने पर असर पड़ सकता है। लेकिन मुकदमे की छोटी-छोटी बातें साझा नहीं करें क्योंकि आपको संभालने की जिम्मेदारी आपके ऑफ़िस की नहीं है।

लैंगिक रुझान

धारा 377 को हटाकर हमारे देश ने विविधता को अपनाने की ओर बड़ा कदम लिया है। भले ही कोर्ट-कचहरी में इसके बारे में अभी भी विवाद चल रहा हो, कई सेक्टर जैसे कि मीडिया, पत्रकारिता, एंटरटेनमेंट, फैशन और मीडिया में समलैंगिक लोगों को स्वीकृति मिल गई है। आज कई ऐसी कंपनियां हैं जो लैंगिक रुझान को काम से जोड़कर नहीं देखती हैं और इस सूची में रोज़ नए नाम जुड़ रहे हैं।

पर्सनल स्पेस (प्रॉक्सेमिक्स)

यह एक किस्म का गैर-मौखिक संवाद है जिसका संबंध हर व्यक्ति के आस-पास की जगह से है। 'प्रॉक्सेमिक्स' शब्द मानव विज्ञानी एडवर्ड टी हॉल ने 1966 में गढ़ा था। इसका मकसद था बातचीत करते वक्त दो व्यक्तियों के बीच की दूरी को मापना और इस जगह को समझने के लिए सांस्कृतिक ढांचे को परिभाषित करना। शायद यही वजह है कि हम में से कई लोग किसी नए कर्मचारी को अपने मेज़ पर बैठा हुआ देखकर डर जाते हैं, या फिर, बिना इजाज़त के जब कोई क्यूबिकल में चला आता है तो चौंक जाते हैं। हम सब

को दफ्तर में अपनी जगह पर हक जमाना पसंद है क्योंकि इससे हमें सुरक्षा का अहसास होता है।

'स्पेस' की परिभाषा

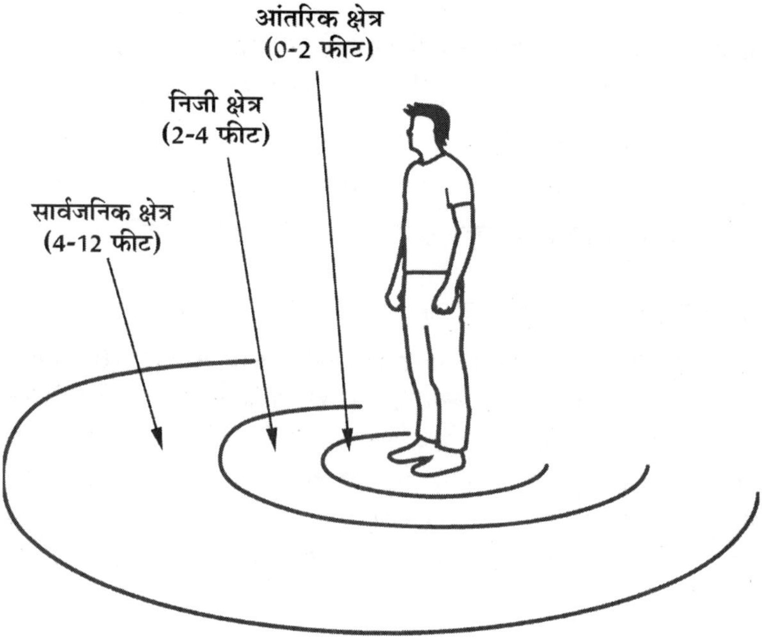

निजी क्षेत्र

मोटे तौर पर देखें तो इनमें तीन श्रेणियां होती हैं—

1. आंतरिक क्षेत्र (0-2 फीट)—यह परिवारजन और करीबी लोगों के लिए आरक्षित रहता है
2. निजी क्षेत्र (2-4 फीट)—सभी सहकर्मियों या कारोबार से संबंधित लोगों के लिए
3. सार्वजनिक क्षेत्र (4-12 फीट)—वक्ता के तौर पर, या फिर प्रेज़ेंटेशन देते हुए, यहां तक कि अनजान व्यक्तियों से बातचीत करते हुए।

जब अनजान लोग गलत क्षेत्र में घुस जाते हैं, तब हमें परेशानी होती है और हम या तो पीछे हो जाते हैं या फिर घुसपैठियों को बाहर भेजना चाहते हैं। इससे निपटने के लिए हम आंखों के संपर्क को तोड़ देते हैं और अपने—आप को व्यस्त दिखाने की कोशिश करते हैं ताकि घुसपैठिया जल्दी से जल्दी बाहर चला जाए।

पर्सनल स्पेस के उल्लंघन को दिखाने के संकेत

⇒ **बॉडी लैंग्वेज**—बाजुएं मोड़ना या मूर्ति की तरह सीधे बैठ जाना

⇒ **आंखें**—घूरना

⇒ **शरीर की हरकत**—एक कदम पीछे जाना या मुंह मोड़ लेना

⇒ **चेहरे के हाव-भाव**—होंठ सिकोड़ना, भावहीन होना

पर्सनल स्पेस और गंध/आवाज़

कभी-कभी हमें ऐसा लगता है कि हमारे पर्सनल स्पेस में कोई घुस आया है भले ही दूसरा व्यक्ति बहुत दूर क्यों ना खड़ा हो। मोबाइल पर ज़ोर-ज़ोर से बातें करने वाला हमारे निजी क्षेत्र में घुस जाता है भले ही शारीरिक तौर पर दूर क्यों ना हो। दिलचस्प यह है कि भारत में कोई लाउडस्पीकर के बारे में शिकायत नहीं करता क्योंकि किसी और की खुशी में खलल डालने को सही नहीं माना जाता है। बदन की बदबू भी पर्सनल स्पेस की सीमाओं को तोड़ सकती है क्योंकि व्यक्ति के चले जाने के बाद भी वहां की हवा में बदबू कायम रहती है।

व्यापारिक संबंधों में पर्सनल स्पेस

आमतौर पर कारोबारी रिश्तों की शुरुआत सार्वजनिक क्षेत्र में होती है और जैसे-जैसे घनिष्ठता बढ़ती है वो निजी क्षेत्र में आ जाती है।

भारत में पर्सनल स्पेस की परिभाषा को हम इसलिए ठीक से नहीं समझ पाते हैं क्योंकि ट्रेन, बस, एयरपोर्ट लाउंज, मॉल, क्लीनिक इत्यादि जगहों पर हमें भीड़ ही भीड़ मिलती है। अगर कोई अनजान व्यक्ति हमारे बच्चों को गोदी में लेता है या फिर उन्हें 'प्यारा' कहता हैं तब भी हमें बुरा नहीं लगता। पर यही अगर कोई जर्मनी में करे तो बड़ा कांड हो जाएगा। पश्चिमी देशों में 'मेरा या मेरी' की अवधारणा बहुत विकसित है। जब भारतीय जर्मनी जाते हैं तो उन्हें वहां के लोग 'ठंडे' प्रतीत होते हैं जबकि अर्जेंटीना में उन्हें यह शिकायत नहीं होती है, क्योंकि वहां के निवासियों के बीच पर्सनल स्पेस कम होता है। दिलचस्प

है कि भारत में किसी को हाथ से छूना ठीक है लेकिन अगर गलती से पैर छू जाए तो तुरंत माफी मांगी जाती है।

⇒ **अलग-अलग सेक्टर्स में**—बैंकिग या कंसल्टिंग जैसे क्षेत्रों में सहकर्मी और क्लाइंट्स के बीच ज़्यादा जगह होती है। पर क्रिएटिव इंडस्ट्री जैसे कि फैशन, एडवर्टाइज़िंग, एंटरटेनमेंट में बैंकिंग की तुलना में कम पर्सनल स्पेस दिया जाता है।

⇒ **पुरुष और महिलाओं में**—आमतौर पर, सहकर्मियों से बात करते हुए महिलाओं की तुलना में पुरुष कम जगह देते हैं। भारत में पुरुष और महिलाओं के बीच तो जगह होती है, लेकिन, समान लिंग के बीच यह जगह बेहद कम होती है। अरब देशों में पुरुष और महिलाओं के बीच किसी तरह का शारीरिक संपर्क वर्जित है, लेकिन, पुरुषों का कोई पर्सनल स्पेस नहीं होता है।

⇒ **संपन्नता पर आधारित**—समृद्ध लोग ज़्यादा पर्सनल स्पेस की मांग करते हैं और कम संपन्न लोगों के मुकाबले उन्हें ज़्यादा जगह मिलती भी है। साथ ही, घनी आबादी या फिर गरीब देशों के निवासियों को कम जगह की ज़रूरत होती है। मिसाल के तौर पर एक भारतीय को इतनी जगह की ज़रूरत नहीं पड़ती है जितना स्कैंडिनेविया के निवासियों को, क्योंकि उनका पड़ोसी शायद तीन किलोमीटर दूर रहता है!

⇒ **बिज़नेस में बैठने का तरीका**—पर्सनल स्पेस के किरदार को देखना बड़ा दिलचस्प होता है जब लोग मीटिंग में बैठते हैं, चाहे वो अकेले काम कर रहे हो या फिर बड़े समूह में।

1. जब मोल-भाव किया जाता है तब दोनों पक्ष मेज़ के दोनों तरफ बैठते हैं, जैसे कि वो शतरंज खेलने जा रहे हो। वो एक दूसरे की बातों को ही नहीं बल्कि गैर-मौखिक संकेतों पर भी पूरा ध्यान रखते हैं।

2. जब अकेले काम कर रहे हों तो लोग आड़ा बैठना पसंद करते हैं क्योंकि इसी मुद्रा में उन्हें सबसे ज़्यादा गोपनीयता मिलती है। इसी अवधारणा पर प्लेन के फर्स्ट क्लास में सीट लगाई जाती हैं। यह माना जाता है कि हर किसी को अपना पर्सनल स्पेस चाहिए और वो अपने सहयात्रियों से ज़्यादा बातचीत करने में दिलचस्पी नहीं लेंगे।

3. जब कोई ग्रुप मिल रहा हो, तो लीडर हमेशा मेज़ की पहली कुर्सी पर बैठता है क्योंकि यह कुर्सी सत्ता का प्रतीक है। चीन और जापान में इस नियम को सख्ती से माना जाता है—ऑफ़िस में और सामाजिक जगहों में भी। भारत में यह चलन केवल पारिवारिक व्यवसायों में ही नज़र आता है।

लोगों को अपना पर्सनल स्पेस बहुत प्यारा होता है और बिज़नेस लीडर गैर-मौखिक संकेतों को पढ़ने में माहिर होते हैं। यह गांठ बांध लें कि अगर आप किसी से बात कर रहे हों, और वो एक इंच भी पीछे हटे तो समझ जाइए कि आप उसके पर्सनल स्पेस में घुस रहे हैं। समझदारी इसी में है कि आप लोगों के पर्सनल स्पेस का सम्मान करें ताकि आप मज़बूत कारोबारी रिश्ते बना पाएं और अपने करियर में कामयाबी हासिल करें।

अक्सर पूछे जाने वाले सवाल

प्र. मेरा सहकर्मी अक्सर मेरे क्यूबिकल में गप्पे लड़ाने के लिए आ जाता है। इससे मुझे बहुत परेशानी होती है। मैं कैसे उसे ये बात बताऊं?

उ. पहले हल्के-फुल्के संकेत दें जैसे कि खड़े होकर बात करना, सिर्फ हां या ना में जवाब देना, कम से कम आंखों का संपर्क बनाना और व्यस्त नज़र आना। ज़्यादातर लोग समझ जाएंगे और दूर हो जाएंगे। लेकिन, अगर इससे बात नहीं बनती है, तो बेझिझक उनसे कहें कि आप व्यस्त हैं और काम खत्म होने के बाद बातचीत करेंगे।

प्र. मेरे सहयोगी की मां का देहांत हो गया है। क्या मुझे ईमेल के जरिए अपना शोक संदेश देना चाहिए?

उ. अगर आपका सहकर्मी हमेशा ईमेल के ज़रिए ही बातचीत करता है, तो यह सही है। लेकिन, ईमेल के बाद खुद जाकर मिलें या फिर फोन पर ज़रूर जुड़ें। सिर्फ एक ईमेल बहुत औपचारिक दिखाई देता है।

प्र. बिज़नेस से जुड़े मेहमानों से कैसे कहा जाए कि वे ज़रूरत से ज़्यादा रुक गए हैं?

उ. तय वक्त से ज़्यादा चलने वाली मीटिंग को खत्म करने से हिचकिचाएं मत। शुरुआत हल्की करें लेकिन फिर वक्त पर ज़ोर दें। सबसे पहले गैर-मौखिक संकेतों के साथ शुरुआत करें जैसे कि घड़ी देखना, आंखों के संपर्क को तोड़ना या फिर यह दिखाना कि आपका ध्यान भटक गया है। इसके बाद हल्के इशारे दीजिए जैसे 'चार बज गए! हमने अपनी चर्चा में एक घंटा बिता दिया' या फिर विनम्रतापूर्वक कहें, 'आने के लिए बहुत-बहुत शुक्रिया। आप से मिलकर बहुत अच्छा लगा' या फिर सीधे ही कह दें, 'मुझे एक और मीटिंग में जाना है।' इसके बाद मुस्कुराते हुए कुर्सी से उठें, सबसे हाथ मिलाए और धीमे-धीमे दरवाज़े की ओर बढ़ जाएं।

प्र. मैं शादीशुदा नहीं हूं। क्या मैं अपने प्रेमी/अपनी प्रेमिका को ऑफ़िस की पार्टी में लेकर जा सकता/सकती हूं?

उ. नहीं, भारत में सिर्फ बीवी/पति या फिर मंगेतर को लेकर ही ऑफ़िस की पार्टी में जाना चाहिए। अन्यथा आपका निजी जीवन ऑफ़िस में गॉसिप का मुद्दा बन जाएगा।

प्र. मीटिंग में औरतों के समूह को किस तरह संबोधित करना चाहिए?

उ. कभी किसी को 'फीमेल' कहकर ना पुकारें। यह बहुत खराब सुनाई

देता है। आजकल 'विमेन' कहने का चलन है। सामाजिक अवसर पर 'लेडीज' का प्रयोग सही रहेगा।

प्र. बिज़नेस वूमन को संबोधित करने का सबसे सही तरीका क्या है?

उ. जब कोई महिला अपने करियर की शुरुआत करती हैं, तो आमतौर पर वो कुंवारी होती है। इसलिए उन्हें 'मिस' कहकर पुकारें। करियर के दौरान उनकी शादी हो सकती है। वो चाहें तो अपना नाम बदल सकती हैं या फिर दोनों कुलनामों को अपना सकती हैं। जब उन्हें संबोधित करना हो (लिखित या मौखिक संवाद में) तब 'मिस' (एमएस) के साथ उनके पारिवारिक नाम/कुल नाम को जोड़ दें। मिसाल के तौर पर आप मुझे मिस मेहरा कह सकते हैं पर मिस शीतल नहीं।

प्र. मैं एक महिला हूं और बड़ी टेक्नोलॉजी कंपनी में एक बड़े विभाग की मैनेजर हूं। अक्सर काम के सिलसिले में, मुझे क्लाइंट्स को लंच या डिनर के लिए रेस्त्रां लेकर जाना पड़ता है। क्या बिल मुझे भरना चाहिए या फिर पुरुष क्लाइंट को?

उ. बिज़नेस में लिंग-भेद नहीं है, इसलिए कारोबार से जुड़ी सभी सामाजिक गतिविधियों में भी पुरुष और महिला के बीच कोई फर्क नहीं होता है। इसलिए बिल वही कंपनी भरेगी जिसने निमंत्रण दिया था।

प्र. क्या मैं अपनी मेज़ पर या फिर डाइनिंग टेबल पर अपने मेकअप को ठीक कर सकती हूं?

उ. बिलकुल नहीं! मेकअप ठीक करना या फिर बाल संवारना बिलकुल मान्य नहीं है, खास तौर पर तब, जब आप खुद को प्रोफेशनल के तौर पर पेश करना चाहती हों। किसी रेस्त्रां में अगर आप शीशे के करीब बैठी हैं, तो बार-बार उसकी ओर देखने और खुद को संवारने की इच्छा से परहेज़ करें।

4

बिज़नेस नेटवर्किंग

बिज़नेस में आगे बढ़ने और आगे रहने के तरीके

ज़्यादातर लोगों को ये नहीं मालूम होता है कि उनका नेटवर्क वाकई बहुत बड़ा है। आपको बहुत सहूलियत होगी अगर आप वक्त-वक्त पर अपने कॉन्टैक्ट्स बुक को अपडेट करते रहें। आपके नेटवर्क में वे सारे लोग शामिल हैं जिनसे आप अपनी ज़िंदगी में मिले हैं—स्कूल या कॉलेज के साथी, पुराने प्रोफेसर और टीचर, वेंडर, ग्राहक, कॉर्पोरेट इवेंट या बिज़नेस मीटिंग में जिन लोगों से मुलाकात हुई हो, वे लोग भी इसमें शामिल है। यह सचमुच बहुत बड़ी सूची है। आप भले ही हर किसी से संपर्क बनाकर रखने में सक्षम ना हो, कई ऐसे लोग हैं जो आपके करियर के लिए मददगार साबित हो सकते हैं और इनसे आपको संपर्क बनाए रखना चाहिए।

नेटवर्किंग की क्या ज़रूरत है? क्योंकि बिज़नेस कॉन्टैक्ट्स बढ़ाने का इससे बेहतर तरीका नहीं है। सबसे अच्छे बिज़नेस नेटवर्किंग ग्रुप वे वाले होते हैं जहां लोग जानकारी और आइडिया शेयर करते हैं और एक दूसरे की मदद करते हैं। यह कॉन्टैक्ट किसी एक कंपनी या सेक्टर के बारे में आपके लिए जानकारी के माध्यम का काम करते हैं और इनकी मदद से आप ना केवल अपनी मौजूदा नौकरी में बेहतर कर सकते हैं, आपको अपनी मनपसंद नौकरी भी मिल सकती है। सिर्फ यही नहीं, ऑफ़िस के बाहर भी आप इनसे मदद ले सकते हैं जैसे कि बच्चों के लिए नए स्कूल, या डॉक्टर या फिर नए घर की तलाश में ये लोग मददगार साबित होते हैं। यानी इसके फायदे ही फायदे हैं।

मैं खेती से नेटवर्किंग की तुलना करना चाहती हूं: खेती की ही तर्ज पर नेटवर्किंग में वक्त और मेहनत दोनों लगते हैं और फल मिलने के लिए इंतज़ार करना पड़ता है। नेटवर्क की कोई एक्सापायरी डेट नहीं होती लेकिन पौधों की तरह इनका ध्यान रखना पड़ता है। अपने नेटवर्क का सही तरीके से इस्तेमाल करने के लिए मज़बूत रिश्ते बनाने पर ध्यान दें, खासतौर पर भारतीय संदर्भ में। भारत में लोग उन्हीं के साथ कारोबार करना चाहते हैं जिन्हें वो जानते, पहचानते और पसंद करते हैं।

जैसै-जैसे आप नेटवर्किंग के इस रास्ते पर आगे बढ़ेंगे, आप देखेंगे कि हर व्यक्ति तुरंत आपकी प्रोफेशनल ज़िंदगी के लिए उपयोगी नहीं है। साथ ही, नेटवर्किंग में एक हाथ दे—एक हाथ ले नहीं चलता है। लेकिन नेटवर्किंग लंबी दौड़ है और इसलिए हर किस्म के लोगों से जुड़ने में परहेज़ ना करें। सोशल मीडिया और डिजिटल दौर में नेटवर्किंग बेहद मनोरंजक और ज्ञानवर्धक भी हो सकता है।

नेटवर्किंग के अवसर

भले ही मशीनों ने इंसानों से कई काम छीन लिए हों, लेकिन, मशीनें कभी भी इंसानों की जगह नहीं ले सकती हैं। क्यों? क्योंकि लोग उन्हीं के साथ कारोबार करते हैं जिन्हें वो जानते और पहचानते हैं। अपने कॉन्टैक्ट्स को अलग-अलग श्रेणियों में बांटें—रुझान, नौकरी, संबंध, कारोबार और संप्रदाय के मुताबिक। इससे आपको अपने कॉन्टैक्ट्स को व्यवस्थित करने में मदद मिलेगी और ढूंढ़ने में भी आसानी होगी।

कौन हैं आपके नेटवर्क में

आपके नेटवर्क के लोग इन तीन श्रेणियों में से एक में होंगे—

⇒ **दोस्त**—ये वो लोग हैं जिन्हें आप बहुत अच्छे से जानते हैं। हो सकता है कि आपके दोस्त का भाई किसी बड़ी कंपनी में सीईओ हो और वो आपकी या फिर आपके कारोबार की मदद कर सकता है।

⇒ **परिवार**—ये वो लोग हैं जिनसे आप अक्सर मिलते हैं या फिर कभी-कभार। लेकिन, हो सकता है कि आपकी साली के ससुराल में ऐसा कोई हो जो रिक्रूटमेंट कंपनी में काम करता हो और उसकी मदद से आपको अपनी मनचाही नौकरी मिल जाए।

⇒ **क्लासमेट**—स्कूल या कॉलेज में आपके क्लासमेट या सहपाठी इंडस्ट्री का सक्रिय हिस्सा हैं। स्कूल या कॉलेज के एलुमनाई एसोसिएशन से जुड़ें और उनके द्वारा आयोजित हर समारोह में भाग लें क्योंकि यह बेहतरीन मौका होता है पुराने जानकारों से नए संबंध बनाने का।

⇒ **टीचर/प्रोफेसर**—ये लोग बुद्धिजीवी हैं और अपने चुने हुए विषय के जाने-माने एक्सपर्ट हैं। इन्होंने आपको बहुत कम उम्र से देखा है और ये आपकी पढ़ाई या रिसर्च में मदद कर सकते हैं।

⇒ **बिज़नेस एसोसिएट**—ये वो क्लाइंट, वेंडर या सहकर्मी हैं जिनके साथ आप मिलते और काम करते हैं और नौकरी के साथ ये भी बदलते रहते हैं।

बिज़नेस नेटवर्किंग इवेंट

नेटवर्किंग के लिए सबसे लोकप्रिय मंच है बिज़नेस इवेंट। यह औपचारिक या फिर अनौपचारिक भी होते हैं। भारत में इस तरह के बिज़नेस इवेंट आम है—

कॉकटेल पार्टी

कॉर्पोरेट जगह में आपको अक्सर कॉकटेल पार्टी का निमंत्रण आएगा। लोग अक्सर मुझसे पूछते हैं कि 'क्या यह औपचारिक आयोजन है या फिर अनौपचारिक?', 'मुझे किस तरह के कपड़े पहनने चाहिएं?', 'इन आयोजनों में जाने का सही "वक्त" क्या होता है?' या 'निमंत्रण पत्र में "कॉकटेल" लिखा हुआ है, जबकि आखिर में "कॉकटेल बुफे"—फर्क क्या होता है?' कॉकटेल पार्टी के प्रति लोगों में काफी उत्साह तो होता है लेकिन बेचैनी भी होती है। किसी भी कॉकटेल पार्टी में आपका लक्ष्य होना चाहिए अच्छा वक्त बिताना, साथ ही नए लोगों के साथ मिलना और उनके साथ अच्छी बातचीत करना। कोई भी चतुर कारोबारी जानता है कि नेटवर्क ही व्यवसाय की कुंजी है और कॉकटेल पार्टी अपने नेटवर्क को फैलाने का बेहतरीन ज़रिया है।

प्रदर्शनी/ट्रेड फेयर/ट्रेड शो

बड़ी कंपनियां अक्सर अंतर्राष्ट्रीय व्यापार मेले के ज़रिए अपने नए प्रोडक्ट दुनिया भर के बाज़ारों में उतारती है। आजकल कई भारतीय कंपनियां अंतर्राष्ट्रीय स्तर पर कारोबार करती हैं इसलिए अब भारतीय एक्ज़ीक्यूटिव भी इन व्यापार

मेलों में हिस्सा लेते हैं। आप भले ही सामान, बैनर, पोस्टर, कंपिटीटर और भावी ग्राहकों से घिरे रहें, पर ध्यान रखें कि लोग आपके और आपकी कंपनी के बारे में अपनी धारणा बना रहे हैं। इसलिए याद रखिए कि :

⇒ पहले प्रभाव का बहुत ज़्यादा महत्व होता है। अगर आप अपना सर्वश्रेष्ठ सूट पहनते हैं तो अनजान लोग भी आपको सम्मान देंगे। अपने स्टॉल को साफ-सुथरा रखें और पेन, कागज़, विज़िटिंग कार्ड और कंपनी ब्रोशर जैसी चीजों का अभाव नहीं होना चाहिए। सभी डेमोन्स्ट्रेशन यूनिट्स की पहले से जांच कर लें और उनका विकल्प भी तैयार रखें।

⇒ बात करते हुए या फिर अपना प्रोडक्ट ग्राहकों को पेश करते वक्त खड़े हो जाएं।

⇒ हाथ मिलाएं, आंखों से संपर्क बनाएं और अपने ग्राहक पर पूरा ध्यान दें।

⇒ अपने ग्राहक को बातें करने और सवाल पूछने का वक्त दें।

⇒ अगर आपके स्टॉल में कई ग्राहक एक साथ आ जाएं, तो एक ग्राहक को ही संभालें पर बाकियों को विनम्रता से अपने सहयोगियों की तरफ भेज दें। अगर सहयोगियों की कमी है, तो इंतज़ार करते हुए ग्राहकों को पढ़ने के लिए कंपनी ब्रोशर या फिर बिज़नेस कार्ड दें, और अपने मौजूदा ग्राहक की ज़रूरतों को जल्द से जल्द पूरा करें।

⇒ अपनी चीज़ों को बेचने के लिए ज़रूरत से ज़्यादा ज़ोर ना लगाएं—अगर कोई दुकानदार अपने सामान को बेचने के लिए बहुत ज़्यादा कोशिश करता है तो लोगों को शक होने लगता है। इसकी बजाय ग्राहकों को अपने सामान की पूरी जानकारी दें और उन्हें प्रोडक्ट के साथ वक्त बिताने का मौका दें।

⇒ अपने प्रतिद्वंद्वियों की बुराई ना करें, इससे आपकी छवि पर बुरा असर पड़ता है।

⇒ प्रदर्शनी हॉल के नक्शे से खुद को अच्छी तरह वाकिफ कर लें। अगर कोई व्यक्ति आपसे रास्ता पूछता है तो विनम्रतापूर्वक उसकी मदद करें।

⇒ अगर मुमकिन हो तो अपने स्टॉल पर आने वाले हर शख्स का ईमेल के ज़रिए शुक्रिया अदा करें। मिसाल के तौर पर, 'हैनोवर जर्मनी में इंटरनेशनल ट्रेड फेयर फॉर प्रोसेस ऑटोमेशन में हमारे स्टॉल नं.

9 पर आने के लिए शुक्रिया। हम आपसे दोबारा मिलने की आशा करते हैं।'

नेम टेंट्स/टैग्स (Name tents/tags)

⇒ अगर टेंट्स/टैग्स पर पहले से जानकारियां छपी नहीं हैं, तब मोटे अक्षरों में अपना पूरा नाम, पद/ओहदा और देश का नाम लिखें। प्रदर्शनियों और ओपन—डे कार्यक्रमों के लिए अपनी कंपनी का नाम भी लिखें।

⇒ अपना नेम टैग लगाने की सबसे अच्छी जगह है आपके दाहिने कंधे के नीचे, आपकी छाती की दाहिनी तरफ। हाथ मिलाने के दौरान, आंख अपने आप दाहिनी बांह की तरफ चली जाती है, और लोगों को चेहरे और नाम के बीच संबंध बनाने में मदद करती है। लंबी नेकलेस की तरह के नेम टैग्स, जिनकी वजह से लोगों का ध्यान शरीर के गलत हिस्सों की तरफ जाता है, उनसे बचना चाहिए।

⇒ आपके पास पर्याप्त से ज़्यादा तादाद में विज़िटिंग काड्‌र्स होने चाहिएं।

सम्मेलन/ट्रेनिंग प्रोग्राम/ग्लोबल सेमिनार

मल्टीनेशनल कंपनियों में कार्यरत भारतीयों को अक्सर उनकी कंपनी सम्मेलन या ट्रेनिंग प्रोग्राम के लिए विदेश बुलाती हैं। यहीं नहीं, 'स्टार परफॉर्मर्स' को कंपनियां विदेशी यूनिवर्सिटी में पढ़ने के लिए भी भेजती हैं। सम्मेलन या फिर प्रोग्राम में शामिल होने से पहले इन बातों का ध्यान रखिए—

⇒ मीटिंग से पहले, लक्ष्य की पूरी जानकारी लें, भागीदारों और वक्ताओं के बारे में जानें और पूछने के लिए कुछ अच्छे सवाल तय कर लें।

⇒ अगर मुमकिन हो तो हर एक वक्ता से जाकर निजी तौर पर मुलाकात करें। अपने आप को बेहतर पेश करने के लिए पहले से वक्ताओं के बारे में जानकारी जुटा लें और अपने ख्यालों को कागज़ पर लिख लें—इससे आपको सार्थक बातचीत करने में सहूलियत होगी।

⇒ हर मुलाकात की शुरुआत औपचारिक ढंग से करें। जैसे-जैसे बात आगे बढ़ती है वैसे-वैसे आप अपना रवैया बदलें।

⇒ अच्छे कपड़े पहनें। लोग आपको जानते नहीं हैं और आपको देखकर ही वे अपनी धारणा बनाते हैं। कंपनी के अंदरूनी ट्रेनिंग प्रोग्राम में

इसका महत्व और भी बढ़ जाता है क्योंकि बड़े अधिकारी हमेशा भावी लीडर की तलाश में रहते हैं और अच्छे कपड़ों से सकारात्मक प्रभाव पड़ता है।

⇒ वक्त के पाबंद बनें। हर मीटिंग या प्रेज़ेंटेशन के लिए समय से पहले पहुंचे और मीटिंग की शुरुआत से पहले लोगों से मिलें।

⇒ अंतर्राष्ट्रीय स्तर पर भारत के प्रति बहुत उत्साह और उत्सुकता है। लोग आपसे आपके देश के बारे में सवाल कर सकते हैं। पहले से ऐसे तथ्य और जानकारी जुटा लें जो आप देश को सकारात्मक रूप में पेश करने के लिए इस्तेमाल कर सकते हैं।

⇒ कार्यक्रम के दौरान अपनी एकाग्रता बनाए रखें। नोट्स लेना ना भूलें और कार्यक्रम में योगदान दें। ये याद रखिए कि आप कॉलेज के क्लासरूम में नहीं हैं। यहां बैठने के लिए आपको तनख्वाह दी जा रही है इसलिए इस वक्त का सदुपयोग करें।

⇒ अंतर्राष्ट्रीय स्तर पर अपना नेटवर्क बनाने के लिए ज़्यादा से ज़्यादा वक्त दूसरे देशों के लोगों के साथ बिताएं। इससे आप उनकी संस्कृति को बेहतर जान पाएंगे और ग्लोबल कॉन्टैक्ट्स बना पाएंगे जिसके लिए कई कंपनियां बड़ी रकम अदा करने को तैयार रहती हैं क्योंकि अंतर्राष्ट्रीय स्तर पर कारोबार करने का यही इकलौता ज़रिया है।

प्रोफेशनल एसोसिएशन

दूसरे प्रोफेशनल्स के साथ जुड़ने के लिए यह बेहतरीन जगह है। हो सकता है कि इनमें से कई आपके प्रतिद्वंद्वी कंपनी से हों, लेकिन, इन्हें विरोधी के तौर पर देखने की बजाय अपने साथी प्रोफेशनल की तरह देखें जिन्होंने अपने करियर में वही विकल्प चुने हैं जो आपने अपनाए हैं। लोगों की नज़रों में आने के लिए एक-दो एसोसिएशन के साथ जुड़ें और वहां सक्रिय रूप से भाग लें (जैसे कि सेक्रेटरी, ट्रेजरार या कमेटी मेंबर)। इससे प्रोफेशनल के तौर पर आपकी छवि सुधरेगी और आपको लीडर के तौर पर देखा जाएगा।

स्पोर्ट्स इवेंट

भारत में गोल्फ टूर्नामेंट और क्रिकेट मैच 'मौजूदगी दर्ज कराने की जगह' माने जाते हैं। यहां आप कई बड़े अधिकारियों के साथ जुड़ सकते हैं। भले ही यह खेल का मंच है, लेकिन, यहां मुफ्त खाना और पीना उपलब्ध होता है और

आम बातों के साथ-साथ बिज़नेस की बातें करने के लिए बेहतरीन मौका मिलता है। लेकिन गंभीर बातों से परहेज़ करें क्योंकि ये जगह सौदा करने के लिए उपयुक्त नहीं है।

प्राइवेट क्लब

भारत में प्राइवेट क्लब की मेंबरशिप कुछ चुनिंदा लोगों को ही मिलती है। लेकिन, यह जगह कारोबार से जुड़ी बातों के लिए उपयुक्त है। यह क्लब अभिजात वर्गों के लिए आरक्षित होते हैं और इसलिए यहां शहर के जाने-माने लोगों का जमावड़ा होता है। क्लब का माहौल अनौपचारिक और हल्का होता है और इस वजह से क्लब कारोबारी रिश्ते जोड़ने के लिए उपयुक्त है। यही नहीं, क्लब मेंबर्स के बीच एक भाईचारा भी होता है और इस वजह से रिश्ते और भी मजबूत बनते हैं।

नामी लोगों से डरें नहीं!

कभी-कभी पार्टियों में हम बिज़नेस लीडर्स से टकरा जाते हैं, वैसे लोग जिन्हें हमने मैगज़ीन कवर्स पर देखा है या 'इंडस्ट्री एक्सपट्र्स' के रूप में बड़े मंचों पर देखा है। हम उनकी मौजूदगी और उपलब्धियों से थोड़ा घबराया हुआ महसूस करते हैं। ऐसे मौकों पर घबराएं नहीं! जो जितना ऊंचा होता है, वो कई बार उतना ही अकेला होता है—हो सकता है कि वे लोग आम आदमी से बात करना चाहते हों। अगर आप उन्हें अपनी पहुंच के अंदर पाते हैं, तो हिम्मत जुटाएं, उनके पास जाएं, अभिवादन करें और समझदारी भरी बातचीत शुरू करें।

कंपनी के अंदर नेटवर्किंग: ऑफ़िस पार्टी

ऑफ़िस पार्टी में करियर बनते या बिगड़ते हैं। सालों तक हम उस सहकर्मी को याद रखते हैं जिसने थोड़ी ज़्यादा पी ली होती है और फिर साथ के लोग उसे घर छोड़ने गए थे। या फिर उस लड़की को भी याद किया जाता है जिसने अपने बॉस के करीब आने की कोशिश की थी और फिर कई हफ्तों तक लोगों के बीच चर्चा का मुद्दा बनी रही थी! पार्टी में इस तरह का बर्ताव करने वालों को कंपनी बड़ी जिम्मेदारी देने से परहेज़ करती हैं।

ऑफ़िस पार्टी का इस्तेमाल कंपनियां अलग-अलग विभागों के लोगों को एक साथ लाने के लिए करती हैं। साथ ही, अवॉर्ड या इनाम के जरिए , कंपनियां कर्मचारियों का मनोबल भी बढ़ाती हैं। कई पार्टियों में बीवी-बच्चों को भी आमंत्रित किया जाता है ताकि कर्मचारी एक दूसरे को और बेहतर तरीके से जान पाएं।

गोल्डन रूल : पार्टियां सिर्फ बिज़नेस की बातों के लिए होती हैं!

भले ही 'पार्टी' शब्द सुनकर आपको लगे कि यह एक सामाजिक आयोजन है लेकिन 'ऑफ़िस' शब्द सुनकर आपको संभल जाना चाहिए। ऑफ़िस पार्टी एक गंभीर आयोजन होता है और आपके करियर को आगे बढ़ाने में अहम किरदार अदा करता है। अपना संयम हमेशा बना कर रखे और यह सोचें कि कंपनी के बड़े अधिकारी आपको भावी लीडर के तौर पर देख रहे हैं।

निमंत्रण पत्र

पार्टी का निमंत्रण कई हफ्ते पहले भेजा जाता है और इसे अपने कैलेंडर में जोड़ना ना भूलें। आपको ऑफ़िस पार्टी में जाना ही चाहिए और जल्द से जल्द निमंत्रण की स्वीकृति भेज देनी चाहिए। अगर परिवार वाले भी आमंत्रित हैं, तो अपनी बीवी या पति को अपनी कंपनी, बड़े अधिकारी, चुनिंदा सहकर्मी और अपनी कंपनी की संस्कृति के बारे में बताना ना भूलें। यह इसलिए ज़रूरी है कि आपके श्रीमान या आपकी श्रीमती दूसरों से मिलते वक्त बिलकुल अनजान ना नज़र आएं। आमतौर पर बच्चों को नहीं बुलाया जाता है और उन्हें लेकर भी नहीं जाना चाहिए। लेकिन, अगर निमंत्रण में 'परिवार' का उल्लेख है, तो पार्टी में जाने से पहले अपने बच्चों को समझा दें। साथ ही, कुछ खिलौने भी ले जाएं ताकि आपके बच्चे कुछ देर तक अपने—आप को व्यस्त रख पाएं। अगर पार्टी आपके सीनियर के घर पर है तो साथ में वाइन की बोतल, चॉकलेट या फूल तोहफे के तौर पर ले जाएं।

पार्टी में जाएं और वहां बने रहें

ये पार्टियां आपकी नौकरी का हिस्सा हैं और इनमें जाना अनिवार्य होता है। कंपनी के बड़े लोग इसमें उपस्थित होते हैं और आपकी गैरमौजूदगी ना सिर्फ दिखेगी, बल्कि इसके बारे में लोग कई बातें भी करेंगे। यही नहीं, चाहे आप पारिवारिक आयोजनों में बेहद व्यस्त क्यों ना हों, आपको कम से कम एक

घंटा पार्टी में बिताना चाहिए। दूसरी ओर, पार्टी में देर रात तक पीते ना रहें। मेरी सलाह रहेगी कि आप जल्दी पहुंचें क्योंकि भीड़ जमा होने से पहले आप अपनी कंपनी के बड़े अधिकारियों से घुल-मिल सकते हैं।

आपका व्यवहार

ऑफ़िस पार्टी अपने मन को हल्का करने, या बॉस की बुराई करने या फिर बेमतलब की गप लड़ाने की जगह नहीं है। गंदे चुटकुले सुनाने या लाइन मारने की कोशिश ना करें। पार्टी के बाद छोटे ग्रुप में फिर से बैठने की योजना ना बनाएं क्योंकि यह बात ऑफ़िस तक पहुंचने में देर नहीं लगती। पार्टी को अपने सहकर्मियों की तारीफ करने और मैनेजमेंट का शुक्रिया अदा करने के मंच के तौर पर देखें।

यह नेटवर्किंग इवेंट है

इसे एक ऐसे मंच की तरह देखें जिसका इस्तेमाल आप उन लोगों से मिलने के लिए कर सकते हैं जो आपके करियर को आगे बढ़ा सकते हैं जैसे कि कंपनी के बोर्ड मेंबर/सीईओ/अलग ब्रांच या विभागों के सहकर्मी। पहले से पता कर लें कि पार्टी में कौन-कौन आ रहा है और बातचीत शुरू करने के लिए कुछ नोट और सवाल बना लें।

जबान संभाल के!

बिज़नेस और शराब का मेलजोल कभी कामयाब नहीं होता है इसलिए संयम बना कर रखें। बहुत ज़्यादा पीने से आपकी प्रतिष्ठा पर असर पड़ता है और लोग आपका मज़ाक उड़ा सकते हैं। खाना भी संभल कर खाएं, खासतौर पर तले पकवानों से परहेज़ करें, क्योंकि इन्हें खाने से प्यास लगती है और आप ज़रूरत से ज़्यादा पी सकते हैं। अगर मुमकिन हो तो धीमे-धीमे पिएं और ज़्यादा सोडा वाले कॉकटेल ड्रिंक्स को चुनें।

शालीनता से पार्टी को अलविदा कहें और जाने से पहले अपने मेज़बान और अपने बॉस का शुक्रिया अदा करना ना भूलें। अगली सुबह अपने बॉस और/या अपने मेज़बान को उनका शुक्रिया अदा करते हुए पत्र भेजें। और हां, जो भी वादे आपने पार्टी के दौरान किए हों, उन पर अमल करना ना भूलें।

ऑनलाइन नेटवर्किंग

दुनिया छोटी हो गई है और आजकल ऑनलाइन नेटवर्किंग वेबसाइट्स का चलन है। इन वेबसाइट्स ने नेटवर्किंग के नए रास्ते खोल दिए हैं। इन नए मंचों के लिए कोई पारंपरिक नियम तो नहीं हैं, लेकिन, कुछ बातों का ध्यान रखना चाहिए :

अपने सोशल और प्रोफेशनल नेटवर्क को अलग रखें—इस बात पर ध्यान दें कि आपके प्रोफेशनल और सोशल नेटवर्क एक दूसरे से अलग हों—जो लोग आपके काम की वजह से आपसे जुड़े हैं, वे प्रोफेशनल साइट पर होने चाहिएं और जो आपके दोस्त हैं, उन्हें सोशल साइट पर। बेशक आप यह नहीं चाहेंगे कि आपके बॉस आपके दोस्तों की पार्टी के बारे में जानें।

प्रोफेशनल नेटवर्किंग साइट्स बिज़नेस करने का बेहतरीन तरीका हैं और इनके ज़रिए आप अलग-अलग प्रोफेशनल्स के साथ आसानी से जुड़ सकते हैं। ये इसलिए लोकप्रिय हुए हैं क्योंकि ये ऐसा मंच देते हैं जहां एक जैसी सोच वाले प्रोफेशनल्स एक-दूसरे से जुड़ सकते हैं। अक्सर, हमें उस शख्स से लिंक्डइन या प्लैक्सो जैसे साइट्स पर जुड़ने का निमंत्रण आता है जिससे हम कुछ दिनों पहले ही मिले हों।

ऑनलाइन प्रोफाइल के फायदे इस तरह हैं—

⇒ **आप आसानी से लोगों की नज़र में आ सकते हैं**—अगर आप कंपनी में ऊंचे ओहदे पर नहीं हैं तो आप मीडिया में नहीं आते होंगे। ऐसे में, दूसरे लोगों को आपके बारे में इंटरनेट पर जानकारी नहीं मिलेगी।

⇒ **लोगों के बारे में नवीनतम जानकारी का ज़रिया**—लोग अक्सर नौकरियां या शहर तो बदलते हैं लेकिन अपने नेटवर्क को बताना भूल जाते हैं। हालांकि, उनके प्रोफाइल पर उनके बारे में नवीनतम जानकारी ज़रूर मिलती है।

⇒ **बातचीत शुरू करने के लिए अच्छा विकल्प**—किसी भी शख्स के प्रोफाइल पर आप उनके स्कूल, कॉलेज या पुरानी कंपनी या मौजूदा भूमिका के बारे में जान सकते हैं। यह जानकारी बातचीत की शुरुआत करने में मददगार साबित होती है।

⇒ **करियर के लिए मुफ्त बीमा**—अगर आपका प्रोफाइल अपडेटेड है तो आप भर्ती करने वाली कंपनियों की नज़र में बने रहते हैं। इससे आपको नई नौकरी तलाशने में आसानी होती है।

⇒ **कारोबारी रिश्तों को मजबूती मिलती है**—अपने परिचितों से दूसरों को जुड़ने का मौका देकर आप अपने रिश्तों को भी मज़बूती देते हैं।

भले ही इंटरनेट का सिद्धांत जानकारी और तथ्यों का खुला आदान-प्रदान है, फिर भी, यहां शालीनता और सलीके के कुछ नियम लागू होते हैं—

⇒ **अपने प्रोफाइल को अपडेट करें**—अपने प्रोफाइल और फोटो पर ध्यान दें और इसे अपने इंटरनेट रेज़्युमे के तौर पर देखें। आलोचक की नज़रों से अपने प्रोफाइल को जांचें और दूसरों से अलग बनाने की कोशिश करें, नहीं तो, लोग आपको अनदेखा करते हुए आगे बढ़ जाएंगे। जो जानकारी आप लिखें उसे दिलचस्प बनाने की कोशिश करें ताकि लोग आपको याद रखें। साथ ही, नौकरी या शहर में अगर कोई बदलाव आता है तो तुरंत उसे अपडेट करें ताकि आपका प्रोफाइल नया लगे।

⇒ **ई-निमंत्रण**—इसे हाथ मिलाने का इलेक्ट्रॉनिक ज़रिया समझें और सोच-समझकर इसका इस्तेमाल करें क्योंकि इसका काफी बड़ा प्रभाव होता है। इसलिए निमंत्रण लिखने पर समय निवेश करें। जब भी आप किसी को निमंत्रण भेज रहे हों तो उन्हें आसानी से याद दिलाने के लिए आपकी मुलाकात की जगह या आप उन्हें कैसे जानते हैं या फिर आप किसके ज़रिए मिल रहे हैं, इसका ब्यौरा दें। इसमें भले ही वक्त ज़्यादा लगता हो, लेकिन, सामने वाले को बहुत सहूलियत होती है और आपके निमंत्रण को स्वीकार करने की संभावना भी बढ़ जाती है।

⇒ **चुनिंदा लोगों को ही अपने नेटवर्क में जोड़ें**—आप अपने नेटवर्क में किसे और क्यों चाहते हैं, यह बात साफ होनी चाहिए। अक्सर लोग सिर्फ इसलिए निमंत्रण भेज देते हैं क्योंकि उनके हाथ एक ई-मेल आईडी लग जाता है। क्या आप एक ऐसे शख्स के साथ जुड़ना चाहेंगे जिसकी प्रतिष्ठा पर दाग हो? अक्सर हम भी बिना जांचे-परखे इन निमंत्रणों को स्वीकार कर लेते हैं। सिर्फ उन्हीं लोगों को निमंत्रण भेजें जिनसे या तो आप मिले हों, या फिर फोन पर बात की हो या किसी जानकार ने आपको जोड़ा हो।

⇒ **गुणवत्ता की जीत होती है**—प्रोफेशनल नेटवर्किंग साइट्स लोगों को जोड़ने की कोई प्रतियोगिता नहीं है। दरअसल, सैकड़ों कॉन्टैक्ट्स

वाले लोगों को अक्सर हीन भाव से देखा जाता है। इसलिए सिर्फ उन्हीं लोगों से जुड़े जो आपकी मदद कर सकें और जिनकी सहायता आप कर सकें।

⇒ **अजनबी की परिभाषा**—वैसे तो अपने कॉन्टैक्ट्स को सिर्फ उन लोगों तक सीमित करना मुमकिन नहीं है जिन्हें आप पहले से जानते हैं, फिर भी किसी अनजान व्यक्ति के साथ जुड़ने से पहले वजहों को अच्छी तरह से टटोल लें।

⇒ **स्पैम ना भेजें**—कुछ लोग हज़ारों लोगों को बेवजह निमंत्रण भेज देते हैं और ऐसे निमंत्रणों को अनदेखा करना ही बेहतर होता है। दूसरी ओर, अगर कोई आपके निमंत्रण का जवाब नहीं देता, तो उन्हें बार-बार याद दिलाने के लिए पत्र ना भेजें। यह स्वीकार करना बेहतर रहेगा कि वो आपको अपने नेटवर्क में जोड़ना नहीं चाहते हैं।

⇒ **अपने नेटवर्क का सम्मान करें**—सर्वेक्षण या फॉरवर्ड या फिर कॉन्टैक्ट्स को अपने नेटवर्क के लोगों को भेजने से परहेज़ करें। दूसरों से मदद या रेफरल्स मांगने से पहले नेटवर्क में योगदान दें और अपनी प्रतिष्ठा बनाएं। अजनबियों से मदद मांगने की प्रथा ना तो वास्तविक दुनिया में काम करती है और ना ही वर्चुअल वर्ल्ड में। जब भी कोई आशंका हो तो अपने आप से एक आसान सवाल करें, 'क्या असल दुनिया में यह काम करेगा?' अगर आपका जवाब 'ना' है तो वर्चुअल वर्ल्ड में भी वो काम नहीं करेगा।

⇒ **पर्सनल और प्रोफेशनल को अलग रखें**—प्रोफेशनल साइट्स सिर्फ बिज़नेस के काम के लिए होती हैं। इसका सम्मान करें और अपने सहकर्मी या दोस्तों को अपने सोशल मीडिया में जुड़ने का निमंत्रण ना भेजें। यह उनके लिए दुविधा पैदा कर देती हैं क्योंकि वो आपको ना भी नहीं बोल पाते हैं और हां बोलने का मतलब आपको उनकी निजी ज़िंदगी से रूबरू कराना होता है।

ट्विटर एटिकेट

भारत में ट्विटर को रातों-रात लोकप्रियता दिलाई शशि थरूर और ललित मोदी के 'ट्वीट अटैक' ने जो एक आईपीएल स्कैंडल की

वजह बना जिसका समाधान अभी तक निकला नहीं है! अंतर्राष्ट्रीय स्तर पर, ट्विटर एक बेहद लोकप्रिय माइक्रोब्लॉगिंग टूल है, जिसका इस्तेमाल सेलेब्रिटीज़, लेखक, उद्यमी, और यहां तक कि राष्ट्रपति पद के उम्मीदवार भी अपने 'फॉलोवर्स' से संवाद के लिए करते हैं। यह सब कुछ सुनने में कुछ हद तक नए युग के धर्म जैसा लगता है। ट्विटर जैसे खुले मंच पर, कोई नियम तो नहीं बनाया जा सकता, लेकिन इन आसान बातों को याद रखें:

⇒ इसका मकसद वैल्यू एड करना है, लोगों का ध्यान खींचना या अपने प्रोमोशन के लिए इस्तेमाल करना नहीं।

⇒ अगर आप किसी कंपनी में काम कर रहे प्रोफेशनल हैं, तो ध्यान रखें कि आपके ट्वीट आपके नियोक्ता से जुड़े ना हों और ना ही उसके खिलाफ हों।

⇒ दूसरी तरफ, अगर आप एक उद्यमी हैं, तो आप अपने निजी विचार साझा करने के लिए पूरी तरह आज़ाद हैं।

⇒ दिलचस्प है कि वर्चुअल दुनिया में नियम वही हैं जो असली दुनिया में हैं—संवाद का मतलब है समझदारी और शिष्टाचार।

मिलने-जुलने के तरीके को सुधारिए

क्या आप नेटवर्किंग इवेंट में देर से जाते हैं, जी भर कर खाते हैं, फिर बिज़नेस कार्ड इकट्ठा करते हैं, हाथ मिलाते हैं और आधी रात से पहले घर पहुंच जाते हैं? अगले दिन ऑफ़िस में आप जब अपने काड्र्स का मुआयना करते हैं तब आपको यह अहसास होता है कि उनमें ज़्यादातर लोग तो आपको याद भी नहीं हैं। या फिर किसी से हुई बातचीत को जब आप याद करते हैं तो आपको उनका नाम याद नहीं आता। अगर इन सवालों का जवाब हां है, तो भी घबराएं नहीं क्योंकि आप बहुमत में शामिल हैं! लेकिन क्या आप उन सैकड़ों लोगों में शामिल होना चाहते हैं जिनका नाम किसी को याद तक नहीं रहता? लोग आपसे हाथ तो मिला लेंगे, कार्ड भी दे देंगे लेकिन अगर उन्हें आप याद नहीं आते हैं तो वो आपको काम के लिए कभी नहीं बुलाएंगे ना ही आपकी सिफारिश करेंगे।

मीटिंग से पहले की 5 महत्वपूर्ण रणनीति

अपनी नेटवर्किंग स्किल को बेहतर करने के लिए नीचे बताई गई बातों पर ध्यान दें।

अजनबियों के साथ अभ्यास करें

साल के सबसे बड़े इवेंट का इंतज़ार ना करें—क्योंकि आपको अपने नेटवर्किंग स्किल को देखकर सिर्फ निराशा ही होगी। जैसा कि अमेरिकी कवि राल्फ वॉल्डो एमरसन कहते हैं, 'हिम्मत का बहुत बड़ा हिस्सा वो हिम्मत होती है जो आपने वो चीज़ पहले करने में दिखाई होती है।'

छोटे कदमों से शुरुआत करें। रोज़मर्रा की ज़िंदगी में जिन लोगों से मुलाकात होती है उनसे बातें करें और अजनबियों से बातचीत करने की अपनी काबिलियत को बेहतर करें। अतिरिक्त दबाव की गैरमौजूदगी में आप अपने कम्युनिकेशन स्किल को बेहतर तरीके से निखार सकते हैं। आप रोज़ाना इन लोगों से मिलते हैं—

⇒ लिफ्ट में जो सहकर्मी रहता है
⇒ वो व्यस्त पड़ोसी जिन्हें आप रोज़ पार्किंग में देखते हैं
⇒ प्लेन, ट्रेन या एयरपोर्ट लाउंज में आपके बगल में बैठने वाला शख्स
⇒ दूसरे विभाग के सहकर्मी
⇒ कार पार्किंग में सहयोग करने वाले
⇒ होटल रिसेप्शनिस्ट
⇒ कैफेटेरिया में काम करने वाले
⇒ कार साफ करने वाले, कार मैकेनिक और अन्य
⇒ वे लोग जो आप जैसी रुचि रखते हैं, मिसाल के तौर पर, मॉर्निंग वॉक, जॉगिंग या फिर जिम में।

अपनी बातचीत छोटी रखिए, एक—दो वाक्य, फिर उनके जवाब का इंतज़ार करिए और फिर आगे बढ़ जाइए। इन लोगों से की हुई बातचीत का विश्लेषण करिए—क्या आप अपने तरीके से खुश हैं या फिर आप हिचक रहे थे? क्या आपकी बातचीत थोपी हुई लग रही थी? अपनी रोज़ाना की बातचीत को सुधारने पर ध्यान दें। जितना आप अभ्यास करेंगे, आप उतने ही बेहतर बनेंगे और फिर आपको मज़ा आने लगेगा।

अपने अंदरूनी आलोचक पर जीत हासिल करें

नाकामी के डर से रुकिए मत। ज़्यादातर लोगों को अजनबियों से भरे कमरे में जाकर बात करने से डर लगता है। अपने अंदर के आलोचक को चुप कराइए

और उस शख्स तक चलकर जाइए जो आप में रुचि दिखा रहा हो (जैसे आंखों का संपर्क बनाना, मुस्कुराना, आपकी तरफ हल्का सा आगे आना) और अपना परिचय दीजिए।

अपना होमवर्क करके जाएं

होमवर्क का नाम सुनते ही स्कूल की याद आ जाती है, लेकिन, अगर आप खुद को सुधारना चाहते हैं, तो लोगों से मिलने से पहले आपको कड़ी मेहनत करनी पड़ेगी। जैसा कि कई स्टैंड-अप कमेडियन कहते हैं कि कोई चुटकुला बिना तैयारी के नहीं बनता—भले ही दर्शकों को ऐसा लगे लेकिन हर एक लाइन पहले से तय की हुई होती है!

अपने इवेंट के बारे में जानकारी जुटाएं, स्पॉन्सर कौन हैं, स्पीकर कौन हैं, किन लोगों से आपकी मुलाकात हो सकती है; इवेंट में आने वाले बड़े लोगों के बारे में जानकारी जुटाइए; कंपनी की वेबसाइट देखिए, आला अधिकारियों और स्पीकर्स की प्रोफाइल पढ़िए। मुख्य स्पॉन्सर्स के बारे में जानिए। साथ ही, बातचीत शुरू करने के लिए कुछ लाइन तय कर लीजिए। मिसाल के तौर पर—

⇒ 'आप तेज़ी से बढ़ती इंडस्ट्री से हैं...'

⇒ 'क्या आपकी कंपनी से कई और लोग भी शामिल हो रहे हैं?'

⇒ 'लगता है आज ट्रैफिक बहुत बुरा है'

⇒ 'आप मेज़बान को कैसे जानते हैं?'

⇒ 'क्या आप पिछले इवेंट में भी आए थे?'

⇒ 'मिस्टर कखग बहुत दिलदार मेज़बान हैं और हर साल ऐसे बड़े इवेंट का आयोजन करते हैं।'

अपने लक्ष्य को तय कर लें

किसी भी नेटवर्किंग इवेंट में आमतौर पर लोग देर से आते हैं, गप्पे लड़ाते हैं, खाते-पीते हैं और फिर निकल जाते हैं। अगर उनकी किस्मत अच्छी हुई तो एक-दो नए चेहरों से मुलाकात हो जाती है, नहीं तो, वही पुराने जानकारों के साथ ही चिपके रहते हैं। कुल फायदा—ज़ीरो!

पहले से तय कर लें कि आप कितने नए लोगों से मिलना चाहते हैं और फिर अपने लक्ष्य को पूरा करने में जुट जाएं। आपका लक्ष्य एक नंबर हो सकता है (जैसे, 'आज मैं 5 नए लोगों से मिलूंगा') या फिर आप यह तय कर सकते

हैं कि आप कितना वक्त नए लोगों के साथ बिताएंगे (जैसे, 'मैं 70 प्रतिशत वक्त जानकारों के साथ बिताऊंगा, लेकिन, बाकी बचा समय नए लोगों को जानने के लिए इस्तेमाल करूंगा')। अगर मैं अपना उदाहरण दूं तो बड़े कॉर्पोरेट इवेंट्स में मैं सिर्फ 3-4 नए लोगों से मिलना और जानना चाहती हूं, जबकि, मेरी मुलाकात कई नए लोगों से होती है।

नेटवर्किंग के लिए तैयार हो कर जाएं

अपनी नेटवर्किंग से जुड़ी चीज़ों को तैयार रखें और नीचे लिखे गए सामानों को ले जाना ना भूलें—

⇒ **बिज़नेस कार्ड**—बातचीत शुरू करने के लिए ये बेहद कारगर साबित होते हैं। आप कार्ड को पढ़कर कह सकते हैं, 'आप तो बहुत दिलचस्प इंडस्ट्री में काम करती हैं...' या 'आपकी कंपनी का लोगो तो शानदार है' या 'आप पहली एटिकेट कंसल्टेंट हैं जिनसे मैं मिला हूं...' कुछ कार्ड अतरिक्त होने चाहिएं, अगर आपकी मुलाकात एक बड़े ग्रुप से हो जाए तो उन्हें देने के लिए।

⇒ **कागज़ और कलम**—जानकारी लिखने के लिए ये काफी काम आ सकते हैं। बिज़नेस कार्ड के पिछले हिस्से को कागज़ की तरह इस्तेमाल ना करें।

⇒ **माउथ वॉश/माउथ फ्रेशनर/पेपरमिंट**—किसी भी इवेंट में जाने से पहले ये चीज़ें आत्मविश्वास जगाती हैं।

⇒ **दफ्तर की दराज में या कार में रखने वाली चीजें**—कंघी, मनपसंद परफ्यूम की छोटी बोतल (इससे तुरंत मन हल्का हो जाता है), टिशू पेपर और बैंड-एड; नेल-कटर, सेफ्टी पिन और सिर्फ महिलाओं के लिए मेक-अप का सामान।

इवेंट में आप लोगों से मिलने के लिए तैयार रहें। इसका मतलब यह है कि आपके हाथ खाली हों, कपड़े ढंग के हों, और आपकी शख्सियत ऐसी हो कि जिसे लोग देखकर ही बात करना चाहें।

कैसे करें नेटवर्किंग

शो शुरू हो चुका है: बत्तियां जल गई हैं, कैमरा चालू है और आप मंच पर आ

गए हैं। अचानक आपके हाथ सूज जाते हैं और माथे पर पसीना आने लगता है। घबराइए मत इन बातों पर अमल करिए और जंग जीतकर आइए।

आत्मविश्वास के साथ अंदर आएं

पहला इंप्रेशन बेहद महत्वपूर्ण होता है, इसलिए इवेंट में पहुंचने के बाद, आप एंट्री कैसे करेंगे इस पर ध्यान दें क्योंकि प्रभाव डालने का ये भी एक बेहतरीन ज़रिया है। क्या आप कंधे फैलाकर और सर ऊंचा करके घुसते हैं जिससे आपकी शख्सियत से आत्मविश्वास झलकता है ? क्या आपके कंधे झुके हुए होते हैं? क्या आप उत्साहित नज़र आते हैं या फिर थके हुए? अपनी एंट्री का विश्लेषण एक अहम पहला कदम है।

सबसे अच्छे प्रभाव के लिए

अपने कंधे चौड़े रखें, अपने कपड़े सही करें और आत्मविश्वास के साथ कमरे में दाखिल हों। कमरे की स्थिति के मुताबिक, दरवाज़े से बाईं या दाईं ओर जाएं और थोड़ी देर के लिए रुकें! कुछ सेकेंडों तक कमरे का जायजा लें कि कहीं कोई परिचित चेहरा तो नहीं है। आपसे मिलने वाला पहला शख्स या तो मेज़बान होना चाहिए या ऐसा कोई जिससे आप पहले किसी मीटिंग में मिल चुके हों। हममें से ज़्यादातर लोगों के लिए किसी नए आदमी से बिलकुल शुरुआत में मिलना परेशान करने वाला अनुभव होता है।

लोगों से जुड़ने की रणनीति

कुछ लोग आसानी से बात कर लेते हैं लेकिन ज़्यादातर लोग अजनबियों से बात करने के ख्याल से घबरा जाते हैं। अच्छे बातचीत करने वालों को एक अहम राज़ पता होता है—यह एक मिश्रण है कुछ उपयोगी बातों का, अच्छे श्रोता बनने की खूबियों का और ढेर सारे अभ्यास का। कुछ अहम बातें—

⇒ सबसे पहले **बिज़नेस लीडर/वीआईपी** से मिलिए—जैसे जैसे इवेंट आगे बढ़ता है, ये शख्स दूसरे लोगों से घिर जाते हैं। इसलिए सबसे पहले इनसे मिलने की कोशिश करें।

⇒ जाने-पहचाने चेहरे या **कनेक्टर्स** को ढूंढ़ें (ये वो लोग हैं जिनका नेटवर्क अच्छा है) जो आपका परिचय दूसरे लोगों से करा सकते

हैं। पहले इन 'कनेक्टर्स' से बातचीत शुरू करें और फिर जो लोग इनसे मिलने आएं, उनसे बात करें।

⇒ उस **अकेले शख्स** को ढूंढ़ें जो आपको देखकर मुस्कुराए या फिर आंखों का संपर्क बनाए। उनके पास मुस्कुराते हुए जाइए और गर्मजोशी के साथ हाथ मिलाइए। फिर अपना छोटा सा परिचय दीजिए। आसान सवालों के साथ शुरुआत करें जैसे, 'आप मेज़बान को कैसे जानते हैं?' या 'मिस्टर ... ने यह बात बहुत सही कही...'

⇒ उस **ग्रुप** के साथ जुड़ें जो हंसी-मज़ाक कर रहा हो। उनसे इजाज़त ज़रूर मांगे, 'क्या मैं आप लोगों को ज्वाइन कर सकता हूं?' अपना वक्तव्य रखने से पहले मुद्दे को ठीक तरह से समझ लें। आप फिर हाथ मिलाकर अपना परिचय दे सकते हैं। मुद्दे को अपने या फिर अपनी कंपनी के बारे में मत बनाइए—याद रहें कि आपके आने से पहले वो बहुत खुश थे। अगर आपके आने के बाद सारी बातचीत रुक जाती है तो समझ जाइए कि वो गोपनीय बात कर रहे थे और वहां से निकल जाइए।

⇒ **स्पीकर** या **पैनेलिस्ट** के पास जाइए और अपना परिचय दीजिए। उनकी बातों की तारीफ करें और फिर विनम्रतापूर्वक अपनी बात कहें। स्पीकर पर आपकी रिसर्च अच्छी होनी चाहिए तभी आपकी बातचीत सफल होगी।

⇒ **स्पॉन्सर्स** को ढूंढ़ें और इवेंट के लिए शुक्रिया अदा करने के साथ अपनी बातचीत शुरू करें।

टिप: दो लोग जो गहरी बातचीत कर रहे हों, उन्हें कभी टोके नहीं। वे एक-दूसरे के साथ खुश हैं और उन्हें आपकी ज़रूरत नहीं है।

छोटी-मोटी बात करने की कला को ज़्यादातर भारतीय सुधारना चाहते हैं। इसी बात को ध्यान में रखते हुए मैंने इस पर एक अलग सेक्शन लिखा है।

ध्यान दें: यह सारा खेल गुणवत्ता का है

एंडलेस रेफरल्स में बॉब बर्ग कहते हैं: 'बात बस इतनी नहीं है कि आप क्या

जानते हैं, और आप किसे जानते हैं। बात असल में ये है कि आप किसे जानते हैं, आपको कौन जानता है और आप ज़िंदगी जीने के लिए क्या करते हैं।'

ना जाने कितने बिज़नेस नेटवर्किंग इवेंट्स में मैंने देखा है कि लोग दौड़-दौड़कर हर शख्स को अपना बिज़नेस कार्ड थमाते हैं और उम्मीद करते हैं कि वो शख्स भी अपना कार्ड दे। आप किसी शख्स के साथ फायदेमंद रिश्ता कैसे बना सकते हैं अगर आपका इकलौता मकसद ज़्यादा से ज़्यादा कार्ड जमा करना हो? ये तो वक्त की केवल बर्बादी है! बेहतर है कि आप दो लोगों के साथ ढंग से बातचीत करें और रिश्ते विकसित करने की कोशिश करें जो मददगार हो सकते हैं या कम से कम अगली मुलाकात में वे आपको याद तो रखें। याद रखें—नेटवर्किंग गुणवत्ता का खेल है, मात्रा का नहीं!

मेलजोल का मंत्र

लोगों से मेलजोल बढ़ाएं! गर्मजोशी से हाथ मिलाकर, पर्याप्त बिज़नेस कार्ड अपने पास रखकर और मुस्कुराते हुए, जितने लोगों से आप मिल सकते हैं, मिलें। हर व्यक्ति के साथ कम से कम 5 मिनट बिताएं, उनके बिज़नेस को समझने की कोशिश करें—इससे कम देर की कोई भी बातचीत बहुत छोटी है, और कोई असर नहीं छोड़ती है।

बातचीत करने की कला

जहां यह सीखना ज़रूरी है कि बातचीत शुरू कैसे की जाए, यह जानना भी उतना ही ज़रूरी है कि बातचीत को जारी कैसे रखा जाए। सकारात्मक देह भाषा के संकेतों और सही शब्दों का इस्तेमाल करते हुए बातचीत में दिलचस्पी दिखाएं—ऐसे संकेत जो कह रहे हों 'आप जो कह रहे हैं मैं उस पर ध्यान दे रहा हूं।'

आप देखेंगे कि ज़्यादातर लोग खुद पर ज़रूरत से ज़्यादा फोकस करते हैं जिसमें किसी की भी दिलचस्पी नहीं होती है। इसके बजाय, उस शख्स से उनके बिज़नेस/कंपनी/इंडस्ट्री के बारे में पूछें और देखें कि कैसे बातचीत में तुरंत तेज़ी आती है। दिलचस्प रूप से, कुछ मिनटों के बाद, ज़्यादातर लोगों का फोकस फिर से आप पर चला आएगा—यही सही वक्त है अपने बारे में बात करने का, जब वे ध्यान से सुन रहे हों।

अगर आपको लगता है कि बातचीत थोड़ी असहज हो रही है, तब विषय बदलने की कोशिश करें। ऐसी कोई चर्चा ना करें जिसमें आप सहज ना हों। या अगर आपको लगे कि बातचीत में अब दम नहीं दिख रहा है, तब इसे किसी दिलचस्प कहानी या चुटकुले के साथ, थोड़ी तेज़ आवाज़ में, फिर से दमदार बनाएं।

बिज़नेस से जुड़ी बातचीत करने के लिए कुछ टिप्स:

- ⇒ लोगों से उनके बारे में पूछें—उनका काम, ज़िंदगी, शौक, वगैरह। लोगों को ये अच्छा लगता है!
- ⇒ एक आम विषय (जैसे कि कोई ताज़ा खबर) चुनें और शुरुआती कुछ मिनटों तक उसी पर बात करें।
- ⇒ बातचीत करते वक्त बीच-बीच में रुकें, और अपने श्रोता को उसकी राय रखने का पर्याप्त समय दें। आखिरकार, बातचीत करना भी तो टेनिस के खेल की तरह है—खेल अच्छा तभी होगा जब आपके विपक्षी को भी गेंद को हिट करने का मौका मिलेगा!
- ⇒ अपने या अपनी कंपनी के बारे में बहुत ज़्यादा जानकारी ना दें क्योंकि अक्सर लोग वैसे लोगों से घबरा जाते हैं जो बहुत सारी जानकारी तुरंत-तुरंत देते हैं।
- ⇒ बहस कभी ना करें; यह अपमानजनक है। बल्कि, चर्चा करें—इससे नकारात्मक ऊर्जा दूर होती है।
- ⇒ अपने संपर्कों के बारे में घमंड कभी ना करें।
- ⇒ सार्वजनिक जगहों पर कुछ भी गोपनीय बोलने से बचें—आपके प्रतिस्पर्धी तक वो जानकारी पहुंच सकती है और इसका इस्तेमाल आपके खिलाफ हो सकता है।
- ⇒ नेटवर्किंग से परहेज़ करें अगर आप थके हुए हैं, निराश हैं या तनाव में हैं। आप वहां अच्छा प्रभाव नहीं छोड़ पाएंगे। खराब असर छोड़ने से बेहतर है कि आप नेटवर्किंग के लिए ना जाएं। अपने मेज़बान को फ़ोन या ईमेल के ज़रिए बता दें कि ज़रूरी वजहों से आप इवेंट में आने में असमर्थ हैं।

बातचीत को खत्म कैसे करें

किसी चर्चा के दौरान कई लोग अपनी बोलने की क्षमता पर काम करते हैं, कुछ ही लोग इस बात पर ध्यान देते हैं कि बातचीत को अच्छे ढंग से खत्म कैसे करें। आप पाएंगे कि या तो लोग बोलते-बोलते रुक जाते हैं या किसी दूसरे शख्स से बातचीत शुरू कर देते हैं या आपके कंधे से पीछे देखने लगते हैं कि कहीं कोई और दिख जाए—ये सब बहुत ही खराब संकेत हैं उनके लिए, जो आपको अपना वक्त दे रहे हैं।

विजेता जानते हैं कि किसी बातचीत को खत्म करने का सबसे अच्छा तरीका छोटे-छोटे इशारे हैं: आंखों से संपर्क तोड़ देना, बहुत थोड़ी देर के लिए आपके आसपास देखना, 'ओके', 'अच्छा' जैसे शब्दों का इस्तेमाल करना, और आगे बढ़ने से पहले विनम्रता से कहना, 'आपसे बातचीत करके अच्छा लगा' या 'आपसे फिर बात होगी' ।

उदाहरण:

⇒ 'मुझे कमरे में उस तरफ एक क्लासमेट/पुराना सहकर्मी/शिक्षक दिख गए हैं और मैं उनके पास जा रहा हूं।'

⇒ 'मैं गिलास फिर से भरने के लिए बार जा रहा हूं।'

⇒ 'आज दोपहर मैंने लंच नहीं किया और अब मैं जल्दी से कुछ खाना चाहता हूं।'

⇒ 'आपसे मिलकर बहुत अच्छा लगा। मैं आपको ईमेल भेजूंगा।'

'फैमिलियर पर्सन' सिंड्रोम को दूर रखें

आप एक पार्टी में जाते हैं, एक जाना-पहचाना चेहरा देखते हैं और अंत तक पूरी शाम इस एक व्यक्ति से चिपके रहते हैं। ऐसा ही होता है ना?

आज, हम बेहद व्यस्त जीवन जी रहे हैं जिसके कारण हमारे पास पुराने दोस्तों/पूर्व सहयोगियों से मिलने-जुलने के लिए बहुत कम खाली समय है। इसलिए, जब हम उनसे किसी कार्यक्रम में मिलते हैं, तो पूरी शाम 'महेश अब कहां है?' या 'मैंने सुना है कि अमित को वाइस प्रेसिडेंट के रूप में प्रमोट किया गया है' या 'प्रोफेसर कल्याण रिटायर हो गए हैं और बेंगलुरु चले गए हैं।' नतीजतन, हमारे पास इस 'कम्फर्ट ज़ोन' से बाहर आने वाले किसी भी व्यक्ति से मिलने का समय नहीं है। इस किताब के लिए रिसर्च करते समय, मैंने कई लोगों से सवाल किया कि वे एक परिचित व्यक्ति से क्यों चिपके रहते

हैं, और अधिकांश ने ऐसा उत्तर दिया 'मैं जिन्हें पसंद करता हूं, वैसे लोगों से बात करने में क्या दिक्कत है?' दिक्कत कुछ नहीं है, वे बहुत अच्छे हैं, बस आपको उनकी तरह के और लोगों से मिलने की ज़रूरत है!

खाना या शराब कभी महत्वपूर्ण नहीं होते!

खाना और पीना मनोरंजन के आवश्यक तत्व हैं, कॉर्पोरेट मनोरंजन में कभी भी भोजन की अहमियत नहीं होती। मेज़बान ने आपको दूसरी वजहों से बुलाया है—वे आपके द्वारा पहले दिए गए निमंत्रण के बदले में आपको बुला रहे हैं या उन्हें लगता है कि आप इस कार्यक्रम में कुछ वैल्यू जोड़ेंगे।

भोजन को सुरुचिपूर्ण ढंग से संभालना

नेटवर्किंग आयोजनों में, भोजन को सुस्वादु तरीके से प्रदर्शित किया जाता है और इसके लिए संयम दिखाना आपके ऊपर है। भोजन को संभालने के लिए कुछ सुझाव:

⇒ अपनी ड्रिंक्स को अपने बाएं हाथ में रखते हुए, अपने दाहिने हाथ का इस्तेमाल करके, आती-जाती ट्रे से स्टार्टर्स उठाएं।

⇒ बोनलेस और एक बार में मुंह में डालने लायक डिश को टूथपिक से उठाएं या उंगलियों को गंदा किए बिना खाए जाने लायक डिश चुनें। उदाहरण के लिए, चिकन विंग या कॉकटेल समोसा की तुलना में चीज़ स्टिक, पनीर टिक्का या चिकन टिक्का के साथ जाएं। क्यों? क्योंकि अगर आप अपने बाएं हाथ में एक गिलास और अपने दाहिने हाथ में चिकन विंग के साथ खड़े हैं, तो आप हाथ मिलाने के लिए अपना चिकनाई वाला हाथ नहीं दे पाएंगे!

⇒ यदि आप बीज वाले जैतून या चेरी खा रहे हैं, तो उन्हें अपनी उंगलियों का इस्तेमाल करते हुए पकड़ें, खाएं और पासिंग ट्रे में अपने हाथ से बीजों को डाल दें या अपने रुमाल या नैपकिन में रखें।

⇒ तले स्टार्टर्स (क्रिस्पी बेबी कॉर्न, पकौड़े, फ्रिटर्स) केवल एक बार सॉस/डिप में डुबोएं और उन्हें अपने मुंह में डालें। दूसरी बार ना डुबोएं।

⇒ पूंछ वाले झींगे के लिए, झींगे को पूंछ से पकड़ें, सॉस में डुबोएं, खाएं और पूंछ को फेंक दें। पूंछ में फंसे मांस को निकालकर खाने

की कोशिश न करें।

⇒ गर्म स्नैक्स के लिए, पूरी चीज को अपने मुंह में डालने और अपनी जीभ जलाने से पहले, उसकी गर्माहट का पता लगाने के लिए एक छोटा सा टुकड़ा खाकर देखें।

⇒ किसी भी ऐसी वस्तु के लिए जिसके साथ में सॉस या डिप हो, खाते समय अपने रुमाल को अपने मुंह के नीचे रखें ताकि इनकी बूंदों को आपके कपड़ों पर गिरने से रोका जा सके।

⇒ इस्तेमाल किए गए स्टिक्स और टूथपिक्स को वापस ट्रे के किनारे पर रख दें, जिन्हें वेटर लेकर घूम रहे होते हैं।

⇒ भले ही आप सच में भूखे हों, इसे अपने नेटवर्किंग में दखल ना डालने दें। अगर आप भूखे हैं, तो बुफे से कुछ खाना लें और इसे कमरे के किसी शांत कोने में ले जाकर लोगों से मिलने के पहले खा लें।

शिष्टता से शराब पीना

व्यावसायिक कार्यक्रमों में शराब का इस्तेमाल धड़ल्ले से होता है, वो भी बिना किसी रोक-टोक। हालांकि कुछ बेहतरीन ड्रिंक्स का सेवन करना आपको लुभावना लग सकता है, लेकिन थोड़ा अपने विवेक का इस्तेमाल करें। इसकी थोड़ी सी भी अधिकता हमसे कंपनी के रहस्यों को उजागर करवा सकती है या क्लाइंट की गोपनीयता से समझौता करवा सकती है। जो भी हो, आपकी प्रतिष्ठा को धूमिल कर सकता है।

टिपः ज़्यादातर, आप काम के बाद ऑफ़िस से सीधे नेटवर्किंग इवेंट में पहुंचेंगे। जो लोग शराब का सेवन करते हैं, इवेंट से पहले थोड़ा खा लें। इससे शराब पीने के बाद आप जल्दी नशे में नहीं आएंगे। एक सेब/केला या एक कटोरी दही या एक-दो बिस्किट खाएं। यह सुनिश्चित करेगा कि एंट्री करते समय आप भूखे नहीं रहेंगे। ऐसा करना आपको सीधे बार/बुफे में जाने से रोकेगा और आपके पास अपने पीने की गति को बढ़ाने के लिए पर्याप्त समय होगा।

नेटवर्किंग इवेंट्स का उद्देश्य लोगों से मिलना-जुलना है और इसके लिए सबसे उपयुक्त ड्रिंकिंग स्टाइल 'सोशल ड्रिंकिंग' है, यानी आमतौर पर दो ड्रिंक्स से

ज़्यादा नहीं। इन आयोजनों को स्कूल या कॉलेज रियूनियन जैसा मानकर भ्रमित नहीं होना चाहिए! लंबे आकार के ड्रिंक्स को चुनकर समझदारी से पिएं, यानी ऐसे ड्रिंक्स जिनमें पानी/सोडा/कोला जैसे मिक्सर की ज़रूरत होती है, जो शराब का असर कम करते हैं। उदाहरण के तौर पर, स्कॉच ऑन-द-रॉक्स की बजाय व्हिस्की सोडा के साथ पिएं क्योंकि इसे लंबे समय तक चलाया जा सकता है। अपने बाएं हाथ में गिलास को सबसे निचले हिस्से से एक नैपकिन या रुमाल के साथ पकड़ें, जिससे आपका हाथ ठंडा होने से बच सके। जल्दबाज़ी में हाथ मिलाने के लिए दाहिने हाथ को खाली और सूखा रखें।

अपनी ड्रिंक्स को चतुराई से चुनें क्योंकि व्हिस्की, स्कॉच, वोदका, ब्रांडी, रेड वाइन, वोदका-टॉनिक जैसे कुछ अल्कोहल आपको गंभीर दर्शाते हैं जबकि एक कैन या बोतल से बीयर, ट्रॉपिकल गार्निश के साथ विदेशी कॉकटेल या टकीला शॉट्स आपको थोड़ा अधीर या बेचैन दर्शाते हैं।

शराब ना पीने वालों के लिए टिप्स

⇒ अपने हाथ में हमेशा एक गिलास रखें—ये हमारी मुद्रा के लिए कमाल करता है। ऐसा देखा गया है कि गिलास थामकर हम खुद-ब-खुद बिलकुल सीधा खड़े रहते हैं, जबकि अगर खाली हाथ होते हैं तो हमारा शरीर झुकने सा लगता है।

⇒ शराब ना पीना आपका निजी फ़ैसला है और इसके लिए आपको किसी को सफाई देने की ज़रूरत नहीं है। लेकिन, आप शराब पीने के जोखिम के बारे में लोगों को सिखाने की जिम्मेदारी अपने ऊपर ना लें!

⇒ विशेषज्ञ जिस ड्रिंक का सुझाव देते हैं, वो है एक लंबे गिलास में क्लब सोडा और नींबू का एक टुकड़ा—इसमें ना तो शराब होती है और ना ही कैलरी लेकिन देखने में ये वोदका-टॉनिक या जिन-टॉनिक की तरह लगता है!

हल्की-फुल्की बातें करना

अपने सालों के प्रशिक्षण के माध्यम से, मैं इसे नंबर एक 'सॉफ्ट स्किल' कहना चाहूंगी, जिसे भारतीय अपग्रेड करना चाहते हैं। हालांकि विश्व स्तर पर हमें तकनीकी रूप से श्रेष्ठ और बौद्धिक रूप से प्रतिभाशाली के रूप में बताया गया है, लेकिन हम खुद को अनजान लोगों से बात करने में पिछड़ा हुआ मानते हैं।

हालांकि, एक बार जब हम इस शुरुआती रुकावट को पार कर लेते हैं, तो हमें कोई रोक नहीं सकता है!

हल्की-फुल्की बात क्या है? हल्की-फुल्की बात का मतलब है अजनबियों के साथ होने वाली ऐसी चर्चा जिसके नतीजों का कोई खास असर नहीं होता। दिलचस्प बात ये है कि हल्की-फुल्की बातों में कुछ भी अलग या खास नहीं होता—ये वही विषय होते हैं जिन पर आप कहीं भी, कभी भी चर्चा कर सकते हैं।

हल्की-फुल्की बात के फायदे

हल्की-फुल्की बातें करने की क्षमता एक ऐसा गुण है जो अधिकांश बिज़नेस टाइकून या बिज़नेस लीडर्स में बहुतायत से होता है। हल्की-फुल्की बात के कई फायदे हैं, जिनका विवरण नीचे दिया गया है:

⇒ इससे अनजान लोग भी कंफर्टेबल महसूस करते हैं, बिज़नेस एसोसिएट्स के बीच तनाव को कम करता है। हल्की-फुल्की बात किसी भी बातचीत की सकारात्मक शुरुआत का काम करती है।

⇒ यह आपको फर्स्ट इम्प्रेशन अच्छा बनाने में मदद करता है। आजकल, महत्वपूर्ण व्यावसायिक संबंध अक्सर पारंपरिक काम वाले माहौल के बाहर बनाए जाते हैं (हवाई अड्डे पर, रेस्तरां में, खेल आयोजनों में, चैरिटी/फंड जुटाने वाले इवेंट्स, गोल्फ कोर्स या एसोसिएशन मीटिंग्स में) और हल्की-फुल्की बात करने की आपकी क्षमता ही आपके करियर की सफलता के लिए महत्वपूर्ण हो जाती है।

⇒ यह आपको दूसरों के साथ 'कनेक्ट' करने में मदद करता है, और यह भविष्य के संबंध बनाने में मदद कर सकता है। उदाहरण के लिए, यदि आपके क्लाइंट का केबिन गोल्फ की यादगार चीजों से भरा है, तो स्पष्ट रूप से उनके साथ बातचीत शुरू करने के लिए गोल्फ एक अच्छा विषय है।

हल्की-फुल्की बात करना सर्वव्यापी है और सभी संस्कृतियों में ये मिलता है। एशियाई लोग हल्की-फुल्की बातों पर पर्याप्त समय 'निवेश' करने के बाद व्यापार पर चर्चा करना पसंद करते हैं—यह विश्वास बनाने और कंफर्ट हासिल करने का एशियाई तरीका है। चीन और जापान में, इन हल्की-फुल्की बातों में अक्सर हैसियत से संबंधित विषय होते हैं। भारतीयों के रूप में, हम बेहद

मेहमाननवाज़ हैं, पहले कुछ मिनट हम लोगों की पृष्ठभूमि पर चर्चा करके, उन्हें जलपान की पेशकश करके और हमारे देश में हमारे कार्यालय / यात्रा में उनके अनुभव के बारे में पूछताछ करके बेहतर तरीके से जानने में बिताते हैं। मध्य पूर्व और लैटिन अमेरिका में, हल्की-फुल्की बातों में कई व्यक्तिगत जांच वाले सवाल शामिल हो सकते हैं। दूसरी ओर, यूरोपीय और अमेरिकी, सभी व्यक्तिगत प्रश्नों से दूर रहकर, तटस्थ विषयों (उदाहरण के लिए, मौसम, अर्थव्यवस्था, खेल) पर संक्षेप में चर्चा करना पसंद करते हैं।

आपको हल्की-फुल्की बातें कब करनी चाहिएं?

कुछ ऐसी आम जगहें हैं जहां हमें हल्की-फुल्की बातें करनी चाहिएं:

⇒ बिज़नेस मीटिंग शुरू होने का **इंतज़ार** करते समय, इंतज़ार कर रहे दूसरे लोगों के साथ हल्की-फुल्की बातें करके इसे एक अवसर के रूप में इस्तेमाल करें।

⇒ अक्सर, **व्यावसायिक बातचीत** हल्की-फुल्की बातों पर खत्म हो जाती है, जो इसे खत्म करने का एक सुखद तरीका है।

⇒ **सामाजिक-व्यावसायिक सेटिंग्स** (नेटवर्किंग इवेंट, कॉकटेल पार्टी, ट्रेड फेयर, प्रशिक्षण कार्यक्रम, एसोसिएशन मीटिंग या प्रदर्शनियों) में, दूसरों को आरामदायक स्थिति में लाने के एक फौरी तरीके के रूप में हल्की-फुल्की बातों का इस्तेमाल करें।

⇒ **काम** के दौरान, लिफ्ट में, सीढ़ी पर, कैफेटेरिया में, रास्ते वगैरह में आप जिन सहकर्मियों से टकराते हैं, उनके साथ बात करने के लिए हल्की-फुल्की बातों का इस्तेमाल करें।

आपको क्या कहना है?

यह दो कारकों पर निर्भर है: व्यावसायिक अवसर और स्थान।

⇒ **आप अपने क्लाइंट के कार्यालय जाते हैं:** एक घर की तरह एक कार्यालय आपकी व्यक्तिगत पसंद और नापसंद का प्रतिबिंब होता है। अपने क्लाइंट/मेज़बान के कार्यालय के बारे में सराहनीय बातें कहना हमेशा सुरक्षित होता है। लोग उनके कला संग्रह या सजावट के बारे में टिप्पणियों को पसंद करते हैं। यदि डिस्प्ले में सर्टिफिकेट्स या मेडल्स लगे हुए हैं, तो उनके बारे में पूछने से आपका उनकी

नज़रों में आना सुनिश्चित है। याद रखें, आप जो भी कहें, तटस्थ रहें।

मुझे एक सीनियर वेल्थ मैनेजर द्वारा 'सुंदर कुत्तों' के बारे में सुनाई गई एक कहानी याद है, जिसमें उन्होंने अपने ग्राहक के डेस्क पर गर्व से प्रदर्शित उनकी फ्रेम की गई तस्वीरों को देखकर टिप्पणी की थी। क्लाइंट ने तुरंत पलटकर जवाब दिया, 'ये कुत्ते नहीं हैं, ये मेरे बच्चे हैं', और फिर वहां का माहौल अजीब हो गया! इससे सीखा गया सबक यह है कि आप कभी भी सुनिश्चित नहीं हो सकते कि कौन सा विषय 'सुरक्षित' है, लेकिन इससे आपको परेशान नहीं होना चाहिए।

⇒ **आपके कार्यालय में मिलने के लिए आने वाले लोग:** उनसे आपके कार्यालय को खोजने या ढूंढ़ने में उनकी आसानी के बारे में पूछना, उनका अब तक का दिन, यातायात या किसी भी तरह की देरी जो पूर्वनिर्धारित नहीं थी, भारत में हमेशा ही बातचीत को आगे बढ़ाने के रूप में काम करती है। उन्हें जलपान की पेशकश करें। भारत सहित कई एशियाई संस्कृतियों में पेय पदार्थों की पेशकश भी अनजान लोगों को आरामदायक स्थिति में लाने वाली होती है।

⇒ **नेटवर्किंग इवेंट्स में:** मेज़बान या इवेंट के बारे में कुछ तारीफ के काबिल कहना निश्चित रूप से अच्छा होता है। प्रायोजकों द्वारा किए गए प्रयास या स्पीकर के बारे में सकारात्मक टिप्पणी के बारे में बोलना एक और विषय है जो हमेशा एक अच्छी शुरुआत सुनिश्चित करता है। यदि आपने अपने श्रोता/उसकी फर्म के बारे में कोई अच्छी खबर पढ़ी है, तो उसे बताएं। हालांकि, अपने श्रोता की पोशाक के बारे में टिप्पणी करने में सावधान रहें, उदाहरण के लिए, 'सुंदर टाई/साड़ी...', या कोई व्यक्तिगत टिप्पणी करने से बचें।

बिज़नेस कम्युनिकेशन में बातचीत की शुरुआत के कुछ उदाहरण

⇒ 'मौजूदा मंदी/तेज़ी का असर बिज़नेस पर किस तरह पड़ा है?'

⇒ 'आपको ये आइडिया कैसे आया?'

⇒ 'आज भारी प्रतिस्पर्धा वाली इस दुनिया में सफल होने के लिए क्या करना पड़ता है?'

> ⇒ 'आपने किस वजह से इतना अनोखा करियर चुना?'
>
> ⇒ 'आपकी इंडस्ट्री में नए ट्रेंड्स क्या हैं?'

आम विषय

नीचे बताए गए विषयों में से कोई भी बिज़नेस या सोशल इवेंट्स—कहीं भी बातचीत की शुरुआत करने के लिए काफी काम आते हैं:

⇒ **मौसम:** दुनिया भर में अब तक का सबसे लोकप्रिय विषय। कहा जाता है कि अगर मौसम इतनी बार नहीं बदले तो ज़्यादातर लोग बातचीत शुरू नहीं कर पाएंगे!

⇒ **यातायात:** भारत के मेट्रो शहरों में ये एक सामान्य टॉपिक है, क्योंकि ये आपके किसी भी स्थान तक पहुंचने में लगने वाले समय को प्रभावित करता है या इसी की वजह से आपको देर हो रही होती है!

⇒ **करेंट अफेयर्स/खेल:** सामान्य सामाजिक या आर्थिक मामलों या गैर-विवादास्पद राजनीतिक विषयों पर कोई भी प्रासंगिक राष्ट्रीय या अंतर्राष्ट्रीय समाचार माकूल हल्की-फुल्की बातें हैं। क्रिकेट मैच में भारत की जीत हमेशा देश भर में अच्छी-खासी चर्चा का कारण बनती है। अंतर्राष्ट्रीय स्तर पर लोकप्रिय खेल फुटबॉल, टेनिस और फॉर्मूला वन हैं। यदि काम के लिए आपको सीईओ या बिज़नेस के मालिकों के साथ बातचीत करने की ज़रूरत है, तो 'गोल्फ के खेल की समझ' आपको काफी मदद कर सकती है।

⇒ **इवेंट या कार्यक्रम:** साज-सज्जा के बारे में अच्छी टिप्पणियां, बेहतरीन मेज़बान, दरियादिल प्रायोजक, बौद्धिक पैनलिस्ट (यदि कोई हो), जश्न की वजह और इसी तरह की अन्य बातें बातचीत शुरू करने का एक आदर्श तरीका है।

⇒ **इतिहास:** अपने देश या अपने मेज़बान के देश के इतिहास पर चर्चा करना दुनिया भर में लोगों को पसंद आता है। अतीत के काले पन्नों का उल्लेख न करें—जर्मनों के साथ द्वितीय विश्व युद्ध या विस्थापित पंजाबियों के साथ भारत के विभाजन पर चर्चा करना अनुचित है।

⇒ **कला और शिल्प**

⇒ **साहित्य**

⇒ **सिनेमा**

⇒ **घूमने-फिरने के स्थान:** भारत या आपके मेज़बान देश के देखने योग्य स्थान।

⇒ **स्थानीय भोजन:** स्थानीय व्यंजन और स्थानीय संस्कृति/लोकप्रिय रेस्त्रां।

⇒ **जब संदेह हो, तो दूसरे व्यक्ति पर ध्यान दें:** हर कोई अपने बारे में बात करना पसंद करता है! उनसे उनके पेशे, फर्म या उद्योग से संबंधित सवाल पूछिए, ये सभी जानकारियां उनके बिज़नेस कार्ड से मिल जाएंगी।

ओपन-एंडेड सवाल पूछकर और प्रतिक्रिया सुनने का इंतज़ार करके एक अच्छी बातचीत करने का प्रयास कीजिए। फिर, अपने व्यक्तिगत अनुभव और राय को जोड़ते हुए अगला सवाल कीजिए। बातचीत को टेनिस के एक मैच की तरह देखिए, जहां खेलने के लिए आपको गेंद को एक-दूसरे के पाले में पहुंचाना पड़ता है।

हल्की-फुल्की बातचीत के लिए छह सुनहरे शब्द

इन शब्दों से शुरू होने वाले सवाल आमतौर पर ऐसे होते हैं कि सुनने वाले को जवाब में कम से कम एक वाक्य बोलने पर मजबूर करते हैं। केवल सिर हिलाने या हां-ना बोलने से काम नहीं चलता।

⇒ कौन

⇒ क्या

⇒ कहां

⇒ कब

⇒ क्यों

⇒ कैसे

वर्जित विषय

कुछ विषय अनुपयुक्त होते हैं, कई बार जोखिम भरे भी। इनमें शामिल हैं:

⇒ **धर्म:** जुनून-जोश को काफी बढ़ाता है और काम पर या अजनबियों के साथ कभी भी चर्चा नहीं करनी चाहिए। यदि आपके धार्मिक

विचार काफी कट्टर हैं, तो उन्हें काम पर/काम से संबंधित कार्यक्रमों में दबाकर ही रखें। यदि जवाब के लिए बाध्य किया गया है, तो बिना किसी का पक्ष लिए जवाब देने की कोशिश कीजिए।

⇒ **राजनीति:** हर किसी के अलग-अलग राजनीतिक विचार होते हैं और आप किसी की राजनीतिक संबद्धता का अनुमान तब तक नहीं लगा पाएंगे जब तक आप उन्हें अच्छी तरह से नहीं जानते। इसलिए, इससे बचिए और राजनीति को अपनी बातचीत से दूर रखिए। यदि कोई राय मांगी जाती है, तो ऐसी बातों से बचते हुए जवाब दीजिए जिससे किसी की भावनाओं को ठेस पहुंच सकती हो।

⇒ **आतंकवाद:** हालांकि यह हमारे समय की एक दुखद वास्तविकता है, इस विवादास्पद विषय से दूर रहना सबसे अच्छा है।

⇒ **स्वास्थ्य:** स्वास्थ्य संबंधी सभी मुद्दों को पारिवारिक चर्चा के लिए रखा जाना चाहिए और काम या ऑफ़िस में विस्तार से नहीं बताया जाना चाहिए।

⇒ **धन/कमाई:** यह एक ऐसा क्षेत्र है जहां ज़्यादातर लोग फिसल जाते हैं! यदि कोई सहकर्मी आपसे कहता है कि उसने एक नया घर या एक नई कार खरीदी है, तो उदार बनिए और कहिए, 'बधाई हो!' बजाय यह सवाल करने कि 'आपने घर कहां से खरीदा? 'कितने बेडरूम?' या 'आपने कौन सी कार खरीदी?' इस प्रकार आप उनके वेतन या उनकी बचत का अनुमान लगाने की कोशिश करते हैं।

⇒ **उम्र:** पुरानी कहावत है कि 'कभी भी किसी पुरुष से उसकी कमाई और किसी महिला से उसकी उम्र मत पूछिए'। यह कहावत बिना किसी लिंग पूर्वाग्रह के अभी भी सच है! किसी शख्स से उनकी उम्र नहीं पूछिए या उससे अप्रत्यक्ष रूप से ऐसा कोई सवाल भी नहीं कीजिए जिससे आपको उसकी उम्र का अंदाज़ लगाने में मदद मिलेगी।

⇒ **व्यक्तिगत जीवन:** लोग बहुत अधिक व्यक्तिगत सवाल पूछा जाना पसंद नहीं करते हैं। उनसे यह पूछना कि क्या वे शादीशुदा हैं या तलाकशुदा हैं, या उनके निजी जीवन में किसी स्कैंडल के बारे में पूछना वर्जित है।

हल्की-फुल्की बातें केवल शब्द नहीं होतीं: इनमे मुस्कुराना और सकारात्मक शारीरिक भाषा प्रदर्शित करना शामिल है जैसे अपने शरीर को आराम से रखना

और पर्सनल स्पेस का सम्मान करते हुए थोड़ा आगे झुककर रुचि दिखाना। इसके अलावा, इसमें हमारे प्रति दूसरों की ग्रहणशीलता का आकलन करना और अच्छा नहीं लगने पर भी, उन्हें विनम्रता से क्षमा करना शामिल है। व्यापार में संबंध बनाने के लिए हल्की-फुल्की बात एक आवश्यक सामाजिक कौशल है। आखिरकार हल्की-फुल्की बात से बड़ी बात बनती है और अंत में बड़ा धंधा।

नेटवर्किंग की बाधाएं

जबकि अधिकांश लोग इस बात से सहमत हैं कि नेटवर्किंग फायदेमंद रिश्तों को जोड़ने, बातचीत करने और विकसित करने का एक आदर्श तरीका है, अजनबियों से भरे कमरे में घुसने की संभावना कई लोगों के लिए बेहद डरावनी हो सकती है। कई लोग मानसिक बाधाओं के कारण इस अवसर का कम इस्तेमाल करने के जाल में फंस जाते हैं, जो उन्हें अपने 'कम्फर्ट ज़ोन' से बाहर निकलने और नए लोगों से मिलने से रोकती हैं। कॉर्पोरेट इंडिया के हज़ारों बिज़नेस प्रोफेशनल्स के साथ मेरी बातचीत दिखाती है कि नीचे बताई गई चीज़ें अपने ऊपर लगाई गई सबसे बड़ी बाधाएं हैं।

'मैं शर्मीला हूं'

बहिर्मुखी व्यक्तित्व वाले लोग बोलने की शुरुआत करने में उत्कृष्ट होते हैं क्योंकि वे सही शब्दों, आत्मविश्वास, आकर्षण और मिलनसार व्यक्तित्व से लैस होते हैं। दूसरी ओर, हम में से कई लोग शर्मीले होते हैं और किसी अजनबी से बात करने का विचार हमारी रीढ़ में सिहरन पैदा कर देता है। इस तथ्य से आपको विश्वास मिलेगा कि शर्मीले लोग लंबे समय तक चलने वाले रिश्ते बनाने में बहिर्मुखी व्यक्तित्व वाले लोगों से बेहतर प्रदर्शन करते हैं क्योंकि वे बेहतर श्रोता बनाते हैं, बेहतर विश्लेषणात्मक कौशल प्रदर्शित करते हैं और अन्य लोगों की ज़रूरतों को समझने में अधिक समय लगाते हैं।

स्पष्ट रूप से, आपका लक्ष्य नए लोगों से मिलना और प्रोफेशनल सर्किल्स में आपके ज़्यादा दिखने की संभावना में सुधार करना है। शर्म की जड़ें डर में होती हैं—यह शर्मिंदगी, अस्वीकृति या असफलता के डर से पैदा होती है। आपके अंदर का आलोचक ही आपको हतोत्साहित करता है लेकिन यहां ऑस्कर ब्लूमेंथल के शब्दों को याद रखना फायदेमंद होगा: 'सामाजिकता खुद को अपने साथ व्यस्त रखने को भूलने की कला है।'

ऐसी परिस्थितियां बनाएं जहां आप छोटे समूहों जैसे उद्योग संघ, हॉबी क्लास, चैरिटी या स्वयंसेवकों के समूह में समान विचारधारा वाले लोगों से मिल सकें बजाय 200 लोगों वाले बड़े-बड़े आयोजनों के। यह आपको कंफर्ट ज़ोन में एक नेटवर्क बनाने में मदद करेगा और आप धीरे-धीरे बड़े और ज़्यादा लोगों के संपर्क वाले आयोजनों में जा सकते हैं।

'मेजबान ने मेरा किसी से परिचय नहीं कराया...'

बिज़नेस की आज की व्यस्त दुनिया में, कॉर्पोरेट आयोजन बड़े पैमाने पर होते हैं और बेहद अवैयक्तिक हो सकते हैं। किस मेज़बान के पास अपने सभी मेहमानों को एक दूसरे से मिलवाने का समय है? हो सकता है कि मेज़बान बेहतर नेटवर्क बनाने में आपकी मदद करने के लिए स्वयं नेटवर्किंग में बहुत व्यस्त हो। ऐसे मामलों में आत्म-परिचय की कला में महारत हासिल करके खुद की मदद कीजिए—एक समूह या एक व्यक्ति के पास जाइए, हल्की मुस्कान के साथ हाथ मिलाइए और बातचीत शुरू करते हुए उनसे जुड़िए।

'मुझे अजनबियों से बात करना पसंद नहीं'

एक अजनबी वह व्यक्ति होता है जो 'न तो दोस्त होता है और न ही परिचित'। इंसान के रूप में हम अपरिचित चीज़ से दूर रहते हैं, और यही बात लोगों के साथ भी लागू होती है। लेकिन अगर किसी को कॉर्पोरेट जगत में सफल होना है, तो उसे इस रवैये को छोड़ना होगा। अगर आप किसी पार्टी में अजनबियों से भरे कमरे में जाते हैं, तो दिखावा कीजिए कि आज आपकी एक अजनबी के साथ डेट है, यानी एक ऐसा व्यक्ति जिससे आप पहले कभी नहीं मिले हैं, आगे बढ़िए और अपना परिचय दीजिए! हालांकि, इससे पहले, उनसे कहने के लिए अपने मन में पांच चीज़ों की एक लिस्ट बना लीजिए और अगर आपके दिमाग में कुछ भी नहीं आता है, तो बस सामान्य हल्की-फुल्की बात से शुरुआत कीजिए।

'मैं आक्रामक नहीं दिखना चाहता'

अगर आप लोगों को उस रफ्तार से जवाब देने की छूट नहीं देते हैं, जिसके साथ वे सहज हैं, तो आप आक्रामक (ऑनलाइन या ऑफलाइन दोनों) दिखाई देते हैं। दूसरी ओर, नेटवर्किंग इवेंट में केवल लोगों के साथ बातचीत करना

आपके मिलनसार होने को दिखाता है और आपको आक्रामक शख्स के तौर पर पेश नहीं करेगा।

ऐसे आयोजनों में, कुछ भी बेचने की कोशिश नहीं कीजिए; इसके बजाय लोगों को छोटी-छोटी जानकारी देते हुए अपने उत्पाद/सेवाओं के बारे में बताएं और उन्हें यह तय करने दें कि क्या वे इसे आगे अपनाना चाहते हैं। बातचीत के दौरान अपना बिज़नेस कार्ड दूसरों को थोड़ी देर के बाद दीजिए क्योंकि इसे बहुत जल्दी देना, यहां तक कि हाथ मिलाने या हाय-हैलो करने से पहले, आपको आक्रामक दिखाता है।

'मेरे इरादों को गलत समझा जा सकता है; मैं नौकरी तलाशने वाले की तरह दिख सकता हूं'

हालांकि मैं मानती हूं कि नेटवर्किंग नौकरी लेने का (प्रत्यक्ष या अप्रत्यक्ष रेफरल के माध्यम से) एक शानदार तरीका है, यह बातचीत को चतुराई से मोड़ने की आपकी क्षमता है जो आपके पक्ष में काम करेगी। अगर आप नौकरी की तलाश में हैं भी तो भी खुले तौर पर इसको नहीं ज़ाहिर कीजिए बल्कि दूसरे लोगों को अप्रत्यक्ष तरीके से अपने कौशल के बारे में बताइए। और यदि आपको नौकरी की तलाश नहीं है, तो बस अपने ऑफ़िस या काम और बिज़नेस की बात करते हुए संतोष व्यक्त कीजिए!

'मुझे कभी कोई सफलता नहीं मिलती'

यदि आप नेटवर्किंग इवेंट्स के बुलावे को ठुकराते समय बार-बार ऐसा कहते हैं, तो आप साफ़ तौर पर 'वन आवर सिंड्रोम' से पीड़ित हैं। अक्सर, नेटवर्किंग इवेंट्स में भाग लेने वाले लोग तुरंत फायदे की तलाश में रहते हैं, यानी शाम के अंत तक बिज़नेस मिल जाए। अगर यह आपका उद्‌देश्य है, तो आप गलत कारणों से नेटवर्किंग कर रहे हैं और सबसे अधिक संभावना है कि आप बहुत निराश होंगे। जैसा कि पहले बताया गया है, खेती की तरह नेटवर्किंग के लिए समय, ऊर्जा और धन के निवेश की आवश्यकता होती है। कभी-कभी, आपको लोगों के साथ महीनों, यहां तक कि सालों तक संपर्क में रहने की ज़रूरत होगी, इससे पहले कि वे आपके साथ व्यापार करने के लिए आप पर पर्याप्त विश्वास करें।

टिप्स: आपको बिज़नेस देने की किसी व्यक्ति की क्षमता के बारे में निर्णय लेते समय जल्दबाज़ी नहीं करें। साथ ही, जिन लोगों से आप बात कर रहे हैं, उनके बारे में चुनिंदा सोच नहीं रखें क्योंकि नेटवर्किंग में सबके लिए एक बराबर मौके होते हैं—कभी-कभी, किसी संगठन में सबसे निचले पायदान वाला शख्स भी एक बड़े कॉन्ट्रैक्ट को दिलाने में सहायक साबित हो सकता है!

भारतीय पूर्वाग्रह

मैंने गौर किया है कि हममें से बहुत सारे लोग भारत के अलग-अलग हिस्सों से आने वाले अपने देशवासियों के प्रति कुछ पूर्वाग्रह रखते हैं। एक आसान सा उदाहरण है सरदारों और मद्रासियों पर बनने वाले चुटकुले। लोगों को स्टीरियोटाइप कर देना एक बेहद खराब आदत है और काम में या सामाजिक-व्यावसायिक माहौल में बड़ी शर्मिंदगी की वजह बन सकती है। अपना दिमाग खुला बनाइए—नस्ल, रंग, धर्म, लहजा, जाति या राज्य के दायरे से बाहर निकलिए और स्वस्थ संबंधों का फायदा उठाइए।

नाम याद रखने की कला

किसी व्यक्ति का नाम याद रखने की क्षमता सामाजिक रूप से और कारोबार दोनों में एक बड़ा कौशल है। हालांकि, ज़्यादातर समय मैं लोगों को शिकायत करते देखती हूं, 'ओ नहीं! उनका नाम क्या है? पिछले एक साल में मैं उनसे कम से कम दो बार मिल चुका हूं लेकिन उनका नाम मुझे याद नहीं आ रहा है!'

मैं एक कंसल्टिंग फर्म के सीईओ को जानता हूं जो लोगों के नाम याद रखने में उस्ताद हैं। जब मैंने उनसे पूछा कि वो इसे कैसे करते हैं, तो उन्होंने बताया कि वह एक हॉबी कार्टूनिस्ट हैं। उलझन के साथ मैंने पूछा, 'इससे आपको नाम याद रखने में कैसे मदद मिलती है?' उन्होंने हंसते हुए समझाया कि एक कार्टूनिस्ट के रूप में, वो किसी व्यक्ति के चेहरे या शरीर की एक प्रमुख विशेषता चुनते हैं, उसे एक छवि में बदल देते हैं और इस विशेषता को उसके नाम से जोड़ देते हैं। उदाहरण के लिए, बड़ी नाक वाला अजय, झाड़ीदार

भौंहों वाला सुरेश, मटके जैसे पेट वाला कुणाल, बड़ी आंखों वाली अलेखा और बहुत कुछ जो वो मेरे साथ शेयर नहीं कर सके! अनोखी बात है, है ना?

इन टिप्स का इस्तेमाल करके नाम याद रखने का काम कीजिए:

⇒ **अपने मन की आवाज़ को बदलने की कोशिश करें:** हम सभी मानते हैं कि अगर हम नाम याद रख सकें तो यह हमारे व्यावसायिक कौशल के लिए एक बड़ी चीज़ है, फिर भी हम में से अधिकांश लोग कोशिश भी नहीं करते हैं। हम अपने मन की आवाज़, 'मैं नामों को याद रखने में बहुत बुरा हूं' पर भरोसा करके अपना आत्मविश्वास खो देते हैं। अपने-आप से वादा कीजिए कि आप नामों को याद रखने की कोशिश करेंगे और अपने मन की आवाज़ को 'मैं नाम याद रखने में अच्छा हूं' में बदलने की कोशिश करेंगे।

⇒ **अभ्यास ही सफल बनाता है:** किसी नए व्यक्ति से मिलते समय, उनके बिज़नेस कार्ड पर तुरंत नज़र डालिए और उस व्यक्ति का नाम दोहराइए, जैसे 'अमित, आपसे बढ़िया मुलाकात हुई।' या बातचीत के दौरान कहें 'तो अमित, ... से संबंधित नई नीतियों पर आपका क्या विचार है' या 'आपसे मिलकर अच्छा लगा, अमित। आगे भी बातचीत होती रहेगी।' बोलकर बातचीत का अंत कीजिए। जितना अधिक आप किसी व्यक्ति के नाम का इस्तेमाल करेंगे, भविष्य में नाम-चेहरे के संबंध बनाने की आपकी क्षमता उतनी ही बेहतर होगी।

⇒ **कठिन नाम:** हर किसी को अपने नाम की ध्वनि पसंद होती है, चाहे वह कितनी भी कठिन या अनोखी क्यों न हो। यदि आप किसी रूसी या पोलैंड के शख्स से मिलते हैं जिसका नाम आप सही से नहीं ले पा रहे हैं, तो उन्हें इसे दोहराने के लिए कहिए और जितना हो सके उनकी नकल करने की कोशिश कीजिए। यदि आपके हाथों में उनका बिज़नेस कार्ड नहीं है, तो उनसे कहिए, 'आपका नाम काफी अनूठा है। मैं इसे कैसे लिखूं?'

⇒ **नामों का गुलदस्ता बनाएं:** अगर किसी शख्स का नाम किसी प्रसिद्ध व्यक्ति या परिवार के किसी सदस्य या किसी परिचित के साथ मिलता है, तो उन्हें उसी श्रेणी में शामिल करें। आप किसी व्यक्ति के नाम को सामान्य तौर पर इस्तेमाल किए जाने वाले शब्दों के साथ भी जोड़ सकते हैं—उदाहरण के लिए, आरती, पूजा और आराधना सभी का मतलब प्रार्थना है। या, आप किसी व्यक्ति के करियर या

शौक से भी इसे जोड़ सकते हैं।

⇒ **ध्यान से सुनिए:** अक्सर, हम ध्यान से नहीं सुनते क्योंकि हमारा ध्यान इधर-उधर होता है और शख्स का नाम याद रखने में असफल होते हैं। जब व्यक्ति अपना नाम कह रहा हो तो ध्यान केंद्रित करने की भरसक कोशिश करें। इसके बाद, उसके अक्षरों को तैरते हुए रूप में देखें—उदाहरण के लिए, 'N-A-V-I-S-H-A' और यह आपके दिमाग में बेहतर तरीके से दर्ज होता है।

⇒ **रिकॉर्ड रखें:** अगर आप उन लोगों को याद रखना चाहते हैं जिनसे आप सालों पहले मिले हैं, तो एक सिलसिलेवार रिकॉर्ड बनाए रखें। उदाहरण के लिए, अंकित, 35 वर्ष, मेरे कॉलेज से एमबीए किया, बेंगलुरु, ओरेकल के लिए काम कर रहा है। विवरण निश्चित रूप से व्यक्ति को बाद में याद करने में मदद करते हैं।

अगर आप किसी शख्स का नाम भूल जाएं तो क्या करें?

अपना हाथ आगे बढ़ाएं, गर्मजोशी भरी मुस्कान दें और अपना नाम कहें। इससे सामने वाला शख्स भी यही चीजें दोहराने पर मजबूर होगा।

या,

ईमानदारी से कह दें, 'आज थोड़ा अजीब दिन है। मुझे आपका नाम याद नहीं आ रहा।'

या,

गर्मजोशी से मुस्कुराते हुए कहें, 'आपको दोबारा देखकर बहुत अच्छा लगा' और फिर बातचीत आगे बढ़ाएं।

फॉलो अप करने के स्मार्ट तरीके

नेटवर्किंग की कला सीखना जितना महत्वपूर्ण है, उतना ही संपर्क में रहकर और अपने नेटवर्क के सदस्यों को यह दिखाकर कि आप उनके साथ अपने संबंधों को महत्व देते हैं, अपने नेटवर्क को जीवित रखना भी महत्वपूर्ण है।

संपर्क में रहने के तरीके

संपर्क में रहने के कुछ बेहतरीन तरीके नीचे बताए गए हैं:

⇒ यह सुनिश्चित करते हुए कि आप उनकी आमंत्रितों की सूची में बने रहें, मेज़बान को गर्मजोशी से धन्यवाद दें।

⇒ नेटवर्किंग इवेंट में मिले सभी लोगों के साथ फिर से संपर्क स्थापित करने के लिए अगली सुबह एक ईमेल भेजें। 'आपसे मिलकर खुशी हुई और मैं संपर्क में रहने के लिए उत्सुक हूं' जैसा वन-लाइनर पर्याप्त है।

⇒ बिज़नेस मील्स या ऑफ़िस के बाद ड्रिंक के लिए मिलें।

⇒ सदस्यों के साथ फिर से जुड़ने के लिए एसोसिएशन की बैठकों में हिस्सेदारी करें।

⇒ कभी-कभी, अपनी नौकरी में बदलाव/पदोन्नति/टीवी या मीडिया में किसी विशेष उपस्थिति के अपडेट के साथ एक ईमेल भेजें।

⇒ कभी-कभी, टेलीफोन पर बातचीत करें।

⇒ अन्य कॉर्पोरेट/नेटवर्किंग कार्यक्रमों में मिलने की व्यवस्था करें।

⇒ आंतरिक रूप से, अपनी फर्म के उन लोगों से जुड़े रहने के लिए बैठक करें जिनके साथ आपकी हर दिन बातचीत नहीं हो पाती है।

⇒ ईमेल के माध्यम से जानकारी से भरे लेख भेजें—जैसे अपने न्यूज़लेटर।

⇒ धन्यवाद ईमेल भेजें (रेफरल के लिए, किसी दूसरे काम के हो जाने के लिए या इसी तरह का कुछ और)।

⇒ डाक के माध्यम से धन्यवाद नोट भेजें (पेपरलेस कार्यालयों में ऐसी चीज़ें अलग अहमियत रखती हैं)।

⇒ जन्मदिन या सालगिरह की शुभकामनाएं भेजें।

⇒ एक सामान्य आवश्यकता के आधार पर अपने नेटवर्क के दो लोगों को एक-दूसरे से जोड़कर 'कनेक्टर' बनें, इस तरह दोनों आपके शुक्रगुज़ार रहेंगे।

⇒ आउट-ऑफ़-द-बॉक्स विकल्पों जैसे किसी फिल्म, क्रिकेट मैच, संगीत कार्यक्रम या नाटक के टिकट दें।

जिन लोगों से आप हाल ही में मिले हैं, उन्हें प्रतिक्रिया नहीं देने का विकल्प दें यदि विचार एक जैसे नहीं हों।

⇒ कोई ईमेल यदि बिना देखा रह गया हो या उसका जवाब नहीं आया हो, तो भी रिमाइंडर भेजने से पहले कम से कम 72 घंटे तक इंतज़ार करें। वरिष्ठ लोगों से संपर्क करते समय उनके कार्यालय सहायक से बात करना एक अच्छा विकल्प है। अगर उनके पास सहायक नहीं है, तो 3-5 दिनों के बाद रिमाइंडर भेजें। यदि इसके बाद भी आपको कोई प्रतिक्रिया नहीं मिलती है, तो मामले को आगे न बढ़ाएं। संकेत को समझें—वे आपके संपर्क में नहीं रहना चाहते, कम से कम अभी तो नहीं!

⇒ अपने ईमेल ब्राउज़र पर 'Read' प्रतिक्रिया को सेटिंग्स के तौर पर व्यवस्थित नहीं करें, क्योंकि यह भरोसे की कमी को दर्शाता है और अगर वे आपको जवाब नहीं देना चाहते हैं तो रिसीवर को असहज स्थिति में डाल सकता है।

⇒ टेलीफोन के माध्यम से लोगों से संपर्क करने का प्रयास करें क्योंकि यह आपकी उत्साही आवाज़ को उन तक पहुंचाता है। यदि आपने टेलीफोन के माध्यम से उस व्यक्ति तक पहुंचने की कोशिश की है और आप उस तक नहीं पहुंच पा रहे हैं, तो उसके लिए एक मैसेज छोड़ दें। अगर आपको 3-5 दिनों में उनसे कोई जवाब नहीं मिलता है, तो फिर से कॉल करने का प्रयास करें। तीसरी बार कोशिश न करें—संकेत को समझें।

⇒ कभी भी दो बार से अधिक प्रयास न करें। चूंकि हम भारतीय 'नहीं' कहना पसंद नहीं करते हैं, हम कभी भी किसी को यह नहीं बताएंगे कि हमें कोई दिलचस्पी नहीं है, भले ही हमारा मतलब यही हो।

टिप 1: अगर आपने किसी कार्यक्रम में किसी से वादा किया है कि 'मैं आपको फोन करूंगा।' पूरी तरह से पेशेवर होने का पहला नियम यही है कि अपनी प्रतिबद्धता का पालन करें। आप उसी शख्स से बाद में मिल सकते हैं और वे आपके बारे में गलत राय बना सकते हैं। इससे आपकी प्रतिष्ठा और आपके बिज़नेस को नुकसान हो सकता है।

टिप 2: अपने कॉन्टैक्ट लिस्ट या अपने मोबाइल से कभी भी नाम नहीं हटाएं—आप कभी नहीं जानते कि आपको उस शख़्स की फिर से कब ज़रूरत पड़ जाए।

क्या आप रेफरल के लिए अनुरोध करते हैं?

एंडलेस रेफरल्स नामक किताब के लेखक बॉब बर्ग लिखते हैं: 'मैं नेटवर्किंग को पारस्परिक रूप से लाभप्रद, लेन-देन, हर किसी के लिए फायदेमंद संबंधों को बढ़ाने के रूप में परिभाषित करना पसंद करता हूं... अंतिम परिणाम लोगों का एक बड़ा और विविध समूह विकसित करना हो सकता है जो ख़ुशी-ख़ुशी और लगातार हमारे लिए बहुत सारे बिज़नेस रेफर करेगा, जबकि हम भी उनके लिए ऐसा ही करेंगे।'

रेफरल मांगना बिज़नेस करने का एक फायदेमंद तरीका है क्योंकि यह आपकी और भी ज़्यादा बिज़नेस करने की क्षमता को बढ़ाता है, आपके नेटवर्क को मज़बूत करता है और नए संपर्क विकसित करने में लगने वाला आपका समय भी बचाता है। रेफरल के संबंध में निम्नलिखित बातें याद रखें:

⇒ रेफरल मांगते समय, सुनिश्चित करें कि आप उस व्यक्ति को ना कहने का विकल्प दे रहे हैं अगर वो आपको रेफर नहीं करना चाहते हों। रेफर करने का सबसे अच्छा तरीका यह है कि उनसे संबंधित व्यक्ति को एक ईमेल भेजने का अनुरोध किया जाए, जिसकी कॉपी आपको भी भेजी गई हो, ताकि आप उस बातचीत को आगे बढ़ा सकें। यह कनेक्ट करने का सभ्य और तेज़ तरीका है, जिससे दूसरे व्यक्ति को 'नहीं' कहने की आज़ादी मिलती है।

⇒ अगर आपको रेफरल दिया गया है, तो आपको रेफर करने वाले व्यक्ति को ईमेल या टेलीफोन के माध्यम से धन्यवाद दें या धन्यवाद नोट भेजें। किसी को रेफर करते समय लोगों की सबसे बड़ी शिकायत यह होती है कि वे उस व्यक्ति से बदले में कोई जवाब नहीं पाते। अगर आप उस व्यक्ति के साथ बिज़नेस करने में कामयाब रहते हैं जिसे उन्होंने रेफर किया है, तो उन्हें फिर से धन्यवाद दें। आखिरी बात विशेष रूप से महत्वपूर्ण है अगर आप वकील या फाइनेंशियल मैनेजर हैं!

लोगों की नज़र में आने के तरीके

लगातार लोगों की नज़रों में बने रहने व उनके दिमाग में हमेशा सबसे पहले याद आने के लिए, अल्पकालिक और दीर्घकालिक रणनीतियां होती हैं।

अल्पकालिक रणनीतियां

ये तेज़ नतीजे देते हैं, और आपको तुरंत लोगों की नज़र में आने में मदद मिलती है।

⇒ **स्वैच्छिक कार्य:** किसी चैरिटी के काम में जुड़ जाएं और एक स्वयंसेवक के तौर पर उनके किए जा रहे कामों में शामिल हों। यह समाज को वापस लौटाने के साथ-साथ समान विचारधारा वाले लोगों से मिलने का एक शानदार तरीका है।

⇒ **स्पीकर सर्किट से जुड़ें:** अपने कॉलेज या क्लब में किसी ऐसे विषय पर बोलें, जिसके बारे में आप जुनूनी हैं। इससे सार्वजनिक तौर पर आपके बोलने का कौशल सुधरेगा और यह भी सुनिश्चित होगा कि आप लगातार नए लोगों से मिलते रहें। किसी विचार को सामने वाले तक पहुंचाने की क्षमता को इक्कीसवीं सदी में व्यावसायिक सफलता के लिए नंबर एक कौशल माना जाता है।

⇒ **पत्रिका या अखबार के लिए लिखें:** जब लोग आपके लेख को पढ़ते हैं, तो वे आपको बेहतर तरीके से याद रख पाते हैं क्योंकि वे आपके नाम व चेहरे से खुद को जोड़ पाते हैं। आप किसी ट्रेड जर्नल, इन-हाउस न्यूज़लेटर या ई-पत्रिका के लिए लिखने की कोशिश कर सकते हैं।

⇒ **अपने चुने हुए क्षेत्र में विशेषज्ञ बनें:** कभी लिखकर और कभी बोलकर अपनी रुचि के क्षेत्र में विश्वसनीयता विकसित करने का प्रयास करें। इसके अतिरिक्त, यह मीडिया के लिए सूचना का स्रोत बन जाता है और आपकी विशेषज्ञता के क्षेत्र से संबंधित मामलों पर अपने विचार देते समय उपयोगी हो सकता है। अपने फोटोग्राफ और प्रोफाइल की एक सॉफ्ट कॉपी अपने पास रखें, जिसे ज़रूरत पड़ने पर तुरंत भेजा जा सकता है।

⇒ **ब्लॉगिंग:** यह एक लोकप्रिय माध्यम है। यह आपके अनुभवों के बारे में एक ऑनलाइन जर्नल के रूप में काम करता है और दूसरे

ऑनलाइन पेशेवरों के साथ नेटवर्किंग बनाने का एक मज़ेदार तरीका है। यह ब्रांड के प्रति जागरूकता पैदा करता है, आपको अपने ग्राहकों के लिए सुलभ बनाता है और फीडबैक हासिल करने या एक बड़े समूह तक संदेश को पहुंचाने का एक शानदार तरीका है।

⇒ **ट्विटर:** ट्विटर ब्रांड के प्रति जागरूकता पैदा करने और अपने व्यावसायिक सहयोगियों और प्रतिस्पर्धियों को सुनने, नए उत्पाद लॉन्च करने, तेज़ फीडबैक हासिल करने और उद्योग के विशेषज्ञों से मिलने का एक शानदार तरीका है।

लंबी अवधि की रणनीतियां

लंबी अवधि में, आपको एक 'कोर टीम' बनाने की ज़रूरत है। जैसा कि हार्वे मैके ने अपनी पुस्तक *डिग योर वेल बिफोर यू आर थर्स्टी* में बताया है, पेशेवर और सामाजिक दोनों स्तरों पर एक कोर टीम बनाना बहुत ज़रूरी है। इस टीम में ऐसे लोग शामिल होने चाहिएं जो आपके लिए कुछ अलग करने को तैयार हों क्योंकि वे आपके साथ बातचीत करना पसंद करते हैं और आपको समृद्ध देखना चाहते हैं। अपने संपर्कों के डेटाबेस का मूल्यांकन आप तक उनकी पहुंच, उनके अनुभव और कनेक्शन की गुणवत्ता और सबसे महत्वपूर्ण बात यह है कि वे आपके साथ कैसा व्यवहार करते हैं, के आधार पर करें। उन लोगों को चुनें जो आपको ज़रूरी और मूल्यवान होने का अनुभव कराते हैं। इस बात का ध्यान रखें कि आपको भी अपनी कोर टीम के सदस्यों को बदले में कुछ देने की स्थिति में होना चाहिए, क्योंकि नेटवर्किंग कभी भी इकतरफा रास्ते की तरह काम नहीं कर सकती है।

मैं एक ऐसे वरिष्ठ बैंकर को जानती हूं जिन्हें नए लोगों से मिलने की कला में महारत हासिल है। वह मुंबई से सिंगापुर और फिर हांगकांग, लंदन और अंत में इंडोनेशिया चली गईं। उनका मंत्र है स्थानीय क्लबों और व्यापार मंचों में जल्द से जल्द शामिल होना और फिर उत्साह के साथ घुलना-मिलना। वह आसानी से घुल-मिल जाती हैं, अच्छी तरह से फिट हो जाती हैं, क्योंकि वह कुछ नया खोजने में लगी रहती हैं और किसी के भी बारे में अपनी राय नहीं बनाती हैं, जो उन्हें बिना किसी पूर्वाग्रह वाला दिखाता है। कुछ सालों के बाद, जब आगे बढ़ने का समय आता है, तो वह अपने पीछे बहुत से ऐसे व्यक्ति छोड़ जाती हैं, जिन्हें वह मित्र और व्यावसायिक सहयोगी बुला सकती हैं—वे लोग जो उनके साथ अपनी बातचीत के बारे में सकारात्मक महसूस करते हैं और भविष्य में उनके साथ संपर्क में रहने की आशा करते हैं। अब दुनिया भर में उनके दोस्त हैं!

अपनी 'कोर टीम' बनाने की दिशा में निम्नलिखित कदम उठाएं:

चरण 1: निम्नलिखित मापदंडों के आधार पर अपने संपर्कों के डेटाबेस का विश्लेषण करें:

⇒ क्या वे आसानी से उपलब्ध हैं? उदाहरण के लिए, क्या वे आपके फ़ोन कॉल का जवाब देते हैं?

⇒ क्या वे आपकी मदद करने के लिए तैयार होंगे?

⇒ क्या उनके पास आपकी सहायता करने का समय है?

⇒ क्या वे आगे बढ़ने में आपकी मदद करने के लिए आपको अपने संपर्कों से जोड़ेंगे?

⇒ आप वास्तव में उनसे क्या चाहते हैं? अंतिम लक्ष्य पर ध्यान दें।

⇒ आप उनकी मदद के एवज में उन्हें कुछ देने की योजना कैसे बनाते हैं?

चरण 2: एक बार जब आप कोर टीम की पहचान कर लेते हैं, तो उसके बाद काम करने का समय है। हर व्यक्ति का विस्तृत प्रोफाइल बनाएं और अपनी टीम के हर सदस्य से जुड़े इन सवालों पर विचार करें :

⇒ क्या आप उनके जन्मदिन और सालगिरह के बारे में जानते हैं? अगर

हां, तो क्या आप इन दिनों में उन्हें शुभकामनाएं देते हैं? अगर नहीं, तो ऐसा करना शुरू करें क्योंकि हम उन लोगों को याद रखते हैं जो हमारे विशेष दिनों में हमें बधाइयां देते हैं। क्या आप उनके पति या पत्नी और बच्चों के नाम जानते हैं, अगर कोई हो? क्या आप उनके निजी जीवन के बारे में कुछ और जानते हैं?

⇒ क्या आप उनकी रुचियों या शौकों के बारे में जानते हैं? क्या उन्हें बिलियड्र्स पसंद हैं? या शास्त्रीय गायन? या ट्रेकिंग? क्या वे नए बॉलीवुड ब्लॉकबस्टर/थिएटर/खेल आयोजन/संगीत कार्यक्रम आदि के लिए पास मिलने पर उसकी सराहना करेंगे?

⇒ क्या वे जानकारी या ज्ञान के प्रति रुझान रखते हैं? क्या वे अपनी विशेषज्ञता के क्षेत्र के बारे में जानकारी प्राप्त करना चाहेंगे?

⇒ आप नियमित रूप से उनके साथ संपर्क में रहने की योजना कैसे बनाते हैं? क्या वे दोपहर के भोजन या कॉफी की चुस्कियों के साथ मिलना पसंद करते हैं? क्या वे भोजन पर मिलना पसंद नहीं करते हैं लेकिन टेलीफोन के माध्यम से संपर्क में रहना पसंद करते हैं?

⇒ क्या आपने बीते एक साल में उनके लिए कुछ खास किया है?

⇒ क्या आप उनकी हर मदद (रेफरल/सहायता/सूचना/आमंत्रण) के लिए उन्हें धन्यवाद देते हैं, चाहे वो कितनी भी छोटी क्यों ना हो?

उन्हें 4 समूहों (ए, बी, सी और डी) में बांटते हुए उनके लिए प्राथमिकता तय करें, जो आपके करियर के लिए सबसे महत्वपूर्ण हैं। अंतिम समूह (डी) के साथ नेटवर्किंग शुरू करें क्योंकि यह उन लोगों पर आपके नेटवर्किंग कौशल को चमकाने का एक शानदार मौका प्रदान करता है जो आपकी सफलता के लिए 'महत्वपूर्ण' नहीं हैं। इन लोगों के साथ मीटिंग्स, टेलिफोन पर बातचीत, बिज़नेस मील्स या क्विक चैट करें और कोई भी खर्च खुद उठाएं। जैसे-जैसे आप आगे बढ़ेंगे, आप देखेंगे कि आप उस शख्स के जीवन में तेज़ी से योगदान दे रहे हैं और वे आपके लिए। जब आप इसे अच्छी तरह से कर लें तो अगले समूह की ओर कदम बढ़ाएं।

आपके बिज़नेस या भौगोलिक स्थिति के आकार-प्रकार की परवाह किए बिना, अपने संपर्कों के डेटाबेस को मैनेज करें क्योंकि सभी बिज़नेस में यह एक जायदाद की तरह होता है। अपनी कोर टीम पर काम करें, जैसे-जैसे आप आगे बढ़ें, इसका पोषण करें क्योंकि यह 'मानव पूंजी' में आपके निवेश को दर्शाता है।

अक्सर पूछे जाने वाले सवाल

सवालः नेटवर्किंग पार्टियों में कुछ लोग बिना रूके बोलते रहते हैं। मैं इस तरह की बातचीत से खुद को कैसे अलग कर सकता हूं?

जवाबः मैं मानती हूं कि यह बेहद उबाऊ हो सकता है, लेकिन गरिमा बनाए रखें और ऐसे ही वहां से ना हटें। वहां से हटने के पहले उन्हें इस तरह कहें, जैसे 'कृपया मुझे माफ करें क्योंकि मैंने बार काउंटर पर एक पूर्व सहयोगी को देखा है' या 'आपसे मिलकर खुशी हुई और मैं आगे भी संपर्क में रहना चाहता हूं' या 'ऑल द बेस्ट फॉर...' कभी-कभी, विनम्रता या सौम्यता से बोलना काम नहीं आता है और आप सीधे-सीधे बोलने के लिए मजबूर हो सकते हैं—'मुझे देर हो रही है; मुझे जाना होगा', हाथ मिलाएं और आगे बढ़ जाएं।

सवालः कॉकटेल पार्टियों में कुछ लोग काफी बहस करने वाले हो सकते हैं। ऐसी स्थितियों को संभालने का सबसे अच्छा तरीका क्या है?

जवाबः बातचीत को तटस्थ विषयों की ओर मोड़ने का प्रयास करें। जैसे, 'ऐसा लगता है कि हम दोनों इस विषय को लेकर काफी जुनूनी हैं। तो, आपके... पर क्या विचार हैं' या 'आइए असहमति पर सहमत होते हैं और ... पर फोकस करते हैं।' इस तरह विषय को चतुराई से बदल दें। हास्य का एक पुट भी आपको इस तरह की स्थितियों से बहुत प्रभावी ढंग से बाहर निकाल सकता है।

सवालः कभी-कभी ऐसे लोग मुझसे संपर्क करते हैं, जिन्हें मैं बिल्कुल भी याद नहीं रखता। इस शर्मनाक स्थिति से मैं कैसे निपटूं?

जवाबः गर्मजोशी से हाथ मिलाएं, विनम्रता से मुस्कुराएं और हल्के-फुल्के मज़ाक में शामिल हों। हो सकता है कि आप 'कड़ियो को जोड़ पाएं' और याद कर सकें कि उस व्यक्ति से आपकी शुरुआती बातचीत कब हुई थी और वह कौन है। हालांकि, अगर आप ऐसा नहीं कर सकते हैं, तो इसे विनम्रता से स्वीकार करें और उसका नाम पूछें। आप अपना परिचय फिर से देने की तरकीब भी आजमा सकते हैं जो दूसरे व्यक्ति को भी अपनी पहचान बताने के लिए मज़बूर करेगा।

सवालः अगर मुझे दो लोगों का परिचय देना है और मैं उनमें से एक का नाम नहीं जानता तो मैं क्या करूं?

जवाबः जिस व्यक्ति को आप जानते हैं उसका परिचय दें और दूसरे

व्यक्ति को यह काम खुद करने दें। मिसाल के लिए, 'मैं आपको अपने अच्छे दोस्त आनंद कामत से मिलाना चाहता हूं, जो आईसीआईसीआई बैंक के ट्रेज़री डिपार्टमेंट में काम करते हैं' और उसके बाद रुक जाएं! दूसरा व्यक्ति एक-दो सेकेंड के बाद खुद ही अपना परिचय देगा।

5

दुनिया भर में जा रहे भारतीयों के लिए सामाजिक कौशल

अंतर्राष्ट्रीय क्षेत्र में सफलता

वर्ष 2004 तक, उदारीकरण शुरू हो गया था और भारतीयों ने दुनिया भर के दूर-दराज की जगहों तक यात्रा करना, व्यापार करना, बातचीत करना और मनोरंजन करना शुरू कर दिया था। मुख्य रूप से प्रतिस्पर्धी कीमतों पर बेहतर गुणवत्ता वाले उत्पाद और सेवाएं देने की हमारी क्षमता के कारण भारत ने वैश्विक मंच पर बहुत रुचि पैदा करना शुरू किया। नतीजतन, देश में विदेशी निवेशकों, जो लोग व्यावसायिक प्रक्रियाओं को आउटसोर्स करने या स्थानीय कंपनियों के साथ संयुक्त उद्यम स्थापित करने में रुचि रखते थे, का आना शुरू हो गया। बिज़नेस के अवसरों में इस उछाल ने हमें विविध संस्कृतियों से अवगत कराया, जैसे-जैसे व्यापारिक जगत के साथ हमारा संपर्क बढ़ा।

संस्कृति की भूमिका

वॉल स्ट्रीट जर्नल के अनुसार, 'विदेश भेजे गए अमेरिकी व्यवसायियों में से 30% से भी कम के सफल होने की उम्मीद की जा सकती है। विदेशों में काम करने से पहले कर्मचारियों के लिए प्रशिक्षण से कंपनियों को हज़ारों डॉलर की बचत हो सकती है, कर्मचारी को लाभ हो सकता है, और कंपनी के सफल होने की संभावना बढ़ सकती है।'

'लोग जिस तरह से व्यवहार करते हैं' उसमें संस्कृति की एक महत्वपूर्ण भूमिका होती है। यह हमारी सोच, हमारे बिज़नेस करने की शैली, हमारे खाने

की आदतों, हमारे पहनावे, समय को लेकर हमारे दृष्टिकोण, लिंग के प्रति हमारे दृष्टिकोण आदि को आकार देती है। हमने पिछले एक दशक में देखा है कि वैश्वीकरण के बावजूद हर संस्कृति अनूठी है। आज हम जानकारियों से भरपूर दुनिया या युग में जी रहे हैं, जहां अनजान रहना गुनाह है। बिज़नेस के लिए किसी देश में जाते समय, यह अपेक्षा की जाती है कि आप अपनी यात्रा से पहले कुछ बुनियादी शोध करेंगे—इसका भूगोल, धर्म, छुट्टियां, भाषाएं, राजनीतिक व्यवस्था, बिज़नेस लीडर्स, संक्षिप्त इतिहास, अर्थव्यवस्था की स्थिति और अन्य पहलू। जैसा कि कहा जाता है, किसी चीज़ को जानना और उसकी ज़रूरत ना पड़ना बेहतर है, ना कि उसकी ज़रूरत पड़ना और उसे ना जानना।

भारत में व्यापार करना

अपने करियर के दौरान, मैंने कई भारतीय और प्रवासी सीईओ के साथ भारत में बिज़नेस करने के अनूठे सांस्कृतिक पहलुओं के बारे में बात की है। उन्होंने आगे बताई गई बातों का उल्लेख किया है:

⇒ भारतीयों को 'नहीं' कहना पसंद नहीं है, इस शब्द से बचने के लिए लंबी और अप्रत्यक्ष बातचीत करते हैं।

⇒ भारत एक विविधतापूर्ण और बहुजातीय देश है और यहां बिज़नेस करने के लिए कोई एक जैसे नियम नहीं हैं। जापान और ऑस्ट्रेलिया जहां देश भर में एक जैसी संस्कृति है, जैसे स्थानों के उलट, भारत के पूर्व, पश्चिम, उत्तर और दक्षिण में बिज़नेस करने की अनूठी शैली है। वास्तव में, एक वरिष्ठ कार्यकारी ने इसे ठीक ही कहा है कि 'भारत एक देश नहीं है; यह यूरोप जैसा महाद्वीप है। प्रत्येक राज्य एक अलग देश है, जिसकी अपनी भाषा, पोशाक, भोजन और रीति-रिवाज़ हैं!'

⇒ भारतीय ऐसे संगठनों को प्राथमिकता देते हैं जहां पदों और काम का बंटवारा साफ़ होता है।

⇒ भारत कीमतों को लेकर एक संवेदनशील बाज़ार है और भारतीय हमेशा 'अच्छी छूट' की तलाश में रहते हैं, जिससे हम सौदेबाजी में उस्ताद बन जाते हैं।

⇒ हम चौकन्ने रहते हैं और कम जोखिम लेने की क्षमता दिखाते हैं।

⇒ हम मेहमाननवाज़ी में काफी आगे हैं, यह एक ऐसा गुण है जो देश भर में एक समान हैं।

परिभाषित संस्कृति

संस्कृति को परिभाषित करना

मानवविज्ञानी एडवर्ड टी. हॉल संस्कृतियों को दो व्यापक श्रेणियों में परिभाषित करते हैं: मोनोक्रोनिक (एक समय में एक काम करना) और पॉलीक्रोनिक (एक समय में कई काम करना)। ये शब्द परिभाषित करते हैं कि संस्कृतियां कैसे भिन्न हैं, न केवल उनके काम और समय के संबंधों को देखने के तरीके के संदर्भ में, बल्कि उनके जीवन के दृष्टिकोण और अपने हर दिन के काम के बारे में भी।

मोनोक्रोनिक संस्कृतियां

मोनोक्रोनिक संस्कृतियों की मुख्य विशेषताएं हैं:

⇒ लोग एक समय में एक काम करना पसंद करते हैं, काम पर ध्यान केंद्रित करते हैं। उदाहरण के लिए, जर्मन दफ्तर में केवल अपने पेशेवर कार्यों पर ध्यान केंद्रित करेंगे, अपने सभी निजी कामों को काम के बाद के समय के लिए छोड़ देते हैं।

⇒ वे समय को एक वस्तु के रूप में देखते हैं और समय की प्रतिबद्धताओं को बहुत गंभीरता से लेते हैं। उदाहरण के लिए, अमेरिका में, समय-सीमा/शेड्यूल का कड़ाई से पालन किया जाता है।

⇒ प्राइवेसी सर्वोपरि है—जैसे निजी कार्यालय, काम पर कोई व्यक्तिगत चर्चा नहीं, किसी सामान या भोजन का आदान-प्रदान नहीं।

⇒ उन्हें सटीक और विशिष्ट जानकारी की आवश्यकता होती है ताकि किसी भी तरह की अस्पष्टता या गलतफहमी के लिए कोई जगह नहीं रहे। यह बताता है कि क्यों ये संस्कृतियां एक बिज़नेस शुरू करने से पहले विस्तृत अनुबंधों पर हस्ताक्षर करती हैं और व्यापारिक संबंध में आने से पहले हर संभावना/घटना को स्पष्ट करना पसंद करती हैं।

⇒ वे छोटी अवधि वाले संबंधों के साथ सहज होते हैं, क्योंकि उन्हें लगता है कि ये रिश्ते लेन-देन वाले होते हैं। उदाहरण के लिए, अगर किसी परियोजना पर आपने संयुक्त रूप से काम किया है, उसके पूरा होने के बाद मोनोक्रोनिक संस्कृतियों के लोग शायद ही कभी ईमेल भेजेंगे।

मोनोक्रोनिक संस्कृतियों के उदाहरण संयुक्त राज्य अमेरिका, कनाडा, पश्चिम और उत्तरी यूरोप, ऑस्ट्रेलिया, न्यूजीलैंड हैं।

पॉलीक्रोनिक संस्कृतियां

पॉलीक्रोनिक संस्कृतियों की मुख्य विशेषताएं हैं:

⇒ लोग कई काम एक साथ करना पसंद करते हैं और इस कारण उनका ध्यान काफी भटकता है। उदाहरण के लिए, हम भारतीय अक्सर काम के दौरान रिश्तेदारों को फोन करके, अपनी छुट्टियों की योजना बनाकर और इसी तरह के कई और काम करके बिज़नेस को व्यक्तिगत एजेंडा के साथ मिलाते हैं।

⇒ वे समय की प्रतिबद्धताओं (जैसे समय सीमा और शेड्यूल) को हल्के में लेते हैं और शायद ही कभी 'समय पर' होते हैं। इसी बात से आप समझ जाएंगे कि क्यों नई दिल्ली में आप न्यूयॉर्क, जहां बैठकें घड़ी की सुइयों पर चलती हैं, की तुलना में एक दिन में कम मीटिंग्स रख पाते हैं।

⇒ वे रिश्ते बनाने पर ध्यान केंद्रित करना पसंद करते हैं, जान-पहचान वाले लोगों के साथ काम करना पसंद करते हैं। जैसे मध्य-पूर्व में यदि आपकी मीटिंग दोनों पक्षों को जानने वाले 'संपर्क' द्वारा निर्धारित की जाती है, तो आपके बिज़नेस करने की संभावना कई गुना बढ़ जाती है।

⇒ वे स्थान, जानकारी और खाद्य पदार्थों को उदारतापूर्वक साझा करना पसंद करते हैं और लगातार लेना-देना पसंद करते हैं।

⇒ व्यक्तिगत और व्यावसायिक जीवन के बीच कोई स्पष्ट सीमांकन मौजूद नहीं है। उदाहरण के लिए, भारत में, सप्ताहांत/छुट्टियों पर काम से संबंधित फोन कॉल लेना स्वीकार्य है, इसलिए काम के दौरान भी लंबे-लंबे व्यक्तिगत फोन कॉल अटेंड करते हैं।

⇒ दीर्घकालिक संबंध बनाने, उन्हें आजीवन देखने पर ध्यान केंद्रित किया जाता है। हम भारतीय अपने पूर्व बॉस, पूर्व पड़ोसी, पूर्व प्रोफेसर और अन्य लोगों के साथ संपर्क में रहना पसंद करते हैं जिनसे हम मिले हैं या जिनके साथ हम काम कर चुके हैं।

पॉलीक्रोनिक संस्कृतियों के उदाहरण भारत, पाकिस्तान, इंडोनेशिया, थाईलैंड, मध्य पूर्व, मिस्र, स्पेन, इटली, लैटिन अमेरिका हैं।

दिलचस्प बात यह है कि जापानी दोनों सांस्कृतिक शैलियों के तत्वों को प्रदर्शित करते हैं—नियुक्तियों और शेड्यूल के बारे में मोनोक्रोनिक, समय को लेकर पूरी तरह से पाबंद, और कार्यालय स्थान साझा करने व अपने सभी नियोक्ताओं/ग्राहकों के प्रति निष्ठावान होने के बारे में पॉलीक्रोनिक। यदि आप जापान के इतिहास को देखते हैं, तो आप पाएंगे कि अमेरिकी कब्जे के दौरान जापानी मोनोक्रोनिक होने लगे, उन्होंने पश्चिमी दुनिया की तरह समय को लेकर एक उत्पादकता बढ़ाने वाले दृष्टिकोण को चुना।

सांस्कृतिक जागरूकता को बढ़ावा

भारतीय व्यवसायों के वैश्विक होने और बहुराष्ट्रीय कंपनियों के भारत में बड़े पैमाने पर अपना बिज़नेस स्थापित करने के साथ—साथ, आज के समय में मैनेजर के लिए सांस्कृतिक जागरूकता से संबंधित कौशल को लगातार बढ़ाना महत्वपूर्ण हो गया है। बिज़नेस के लिए किसी भी देश की यात्रा करते समय, इसकी सामाजिक-व्यावसायिक संस्कृति की जानकारी से लैस होना सबसे अच्छा है। जब आप किसी विदेशी धरती पर व्यापार के लिए बातचीत करने की कोशिश कर रहे हों तो आगे बताए जा रहे सेल्फ स्टडी के गुर आपको महत्वपूर्ण सवाल 'लोग जिस तरह का व्यवहार करते हैं, वे ऐसा क्यों करते हैं?' का जवाब देने में मदद करेंगे।

⇒ **पहचान व निदान:** अपनी संस्कृति के पहलुओं को समझें—ऐसी कौन सी बात है जो हम भारतीयों को दुनिया के बाकी हिस्सों से अलग बनाती है? विशिष्ट हावभाव, अपनी बात कहने का तौर-तरीका और बर्ताव का ढर्रा, में ऐसा क्या खास है जो हम दिखाते हैं?

⇒ **अपनी जानकारी का दायरा बढ़ाएं:** अपने शहर में सामाजिक और पेशेवर रूप से, व्यापार मेलों, प्रदर्शनियों, प्रशिक्षण कार्यक्रमों और सांस्कृतिक आदान-प्रदान के अन्य तरीकों से, अंतर-सांस्कृतिक समूहों के साथ बातचीत करते हुए, यात्रा के माध्यम से, ईमेल / फोन / इंटरनेट पर बातचीत के माध्यम से विभिन्न संस्कृतियों के बारे में ज़्यादा जानकारी जुटाने के मौकों का इस्तेमाल कीजिए।

⇒ **सावधानी बरतें व जोखिम से बचें:** जब भी संदेह हो, औपचारिक रहें। लोगों को औपचारिक रूप से पूरे नाम से संबोधित करें, फॉर्मल

ड्रेस पहनें, किसी विवाद से बचते हुए टिप्पणी करें और सामाजिक तौर पर मान्य व्यवहार दिखाएं। औपचारिक चीज़ों को बहुत जल्दी कैज़ुअल में तब्दील किया जा सकता है, हालांकि ये इस बात पर निर्भर करता है कि सामने वाला व्यक्ति आपको कितना सहज रख पाता है जबकि कैज़ुअल चीजों को कभी भी औपचारिक में नहीं बदला जा सकता है।

⇒ **कोई धारणा नहीं बनाएं:** आंख बंद करके यह कतई नहीं मानें कि आपका समकक्ष सांस्कृतिक रूप से भी जागरूक है। लोगों को वैसे ही स्वीकार करके संदेह का लाभ दें जैसे वे हैं और घिसे-पिटे खांचे में फिट होने से बचें क्योंकि एक सब कुछ जानने वाले, स्वयंभू, इंटरनेट से जानकारी जुटाने वाले, सांस्कृतिक गुरु के साथ रहने से ज़्यादा तकलीफदेह कुछ नहीं है! अपने पूर्वाग्रहों को अपनी बातचीत या व्यवहार में न झलकने दें। हम भारतीयों को हर चीज़ पर अपनी राय देने की ज़रूरत लगती है, हम अपने विचारों को रूढ़िवादिता के चश्मे से देखने के आदी होते हैं, जबकि कुछ नस्लें स्वभाव से अधिक खोजपूर्ण होती हैं और किसी शख्स के बारे में कोई भी राय बनाने से बचती हैं।

एक बड़ी फाइनेंशियल सर्विसेज फर्म के एचआर डायरेक्टर ने मुझे एक दिलचस्प कहानी सुनाई थी। 1998 में, उन्होंने सिंगापुर में 4 दिन के प्रशिक्षण कार्यक्रम के लिए चार विश्लेषकों को भेजा। सभी विश्लेषकों ने अपने सामान में वजन के हिसाब से तीन चौथाई हिस्सा खाना-पीना और एक चौथाई हिस्सा कपड़ा रखा था! दिलचस्प बात ये है कि आज वही विश्लेषक खाने-पीने के साथ प्रयोग करने के लिए तैयार रहते हैं।

साफ़ तौर पर, विश्व बाज़ार में सांस्कृतिक जागरूकता अब वैकल्पिक नहीं है—इसी से तय होता है कि सौदा किसके हाथ लगता है!

मुलाकात और अभिवादन

अक्सर हम कहते हैं कि किसी किताब को उसके कवर से नहीं आंकिए, लेकिन हम लगातार उसी कवर के प्रभाव में आ जाते हैं। आज की भागदौड़

भरी कारोबारी दुनिया में वक्त की कमी के कारण हम बहुत जल्दी फैसले लेते हैं, जिससे पहली नज़र में प्रभावित करने का महत्व बढ़ जाता है। शोध से पता चलता है कि औसतन, हम सात सेकंड के भीतर नौकरी पर रखने / प्रोमोशन देने / खरीदने के बारे में अपना मन बना लेते हैं, बाकी समय अपने फैसले को सही साबित करने के लिए आंकड़े जुटाने में खर्च करते हैं। जैसा कि मैल्कम ग्लैडवेल ने अपनी सबसे अधिक बिकने वाली पुस्तक *ब्लिंक* में बताया है, पहली छाप बनने और फैसले लेने में बिल्कुल उतना ही समय लगता है जितना हमें पलक झपकाने में लगता है!

मिलना और अभिवादन करना पहली नज़र में प्रभावित करने का एक अभिन्न अंग है—हमारा हाथ मिलाना, जिस तरह से हम बिज़नेस कार्ड का आदान-प्रदान करते हैं, जिस तरह से हम आंख से आंख मिलाते हैं, जिस तरह से हम अपना और दूसरों का परिचय देते हैं। हालांकि, अभिवादन करने का तरीका विभिन्न संस्कृतियों में अलग-अलग होता है, औपचारिकता का उनका स्तर या कहें अनौपचारिकता दुनिया के दूसरे हिस्से के लोगों के लिए चौंकाने वाली हो सकती है।

अभिवादन

दिलचस्प बात यह है कि दुनिया के कुछ हिस्सों में उनके अभिवादन के तरीके सदियों पुराने हैं जैसे—भारतीय नमस्ते, थाई वाई, जापानियों का झुककर अभिवादन करना, चीनी गोंग शॉउ, आदिवासी अफ्रीका का बोलकर अभिवादन या अरब दुनिया का खूबसूरत सलाम। वैश्वीकरण के तेज़ी से बढ़ते दौर में इन पारंपरिक अभिवादनों को ऑफिस में हाथ मिलाने और फ्लाइंग किस जैसी शैलियां पीछे छोड़ते जा रही हैं।

संबोधन के तौर-तरीके

चीन, जापान, वियतनाम और कोरिया में दूसरे एशियाई समाजों की तरह भारत भी कई स्तरों पर बंटा हुआ समाज है। बॉस को अक्सर 'सर', 'मैडम', 'मिस्टर' या 'सुश्री' या किसी अन्य स्थानीय रूप से संबोधित किया जाता है। दूसरी तरफ, संयुक्त राज्य अमेरिका/ऑस्ट्रेलिया/कनाडा जैसे पॉलीक्रोनिक देशों में, अक्सर बॉस को उसके पहले नाम से संस्थान के सभी लोग संबोधित करते हैं, भले ही वह डिलीवरी बॉय ही क्यों ना हो। ब्रिटेन जैसे देशों और महाद्वीपीय

यूरोप के कुछ हिस्सों में, हालांकि बॉस को 'मिस्टर/मिस' के रूप में संबोधित किया जाता है।

टिप: विदेश में, पता करें कि क्या आपको पहला नाम, उपनाम या टाइटल का इस्तेमाल करना चाहिए। जब संदेह हो, तो अपने व्यावसायिक सहयोगियों को मिस्टर ब्राउन या मिस टुंग के रूप में औपचारिक रूप से संबोधित करें और इंतज़ार करें कि वो आपको उनके पहले नाम का इस्तेमाल करने के लिए कहें।

नोट:

यूनाइटेड किंगडम: भले ही उन्हें 'सख्त' समझा जाता हो, वे अक्सर अनौपचारिक होते हैं, क्योंकि वे पहले नाम का इस्तेमाल तुरंत करते हैं। लेकिन, आपको हमेशा इंतज़ार करना चाहिए कि वे आपको उनके पहले नाम से पुकारने को कहें।

संयुक्त राज्य अमेरिका: परिचय में टाइटल (मिस्टर, मिस, मिसेज़) और फिर पूरा नाम होता है। वे तुरंत पहले नाम पर आ जाते हैं और आपसे भी उनकी यही अपेक्षा रहती है।

'एयर किसिंग—एक विदेशी संस्कृति!'

सामाजिक रूप से, एयर किसिंग का मतलब है चूमने और फिर 'मुआह' की आवाज़ निकालने का नाटक। माना जाता है कि इसमें हाथ मिलाने से थोड़ी ज़्यादा और असली चुंबन से थोड़ी कम गर्मजोशी होती है, और इसका उपयोग केवल 'परिचित अजनबियों' के लिए होता है! ये एक आम मिथ है कि एयर किसिंग स्विस सेट के साथ शुरू हुआ ताकि बिना मेकअप खराब किए अभिवादन किया जा सके।

दिलचस्प ये है कि दक्षिण अमेरिका और यूरोप के कुछ हिस्सों में ये एक पारंपरिक अभिवादन है—ब्राज़ील, इटली, पोलैंड और फ्रांस में एयर किसिंग मिलने और अभिवादन करने का एक आम तरीका है। इसमें मिलने वाले शख्स के पर्सनल स्पेस में जगह बनाते हुए अपने होंठों को उनके दाहिने कान से थोड़ा ऊपर ले जाते हैं और अपने

> गाल को उनके गाल से हल्के से छुआते हैं या छुआने का दिखावा करते हैं। भारत में, यह तुलनात्मक रूप से एक नई चीज़ है जिसे पेज 3 पर नियमित दिखने वाले लोगों ने बढ़ावा दिया है। अगर आपको लगता है कि आप इससे असहज हैं तो सामने वाले व्यक्ति की तरफ अपना दाहिना हाथ बढ़ा दें।

व्यावसायिक परिचय

व्यवसायों के वैश्विक होने के साथ, बाज़ार में सफल होने के लिए अंतर्राष्ट्रीय स्तर पर उपयुक्त व्यावसायिक परिचय बनाना ज़रूरी हो गया है। छोटा सा व्यावसायिक परिचय आपकी मदद करता है:

⇒ विश्वास से भरे होने में

⇒ एक अच्छे नेटवर्क वाले पेशेवर की छवि बनाने में

नियम के रूप में, एक अच्छे परिचय से उन व्यक्तियों को, जिनका आप परिचय करा रहे हैं, आपकी मदद के बिना एक-दूसरे के साथ बातचीत करने के लिए पर्याप्त जानकारी मिल जानी चाहिए। दिलचस्प बात ये है कि बहुत से लोग इसमें लड़खड़ा जाते हैं—या तो वे बहुत अधिक (शायद ही कभी) कहते हैं या वे उन लोगों के बारे में बहुत कम (ज़्यादातर) कहते हैं, जिनका वे परिचय करा रहे हैं और इससे बातचीत शुरू होने के पहले अजीब सी रुकावट आ जाती है। व्यावसायिक परिचय में, आपको मिलाए जाने वाले व्यक्तियों के बीच शक्ति समीकरण की पहचान करने की आवश्यकता है क्योंकि इन परिचयों के लिए प्रोटोकॉल शक्ति पर आधारित है न कि उम्र या लिंग पर।

व्यावसायिक परिचय के लिए नियम

⇒ वरिष्ठ कर्मचारियों को प्राथमिकता दी जाती है। पहले अधिक महत्वपूर्ण व्यक्ति का परिचय 'मैं आपसे परिचय कराना चाहता हूं...' वाक्यांश का इस्तेमाल करके दें। इसके बाद उनके कार्य या पद के बारे में एक शुरुआती जानकारी दें। फिर दूसरों का इस प्रमुख व्यक्ति से परिचय कराएं, हर व्यक्ति को मिलाते समय उसके बारे में एक परिचयात्मक वाक्यांश या छोटा सा परिचय दें। उदाहरण के लिए: 'शैरोन एमएमटी में सर्टिफाइड करियर काउंसलर हैं और अनीता देश की सबसे बड़ी चैरिटी के लिए काम करती हैं।'

⇒ अनौपचारिक परिचय के लिए, लंबे वाक्य 'मैं परिचय देना चाहूंगा...' की बजाय 'ये... हैं' का इस्तेमाल करें।

⇒ राज्य के उच्च अधिकारियों, राजनयिकों या अंतर्राष्ट्रीय गणमान्य व्यक्तियों का परिचय देते समय, 'वर्तमान' शब्द का इस्तेमाल करें।

⇒ ग्राहक हर कर्मचारी से ऊपर हैं, भले ही वह कर्मचारी सीईओ ही क्यों ना हो। मिसाल के लिए, 'मिस्टर सिंह, मैं आपको हमारे प्रबंध निदेशक मिस्टर सूद से मिलवाना चाहता हूं। मिस्टर सिंह टाटा केमिकल्स इंडिया के उपाध्यक्ष हैं और बीते दो सालों से उनके साथ काम करने का हमारा अनुभव मज़ेदार रहा है।'

⇒ और, आखिरी लेकिन ज़रूरी बात है कि गर्मजोशी से मुस्कुराएं, आत्मविश्वास दिखाएं, सकारात्मक हाव-भाव प्रदर्शित करें और परिचयकर्ता के काम का मज़ा लें।

परिचय देते समय याद रखने योग्य बातें

⇒ भारत कई श्रेणियों में विभाजित समाज है—वरिष्ठ कर्मचारियों और ग्राहकों क्लाइंट्स के अंतिम नामों का इस्तेमाल करें, जब तक कि आपको कुछ अन्य का इस्तेमाल करने के लिए ना कहा जाए।

⇒ वैश्विक स्तर पर, परिचय एकसमान होना चाहिए—सभी के लिए पहले नामों का इस्तेमाल करें या सभी के लिए अंतिम नामों का इस्तेमाल करें, सम्मान के लिए मिस्टर/मिस जोड़ें।

⇒ परिचय देते समय हमेशा खड़े रहें और हर व्यक्ति की आंखों में देखकर बात करें।

⇒ अगर आपको किसी का नाम याद नहीं है तो इसे स्वीकार करें; 'मैं माफी मांगता/मांगती हूं' कहें और उनसे उनका नाम बताने के लिए अनुरोध करें।

⇒ अगर आप किसी व्यक्ति के नाम के उच्चारण के बारे में सुनिश्चित नहीं हैं, तो सीधे-सीधे उनसे पूछ लें—नाम के संबोधन में अपनी रचनात्मकता का इस्तेमाल कतई न करें क्योंकि वो इसे पसंद नहीं करेंगे!

⇒ अगर आप किसी छोटे आयोजन (20 से कम व्यक्ति) के मेज़बान हैं, तब अपने सभी मेहमानों का एक-दूसरे से परिचय करवाएं। बड़े आयोजनों के लिए, अपनी फर्म या अपनी टीम के दूसरे सदस्यों को सक्रिय रूप से 'कनेक्टर्स' के रूप में कार्य करने के लिए नियुक्त करें, जिससे आपके मेहमानों का एक-दूसरे से परिचय हो।

⇒ अलग-अलग नामों वाले पति—पत्नियों के लिए, 'नीता सरीन और उनके पति एंड्रयू डार्टनेल' कहें।

हाथ मिलाना

हाथ मिलाना दूसरों पर पड़ने वाली पहली छाप का एक अहम हिस्सा है। आप उस व्यक्ति के बारे में क्या सोचते हैं जो ढीले हाथों से हाथ मिलाता है? या वो जो हड्डियां तोड़ देने वाले अंदाज़ में ऐसा करता है? उस महिला का क्या जो हाथ मिलाने के लिए केवल चार उंगलियां आगे करती है? किसी व्यक्ति से मिलते समय हाथ मिलाना गैर-मौखिक स्तर पर आपके आत्मसम्मान और आत्मविश्वास का प्रदर्शन करता है।

टेरी मॉरिसन और वेन ए. कॉनवे अपनी किताब *किस, बो, ऑर शेक हैंड्स: द बेस्टसेलिंग गाइड टू डूइंग बिज़नेस इन मोर दैन 60 कंट्रीज़* में हमें बताते हैं कि कैसे गले लगाना, हाथ मिलाना, चूमना और झुक कर अभिवादन करने के तरीके दुनिया भर में अलग-अलग हैं। हालांकि भारत में किसी मीटिंग में अपने व्यावसायिक सहयोगी को गले लगाना या गले मिलना अनुचित माना जाता है, यह दक्षिण अमेरिका और मध्य पूर्व के कुछ हिस्सों में एक रिवाज़ है। जापान में झुक कर अभिवादन करना उचित है, यूरोप के कुछ हिस्सों में चूमना शिष्टाचार है और रूसी पूरी तरह से गले लगाने को अच्छा समझते हैं। अच्छी बात ये है कि वैश्विक कारोबारियों के लिए, कारोबारी दुनिया में हर जगह स्वीकृति मिलने के कारण हाथ मिलाना एक सर्वमान्य अभिवादन के रूप में सामने आया है। लेकिन यह उतना आसान नहीं है जितना लगता है!

हाथ मिलाने में महारत हासिल करें

हाथ मिलाते समय, खड़े हो जाएं, सामने वाले की आंखों में देखें, मुस्कुराएं और अपना दाहिना हाथ बढ़ाएं। अपने दाहिने हाथ से सामने वाले से हाथ मिलाएं, अंगूठे को अपनी हथेली से आरामदायक स्थिति में रखें और सुनिश्चित करें कि आपका हाथ दूसरे व्यक्ति के अंगूठे और तर्जनी के बीच के हिस्से से जुड़ जाए।

हम कब हाथ मिलाते हैं?

⇒ किसी व्यक्ति का अभिवादन करते समय

⇒ जब किसी व्यक्ति से परिचय कराया जा रहा हो

⇒ किसी व्यक्ति को अलविदा कहने पर

⇒ किसी व्यक्ति को बधाई देते समय

⇒ किसी व्यक्ति के प्रति संवेदना व्यक्त करते समय

ऐसे हाथ न मिलाएँ

1. हड्डी तोड़ू

2. ढीले से हाथ मिलाना

3. दोनों हाथ से हाथ मिलाना

हाथ कैसे मिलाएं

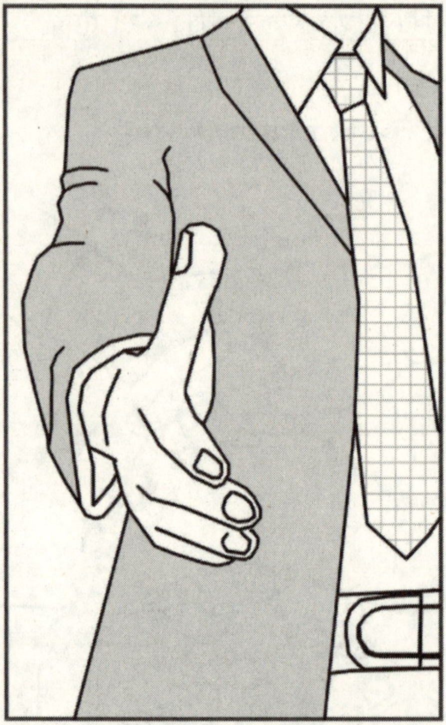

चरण 1: अपना हाथ आगे करें

चरण 2: हाथ मिलाएं

चूंकि बिज़नेस में कोई लिंग भेद नहीं होता है, कार्यस्थल पर कोई भी पुरुष या महिला हाथ मिला सकते हैं। जो व्यक्ति पहले अपना हाथ आगे करता है वह फायदे की स्थिति में होता है क्योंकि वो पहल करता है और उत्साह दिखाता है, जो बिज़नेस के क्षेत्र में दो बड़ी चीज़ें समझी जाती हैं। अंतर्राष्ट्रीय स्तर पर, विपरीत लिंग की शख्सियत को अपना हाथ देने से पहले लिंग, संस्कृति और धर्म की भूमिका को समझें।

याद रखें

⇒ हाथ मिलाने के दौरान हम कितनी बार हाथ हिलाते हैं? दुनिया भर में दो बार धीरे-धीरे हाथ हिलाना मान्य है, हालांकि अलग-अलग संस्कृति में इसमें बदलाव आ सकता है।

⇒ बिज़नेस का सलीका कहता है कि किसी समूह में आप हर शख्स से हाथ मिलाएं, चाहे उनका ओहदा कुछ भी हो। आज, ऐसा कुछ नहीं है कि पुरुष या महिला से हाथ मिलाने में किसी तरह का कोई अंतर हो—मज़बूती से हाथ मिलाना दोनों ही मामलों में चलता है।

⇒ गीली हथेलियां लोगों का मूड खराब कर देती हैं! ये पक्का करें कि आपके हाथ सूखे और साफ़-सुथरे हों क्योंकि वे सामने दिखते हैं।

महिलाओं से हाथ मिलाना

सामाजिक रूप से, खासकर यूरोपीय देशों में बड़ी उम्र की महिलाएं आमतौर पर पहले अपना हाथ आगे करती हैं। अमेरिका में हाथ मिलाने में लैंगिकता कोई भूमिका नहीं निभाती है, जबकि एशियाई महिलाएं सामाजिक तौर पर सिर झुकाकर अभिवादन करना या हाथ जोड़ना पसंद करती हैं। हालांकि, कार्यस्थल पर महिलाओं का अपने पुरुष समकक्षों से हाथ मिलाना बढ़ रहा है। भारत में बड़ी उम्र की महिलाएं सिर झुकाकर अभिवादन करने या नमस्ते करने में अधिक सहज होती हैं जबकि छोटी उम्र की कामकाजी महिलाएं हाथ मिलाने में सहज होती हैं।

नोट:

यूनाइटेड किंगडम: मज़बूती से हाथ मिलाना, और फिर कहना 'आप कैसे हैं?'

संयुक्त राज्य अमेरिका: मज़बूत पकड़ के साथ दो बार, या कभी-कभी तीन बार हाथ हिलाना, और साथ में आंखों में देखते हुए कहना, 'हाय!'

'नमस्ते' की हो रही है वापसी?

बिज़नेस में मज़बूती से हाथ मिलाना और सामाजिक रूप से एयर-किसिंग अब चलन से बाहर हो रहे हैं! भले ही अभिवादन के ये दोनों तरीके दुनिया भर में मान्य हैं, इनमें दूसरों के शरीर का स्पर्श करना पड़ता है, और ज़िंदगी को खतरे में डालने वाले एच1एन1 जैसे कई वायरस छूने से ही फैलते हैं। हाथ मिलाने के लिए दूसरे के हाथों को छूने के पहले हम उन्हीं हाथों से कई सार्वजनिक चीज़ों (जैसे दरवाज़े की कुंडी, कार के दरवाज़े, शौचालय के नल) को छू चुके होते हैं। दूसरी तरह, एयर-किसिंग के दौरान हम दूसरे व्यक्ति की सांस के करीब आते हैं। अंतर्राष्ट्रीय स्तर पर, दुनिया के कई हिस्सों में अब लोग मौखिक अभिवादन या दूसरे के कंधे पर हल्के से हाथ रखकर अभिवादन करने की तरफ रुख कर रहे हैं, ताकि शारीरिक संपर्क और किसी वायरस को फैलाने से बचें। ऐसे समय में, सौम्य भारतीय नमस्ते (नमस्कार या नमस्कारम) आदर्श है, क्योंकि इसमें किसी तरह के शारीरिक स्पर्श की ज़रूरत नहीं होती। बाहर जाएं, और गरिमामय ढंग से हाथ जोड़कर नमस्ते करें!

बिज़नेस कार्ड

बिज़नेस कार्ड नए व्यावसायिक संपर्कों से मिलने का अंतर्राष्ट्रीय स्तर पर मान्यता प्राप्त तरीका है, जो बिज़नेस के कागज़ रहित होते जाने के बावजूद बचा हुआ है। कंपनियां अपने कर्मचारियों के बिज़नेस कार्ड को डिज़ाइन और प्रिंट करने में काफी पैसा खर्च करती हैं, जिससे दृश्य संचार के उपयोगी साधन बन जाते हैं। बिज़नेस कार्ड कई तरह के इस्तेमाल में आते हैं, जिनमें मुख्य हैं:

⇒ खुद का परिचय देने का एक साधन क्योंकि इनमें आपका पूरा नाम

होता है

⇒ कंपनी में आपके ओहदे और हैसियत को असरदार ढंग से बताता है

⇒ आपसे संपर्क के लिए विवरण देता है, जिसे संग्रहित किया जा सकता है और बाद में इस्तेमाल किया जा सकता है

⇒ आपके फर्म की उपयुक्त कॉर्पोरेट छवि दिखाता है

बिज़नेस कार्डों के लेन-देन को दिया जाने वाला महत्व संस्कृति पर निर्भर है। यह एक स्थापित तथ्य है कि चीन और भारत जैसे देशों, जो सामाजिक/व्यावसायिक स्तर पर विभिन्न श्रेणियों में विभाजित हैं, में बिज़नेस कार्डों का लेन-देन एक उत्सव के समान है। दूसरी ओर, ऐसे स्थान जहां शक्ति संतुलन पर कम ज़ोर होता है, जैसे अमेरिका, वहां बिज़नेस कार्ड एक्सचेंज सिर्फ औपचारिकता है, जिसे अक्सर झटपट परिचय देने के साधन की तरह इस्तेमाल किया जाता है।

बिज़नेस कार्ड के इस्तेमाल के संबंध में नीचे बताई जा रही बातें याद रखें:

⇒ जापानी शैली में कार्डों का लेन-देन यानी दोनों हाथों से कार्ड देने का तरीका तेज़ी से चलन में आ रहा है। कॉकटेल पार्टी या नेटवर्किंग इवेंट में, एक हाथ से कार्ड पेश करें, दूसरे का इस्तेमाल अपनी ड्रिंक्स को पकड़ने में करें। कार्ड को दोनों हाथों से लें और विवरण पढ़ने में कुछ सेकंड लगाएं। कार्ड को अपनी जैकेट की जेब या हैंडबैग जैसी उपयुक्त जगह पर रखने से पहले उसका विवरण अच्छी तरह समझ लें। अपनी ज़ेब में कार्ड ठूंसना अशिष्टता है।

⇒ मीटिंग में हर व्यक्ति के बैठने के तरीके के अनुरूप ही अपने व्यावसायिक संपर्कों के कार्ड अपने सामने रखें। जिन लोगों के साथ आप बातचीत कर रहे हैं उनके नामों और पदनामों का इस्तेमाल करने से झटपट बातचीत आगे बढ़ाने में मदद मिलती है और फर्म की संगठन संरचना के बारे में भी एक आइडिया मिलता है।

⇒ विदेश में व्यापार करते समय देश की संस्कृति और अपने व्यावसायिक संपर्क की अंग्रेज़ी भाषा दक्षता पर विचार करें। जिस देश के साथ आप व्यापार कर रहे हैं, उस देश की भाषा में कार्ड छपवाना बेहतर है और इस बात का ध्यान रखें कि अनुवाद के दौरान बाइलाइन और स्लोगन अपने मूल अर्थ को बनाए रखें।

⇒ गंदे और पुराने कार्ड से आप और आपकी फर्म के बारे में खराब प्रभाव पड़ता है। इसलिए कार्ड का एक नया सेट हमेशा तैयार रखें।

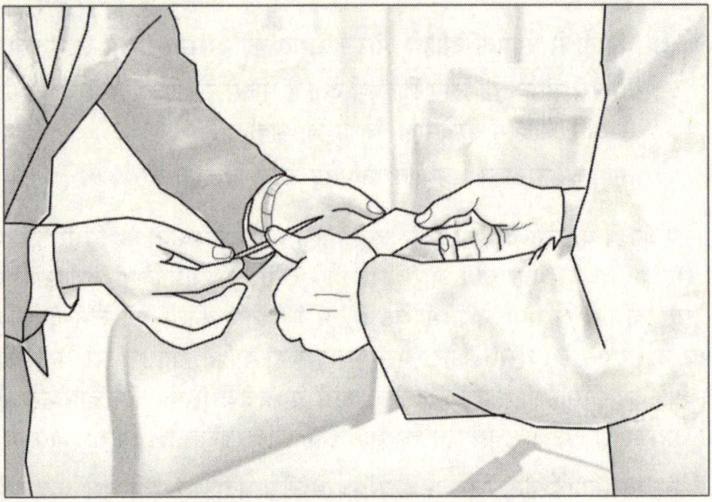

दो हाथों से व्यापार कार्ड का आदान-प्रदान

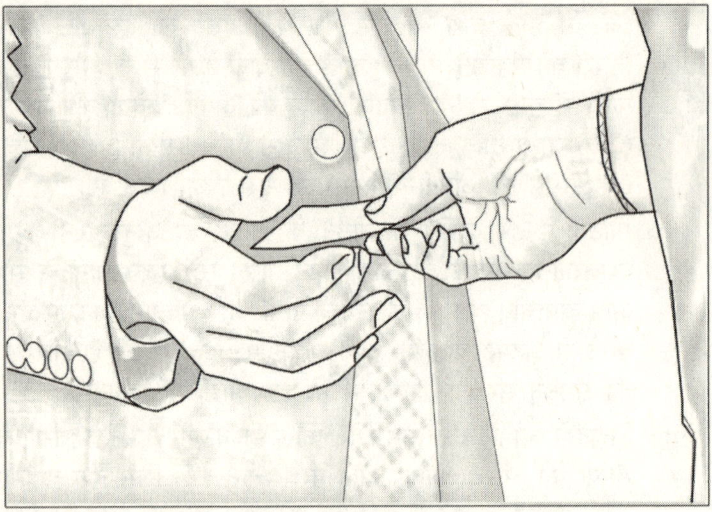

कॉकटेल पार्टी में व्यापार कार्ड का आदान-प्रदान

⇒ कार्ड को वॉलेट में नहीं रखा जाना चाहिए क्योंकि यह एक निजी जगह है जिसे किसी ऐसे व्यक्ति के साथ साझा नहीं किया जाना चाहिए जिससे आप अभी-अभी मिले हैं। इसके अलावा, कार्ड अपना सपाट आकार खो देते हैं और थोड़े मुड़ से जाते हैं। कार्ड होल्डर खरीद लें क्योंकि इसमें कार्ड अपना सपाट आकार बनाए रखते हैं।

⇒ किसी के घर में निजी पार्टी में कार्ड का लेन-देन करते समय सावधान रहें। बैठे-बैठे भोजन के दौरान कार्ड लेन-देन नहीं करना सबसे अच्छा है। भोजन से पहले या बाद में बिज़नेस कार्ड का लेन-देन करें।

नेटवर्किंग इवेंट में बिज़नेस कार्ड

⇒ किसी भी बैठक/कार्यक्रम में शामिल होने से पहले, पर्याप्त मात्रा में कार्ड ले जाएं।

⇒ कॉकटेल पार्टी में, बिज़नेस कार्ड को आसानी से निकाल पाने वाली जगह पर रखें (उदाहरण के लिए, अपनी जैकेट की ज़ेब में रखें) क्योंकि एक हाथ में ड्रिंक्स के साथ, आपके पास अपना कार्ड निकालने और उसे देने के लिए केवल दूसरा खाली हाथ होता है।

⇒ बिज़नेस कार्ड एक अच्छे नेटवर्किंग साधन के तौर पर भी काम करते हैं, जब बातचीत शुरू करने के लिए कोई सिरा नहीं मिल रहा होता है तो किसी व्यक्ति के कार्ड से कुछ जानकारी लेकर उस पर टिप्पणी करना सबसे बेहतर होता है।

⇒ बातचीत के दौरान उचित समय पर कार्ड दिए जाने चाहिए। यदि बहुत जल्दी दे दिया जाता है, तो आप ज़्यादा उतावले लगेंगे और यदि बहुत देर से दिए जाते हैं, तो बातचीत अन्य विषयों की तरफ मुड़ गई होती है।

⇒ जब आप किसी कॉकटेल पार्टी में किसी बिज़नेस सेलेब्रिटी से मिलते हैं तो आप उनका कार्ड नहीं मांग सकते, हालांकि आपको अपना कार्ड देना चाहिए। चूंकि उनके कार्ड में ऐसी जानकारी होती है जिसे वे सभी के साथ शेयर नहीं करना चाहते होंगे, उनका सामान्य उत्तर होता है, 'क्षमा करें, मैं अपना कार्ड नहीं लेकर चलता हूं।'

खुद का परिचय देना

खुद का परिचय देना कई कारोबारियों को बहुत परेशान करता है क्योंकि पूरी तरह से एक अजनबी के पास जाना और अपने बारे में जानकारी देना बेहद डराने वाला हो सकता है। यह मानते हुए कि आप एक हफ्ते में बिज़नेस के लिए कई नए लोगों से मिलते हैं, व्यावसायिक सहयोगियों (संभावित ग्राहक, व्यावसायिक साझेदार या भावी नियोक्ता) पर सकारात्मक प्रभाव डालने के लिए संक्षिप्त आत्म-परिचय एक महत्वपूर्ण तत्व है। अपने 10 सेकंड के ऑडियो-विज़ुअल बाइट को दमदार साधन में बदलकर इस कौशल को मांजने से आप एक बेहतर छवि बना सकते हैं।

अपने आत्म-परिचय में सुधार करने के लिए इन चरणों का पालन करें:

1. **बिना बोल-चाल वाला हिस्सा:** सधे तरीके से हाथ मिलाना, सामने वाले की आंखों में देखना, बढ़िया मुस्कान और अच्छा हाव-भाव।
2. **बोलने वाला हिस्सा:** अपना पहला और अंतिम नाम साफ़-साफ़ कहें, उसके बाद अपनी कंपनी का नाम। साथ ही छोटा सा परिचय दें, कुछ ऐसा जिसे आपको सुनने वाला समझ सके। सामने वाले शख्स का नाम दोहराएं और कहें कि उनसे मिलकर आपको खुशी हुई।

अपना परिचय देने के अवसर:

⇒ जब आप किसी को पहचानते हैं, लेकिन वो आपको नहीं पहचानता

⇒ बिज़नेस या सामाजिक स्तर पर आयोजनों में पूरी तरह से अजनबियों से मिलने पर

⇒ बड़े कॉर्पोरेट आयोजनों/सभाओं में

⇒ जब परिचयकर्ता आपका नाम याद करने में असमर्थ हो, तो आप अपना परिचय देकर उसके बचाव में आ सकते हैं

⇒ दोस्त के दोस्त से मिलने पर

अपने आत्म-परिचय को बर्बाद करने के 6 तरीके:

1. अपनी उपलब्धियों के बारे में शेखी बघारते हुए—'मैं #1... हूं।'

2. लंबे समय तक चलने वाला परिचय, यह सुनिश्चित करता है कि आपको सुनने वाले आधे रास्ते में ही अपनी रुचि खो दें—'हैलो, मैं अजय गोयनका हूं। मैं मशहूर शिपिंग फर्म एक्सवाईजेड इंडिया का निदेशक हूं। मैं पूरे पश्चिमी क्षेत्र के संचालन को संभाल रहा हूं...।'
3. अपने नाम के साथ एक टाइटल जोड़ना—'मैं मिसेज़ कुमार हूं...।'
4. बहुत ज़्यादा बिज़नेस जार्गन इस्तेमाल करना—'मैं भारत में सबसे बड़ी बीमा फर्म के लिए काम करता हूं, संपूर्ण... के मानव संसाधन कार्य को संभालता है।'
5. शुरुआती या संक्षिप्त नामों का इस्तेमाल करना—'मैं टी.के. हूं, मैं एसएमजी के लिए काम करता हूं...।'
6. अपना नाम दोहराना—'मैं शिल्पा, शिल्पा कामत'—काफी कुछ 'बॉन्ड, जेम्स बॉन्ड' जैसा लगता है!

ऑफिस में आंखों से संपर्क

बिज़नेस में, अपनी आंखों से भेजे जा रहे संकेतों को जानना और समझना महत्वपूर्ण है, और अपने व्यावसायिक सहयोगियों के संकेतों को समझना भी उतना ही महत्वपूर्ण है। काम पर आंखों में देखकर बातें करना एक मानक के तौर पर उभर रहा है।

आंखों में देखने के फायदे:

⇒ लोगों को खास महसूस कराता है, गैर-मौखिक स्तर पर दिलचस्पी का संकेत देता है—'मैं आपके साथ हूं...।' या 'मुझे हमारी बातचीत दिलचस्प लगती है...।'

⇒ आपको अधिक आत्मविश्वासी बनाता है

⇒ आपका ध्यान दूसरे व्यक्ति पर केंद्रित होता है, जिससे आप एक बेहतर श्रोता बनते हैं

शोध से पता चलता है कि आमने-सामने की बैठक में 40 से 60 प्रतिशत समय नज़रें मिलाए रखना आदर्श है। इससे थोड़ा भी कम आपको राज़ छिपाने वाला, रहस्यमयी या आत्म-सम्मान की कमी वाला दिखाता है जबकि इससे ज़्यादा नज़रें जमाए रखने पर आपको दबंग, बॉस जैसी धौंस जमाने वाला या आलोचक

समझा जा सकता है। संयुक्त राज्य अमेरिका में, बहुत देर तक आंखों में देखना यौन रुचि का संकेत दे सकता है।

आंख से संपर्क बनाए रखने के लिए विभिन्न चरण:

⇒ दूसरे व्यक्ति के माथे पर एक त्रिभुज की कल्पना करें और अपनी नज़रें यहीं जमाए रखें।

⇒ शरीर के अंगों को देखना एक 'अंतरंग' दृष्टि मानी जाती है, जो बिज़नेस के लिए बहुत खराब है और इसे यौन उत्पीड़न माना जा सकता है।

⇒ वक्ता के साथ नज़रें मिली रहना दर्शकों को वक्ता/विषय से जुड़ाव महसूस कराता है। इसके लिए, मन ही मन में कमरे या हॉल को तीन/चार हिस्सों में बांट लें और हर हिस्से को देखने के लिए बारी-बारी से हर हिस्से के एक शख्स के साथ आंखों का संपर्क बनाए रखें। सुनिश्चित करें कि आपको नोट्स/भाषण/स्लाइड यथासंभव याद हों, जिससे आपके पास दर्शकों के साथ 'कनेक्ट' करने के लिए पर्याप्त समय हो।

जब किसी से बात कर रहे हों, तब ये ना करें

⇒ आंखें गोल-गोल घुमाना

⇒ अपनी घड़ी या मोबाइल बार-बार देखना

⇒ जिस व्यक्ति से बात कर रहे हैं, उसके पीछे किसी और व्यक्ति से नज़रें मिलाने की कोशिश करना

⇒ वक्ता की एक्सेसरीज़ पर नज़र दौड़ाना

⇒ कनखियां मारना

टिप: लिफ्ट/ट्रेन/हवाई जहाज़ में किसी के साथ आंखें ना मिलाएं, अगर आप उस व्यक्ति से बातें ना करना चाहते हों।

दुभाषिया के साथ काम करना

बिजनेस के वैश्विक होने के साथ, दुनिया के कुछ हिस्सों में व्यापार करते समय दुभाषियों का उपयोग करना अनिवार्य हो गया है। अंग्रेज़ी भाषा पर केंद्रित हमारी

शिक्षा प्रणाली के सौजन्य से हम भारतीयों के पास अंग्रेज़ी की अच्छी जानकारी है, हालांकि, बाकी दुनिया के पास हमारे जैसा फायदा नहीं है।

इसे दूर करने के लिए, दूसरे देशों में बातचीत के समय में, दुभाषिया की सेवाएं लेना सबसे अच्छा है, भले ही आपके विदेशी समकक्ष को अंग्रेज़ी की बुनियादी जानकारी हो। दुभाषिए प्रशिक्षित पेशेवर होते हैं जो गोपनीयता के सख्त मानकों को बनाए रखते हुए बातचीत को आगे बढ़ाने की सुविधा देते हैं। जापान और कोरिया में, दोनों पक्ष आम तौर पर अपने स्वयं के दुभाषिए रखते हैं, भले ही वे स्वयं अंग्रेज़ी में बहुत अच्छी बातचीत करते हों। चीन में, हालांकि युवा चीनी को अंग्रेज़ी की कामचलाऊ समझ हो सकती है, वे यह मानते हुए दुभाषियों को रखना पसंद करते हैं कि इससे उन्हें भाषा की कुछ बारीकियों को बेहतर ढंग से समझने में मदद मिलती है क्योंकि अंग्रेज़ी में मुहावरे वाली भाषा का इस्तेमाल हो सकता है।

हितों के टकराव से बचने और गोपनीयता बनाए रखने के लिए, अपने स्थानीय बिज़नेस क्लाइंट्स के साथ दुभाषिया साझा करने के बजाय अपना खुद का दुभाषिया रखें।

बैठक से पहले की रणनीति

दुभाषिए 'सोच की व्याख्या करते हैं न कि केवल शब्दों की' जो दूसरे देशों के साथ सौदेबाज़ी में एक बड़ी चीज़ साबित हो सकती है। अपने व्यवसाय, अपने उत्पाद/सेवा और अपने हितधारकों के बारे में दुभाषिया को समझाने में पर्याप्त समय दें। अपने बिज़नेस में इस्तेमाल किए जाने वाले सामान्य शब्दों और इस बिज़नेस मीटिंग के उद्देश्य के बारे में थोड़ी ज़्यादा समझ बनाने में उनकी मदद करें। यह अनुवाद की गुणवत्ता और गति बेहतर करने में मदद करता है क्योंकि दुभाषिया मीटिंग के दौरान आपके बिज़नेस के तकनीकी शब्दों को जल्दी से समझ लेता है। उनके साथ खुलकर बात करने का माहौल बनाएं ताकि वे बैठक के दौरान किसी मुद्दे को स्पष्ट करने के लिए आपको आसानी से रोक सकें।

बिज़नेस मीटिंग के दौरान

⇒ **शुरुआत में:** किसी भी दूसरी बिज़नेस मीटिंग की तरह, परिचय दें, अपने समकक्षों से हाथ मिलाएं, अपनी भाषा में मौखिक अभिवादन का आदान-प्रदान करें और अपने समकक्ष की टीम के सभी सदस्यों के साथ बिज़नेस कार्ड्स (दोहरी भाषा में छपे) का लेन-देन करें।

⇒ **साफ़ बोलें:** छोटे वाक्यों में आसान शब्दावली का इस्तेमाल करें, जिससे दुभाषिया के लिए बातचीत को याद रखना आसान हो जाता है। अपनी बातचीत को पर्याप्त ठहराव दें, जिससे दुभाषिया को एक बार में जानकारी का एक हिस्सा समझाने या बताने का समय मिल सके। एक समय में एक सवाल पूछें और जवाब पाने के लिए सब्र के साथ इंतज़ार करें। अगर संवाद धीमा हो रहा हो, तब भी बेसब्र या चिड़चिड़े न दिखें। स्लैंग, बहुत ज़्यादा तकनीकी शब्दावली, मुहावरों और हास्य से बचें, क्योंकि ऐसी चीज़ों का अच्छा अनुवाद शायद ही कभी हो पाता है।

⇒ **शारीरिक भाषा:** बोलते या सुनते समय, अपने समकक्ष के साथ सीधा संपर्क बनाए रखें, दुभाषिये से नहीं। रुचि दिखाने के लिए मुस्कुराने और सिर हिलाने जैसी सकारात्मक शारीरिक भाषा का इस्तेमाल करें क्योंकि ये इशारे दुनिया भर में समझे जाते हैं। बहुत ज़्यादा इशारों से बचें क्योंकि दुनिया भर में उनके अलग-अलग अर्थ होते हैं। अपने दुभाषिये को अपेक्षित ड्रेस कोड के बारे में जानकारी दें क्योंकि आप नहीं चाहेंगे कि अनौपचारिक रूप से तैयार दुभाषिया आपके साथ फॉर्मल बिज़नेस मीटिंग में आए। आमतौर पर, दुभाषिए फैसले लेने वाले के बगल में, समकक्ष के दुभाषिया के सामने बैठते हैं।

बैठक का समापन

अपने व्यापारिक समकक्ष, उनके दुभाषिये और अपने दुभाषिये को धन्यवाद दें। दिलचस्पी दिखाने के लिए, अपने समकक्ष की भाषा में धन्यवाद और अलविदा जैसे कुछ स्थानीय शब्द सीखें।

बिज़नेस की कामयाबी के लिए पीपल स्किल्स

व्यावसायिक संबंधों को मजबूत बनाने में सांस्कृतिक मतभेद एक बाधा बन सकते हैं। अपने व्यावसायिक सहयोगियों की संस्कृति को समझना महत्वपूर्ण है, 'हम बनाम वे' के संबंध को कम करने की बजाय 'आप और वे' के बीच एक सामान्य विशेषता की पहचान करें। अंतर्राष्ट्रीय व्यापार में नेटवर्किंग और बातचीत के लिए आपके क्लाइंट की संस्कृति के बारे में गहरी समझ ज़रूरी है।

समय की पाबंदी

इसकी कल्पना करें—आप एक डिज़ाइनर बिज़नेस सूट और एक महंगी घड़ी पहने हुए हैं और एक अत्याधुनिक मोबाइल फोन रखते हैं और फिर बिज़नेस मीटिंग के लिए देर से आते हैं। आपने अपने असर को खत्म कर दिया! आप कितने भी प्रतिभाशाली क्यों न हों, अगर आप देर से आते हैं, तो आप अपने अलावा दूसरे लोगों के समय के प्रति सम्मान की कमी दिखाते हैं। इसके अलावा, आप बिज़नेस से हाथ धो बैठते हैं!

संस्कृति और समय की धारणा

कोई समुदाय समय को कैसे देखता है, इसमें संस्कृति की भूमिका महत्वपूर्ण होती है। जैसे कि पहले चर्चा की गई थी, एडवर्ड टी. हॉल संस्कृतियों को इस आधार पर बांटते हैं कि लोग समय को कैसे देखते हैं, यानी मोनोक्रोनिक या पॉलीक्रोनिक। समय को देखने में यही अंतर साफ़ करता है कि एक अमेरिकी के लिए 'समय पर' होना बेहद ज़रूरी क्यों है जबकि एक अरब 'समय के दायरे में' (15-30 मिनट की देरी) होने पर सहज है। पश्चिमी समाज में 30 मिनट के स्लॉट में काम के घंटे देखे जाते हैं जबकि पूर्वी समाज समय को समग्र रूप से देखते हैं। यही कारण है कि पश्चिमी देशों में लोग अपने कार्य दिवस के दौरान 30 मिनट की कई बिज़नेस मीटिंग्स प्लान करते हैं, जबकि एशियाई देशों में लोग अपने कार्य दिवस में संबंध बनाने वाली लंबी लेकिन कम मीटिंग्स पसंद करते हैं।

भारत समेत कुछ संस्कृतियों में, ऊंचे पद पर बैठे लोग अक्सर व्यापारिक संबंधों में अपनी श्रेष्ठता और शक्ति का प्रदर्शन करते हुए, अपने से नीचे के पदों पर बैठे लोगों को इंतज़ार करवाते हैं। यह देखा जा सकता है कि एक तरफ संस्कृति लोगों के मन में वक्त की अहमियत तय करने बड़ी भूमिका निभाती है, लेकिन वे देश जहां समय की पाबंदी से कोई समझौता नहीं होता है (जैसे संयुक्त राज्य अमेरिका/ कनाडा/ जापान/ उत्तर और पश्चिम यूरोप), उन देशों की तुलना में आर्थिक रूप से ज़्यादा बेहतर हैं जहां समय को लेकर लचीला रवैया है।

'समय पर' होने के लिए 4 टिप्स

⇒ **दृढ़ प्रतिबद्धता:** सबसे पहले, खुद से प्रतिबद्धता करें कि आप हमेशा समय पर पहुंचेंगे। अक्सर, आलस और कुछ नहीं बल्कि अनुशासन या ध्यान की कमी होता है।

⇒ **अपने समय-प्रबंधन कौशल को बेहतर करें:** बिज़नेस और पर्सनल लाइफ दोनों में ही योजना बनाना सफलता की कुंजी है। योजना बनाएं और प्राथमिकता तय करें, सुनिश्चित करें कि आप अंतिम समय में घबराहट के साथ इधर-उधर भागदौड़ नहीं कर रहे हैं। ज़िदगी की दूसरी चीजों की तरह अपने दिन/ सप्ताह/ महीने की पहले से ही एक बेहतर योजना बनाएं। अंतिम समय की किसी भी तरह की मुश्किलों से निपटने के लिए पर्याप्त बैकअप (जैसे ऑफिस में एक अतिरिक्त शर्ट व एक ब्लेज़र, महत्वपूर्ण प्रेज़ेंटेशन की पेन ड्राइव में एक अतिरिक्त कॉपी) रखें। आखिरकार, प्रोफेशनलिज़्म 'चीजों के बारे में अच्छी तरह सोचने और उसका पालन करने' में है।

⇒ **'अतिरिक्त' समय:** चाहे आप प्रोजेक्ट की समय सीमा तक पहुंच रहे हों, कॉन्फ्रेंस कॉल के लिए डायल कर रहे हों, किसी क्लाइंट के साथ झटपट लंच कर रहे हों या किसी बिज़नेस मीटिंग के लिए जा रहे हों, अंतिम समय में देरी (जैसे ट्रैफिक जाम, वेन्यू ढूंढ़ने में असमर्थता या पार्किंग के लिए कोई खाली स्लॉट नहीं मिलना) का ध्यान रखें और इसके मुताबिक ज़रूरी वक्त अपने पास रखकर चलें।

⇒ **तकनीक में निवेश करें:** समय सीमा के बारे में आपको सचेत करने के लिए प्लानर्स, सेल फोन और डिजिटल घड़ियां सबसे उम्दा चीज़ें हैं। अपनी घड़ी को स्थानीय समय से कम से कम 5 मिनट आगे सेट करें, इससे अतिरिक्त समय थोड़ा और बढ़ जाता है।

अलग-अलग संस्कृतियों में जूतों की जगह

⇒ भारत में, परंपरा है कि घर में अंदर जाने के पहले अपने जूते उतार लें, जब तक कि मेज़बान उन्हें पहने रखने को ना कहे, क्योंकि जूतों के साथ धूल/गंदगी भी अंदर आती है। दिलचस्प ये है कि यह संस्कृति ज़्यादातर एशिया, मध्य पूर्व, अफ्रीका के कुछ हिस्सों, कनाडा और उत्तरी यूरोप में फैल चुकी है। जापान, थाइलैंड, चीन जैसी कुछ संस्कृतियों में लोग आपको

अंदर पहनने वाले चप्पलों की पेशकश करते हैं।

⇒ थाइलैंड, मध्य पूर्व और भारत में, जब आप बैठे हुए हों तब अपने पैरों के तलवे दिखाना असभ्यता मानी जाती है।

⇒ ज्यादातर एशियाई संस्कृतियों में, लोगों के पैरों पर चढ़ना या किसी के सिर से पैर का छू जाना बेइज्ज़ती मानी जाती है।

व्यापार में संबंध

संवाद सभी संबंधों का आधार है। जब अलग-अलग संस्कृतियों के दो लोग एक-दूसरे के साथ संवाद करते हैं, तो इस रिश्ते से एक विशेष अपेक्षा विकसित होती है, जो उनकी व्यक्तिगत अपेक्षाओं पर खरी नहीं भी उतर सकती है। इससे बाधाएं आती हैं, और कभी-कभी रिश्ते पूरी तरह टूट भी जाते हैं। ये समझने के लिए कि 'लोग एक खास तरीके से ही व्यवहार क्यों करते हैं', हमें अलग-अलग संस्कृतियों में व्यावसायिक संबंधों की भूमिका को समझने की ज़रूरत है।

अधिकांश पश्चिमी संस्कृतियों में, व्यापारिक संबंधों की मुख्य विशेषताएं हैं:

⇒ व्यावसायिक संबंध लेन-देन वाले होते हैं—व्यापारिक और व्यक्तिगत संबंधों को पूरी तरह और बिलकुल साफ़ तौर पर अलग रखा जाता है।

⇒ सामाजिक मित्रता दीर्घकालिक होती है जबकि व्यावसायिक संबंध अल्पकालिक होते हैं।

⇒ बिज़नेस तभी मिलता है जब उत्पाद/ सेवा/ मूल्य सबसे अच्छा हो और इस फ़ैसले में रिश्तों या जज़्बातों की जगह नहीं होती है।

⇒ बिज़नेस मीटिंग्स छोटी होती हैं और एजेंडा की छोटी से छोटी बात का सख्ती से पालन किया जाता है।

⇒ वकीलों को इसमें शामिल किया जाता है और किसी भी उलझन से बचने के लिए चर्चा में आए सभी मुद्दों या पहलुओं को अनुबंध में दर्ज किया जाता है।

उदाहरण: संयुक्त राज्य अमेरिका, कनाडा, जर्मनी, ब्रिटेन, स्कैंडिनेवियाई देश, ऑस्ट्रेलिया, न्यूजीलैंड। फ्रांस, इटली और नीदरलैंड अपवाद हैं क्योंकि वे व्यावसायिक संबंध बनाने पर ध्यान केंद्रित करते हैं।

अधिकांश पूर्वी और लैटिन अमेरिकी संस्कृतियों में, व्यापारिक संबंधों की मुख्य विशेषताएं हैं:

⇒ संबंध, व्यवसायिक हों या व्यक्तिगत, दोनों जीवन भर चलने वाले होते हैं। इसलिए इन संस्कृतियों के लोग ऐसे नए व्यावसायिक सहयोगियों से मिलना पसंद करते हैं, जिनका परिचय 'कनेक्टर्स' करवाते हैं। ये कनेक्टर्स दोनों पक्षों को जानने वाले होते हैं, और लोग अपने व्यापारिक सौदों में सहज रहते हैं।

⇒ बिज़नेस मीटिंग्स लंबी होती हैं क्योंकि वे किसी व्यक्ति के साथ बिज़नेस करने से पहले उसे बेहतर तरीके से जानने में समय देना पसंद करते हैं। इन संस्कृतियों में बातचीत की शुरुआत में आम तौर पर इस्तेमाल होने वाले चीज़ें हैं: बैठक की शुरुआत में पीने के लिए कोई चीज और स्नैक्स की पेशकश, परिवार के बारे में सामाजिक बातचीत / अब तक का सफर, बिज़नेस के दौरान खाने की दावत, सामाजिक-व्यावसायिक माहौल में मीटिंग (क्लब, रेस्तरां, बार, स्थानीय व्यक्ति का घर, वगैरह)

⇒ किसी व्यक्ति द्वारा दिया गया 'वादा' कानूनी अनुबंध जितना ही महत्व रखता है और आमतौर पर उसका पालन किया जाता है। अनुबंध छोटे होते हैं।

उदाहरण: भारतीय उपमहाद्वीप, चीन, जापान, मध्य पूर्व, भूमध्यसागरीय देश, लैटिन अमेरिकी देश।

पश्चिमी और पूर्वी संस्कृतियों के बीच इस विभाजन को दिखाने वाली एक कहानी जो मेरे दिमाग में आती है, वह एक केमिकल उत्पाद बनाने वाली बहुत बड़ी कंपनी के एक वरिष्ठ भारतीय अधिकारी ने मुझे बताई थी, जिन्होंने मुंबई के अपने ऑफिस में अपने जर्मन सहयोगी की मेज़बानी की थी। भारतीय अधिकारी ने सप्ताहांत में उन्हें शहर दिखाने के लिए, शॉपिंग के लिए और भारतीय खाना खिलाने के लिए समय निकाला। छह महीने बाद जब यह भारतीय अधिकारी जर्मनी गया, वही जर्मन सहयोगी शुक्रवार की शाम को 'हैव ए नाइस वीकेंड' कहते हुए उन्हें अलविदा कहता है और फिर सोमवार की सुबह मिलता है। भारतीय कार्यकारी इस तरह के रुखे बर्ताव से परेशान हुए क्योंकि हम भारतीय सभी रिश्तों को जीवन भर के निवेश के रूप

में देखते हैं, जबकि जर्मन वीकेंड में अपने निजी वक्त में बिज़नेस से जुड़ा कुछ भी (जैसे किसी सहकर्मी से मिलना) नहीं करना चाहेंगे।

बैठने की व्यवस्था

चीन की व्यावसायिक बैठने की व्यवस्था

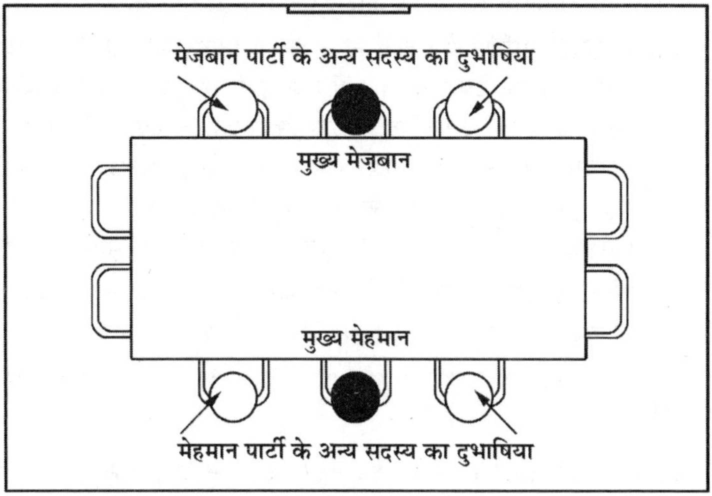

बैठने की व्यवस्था का प्रारूप

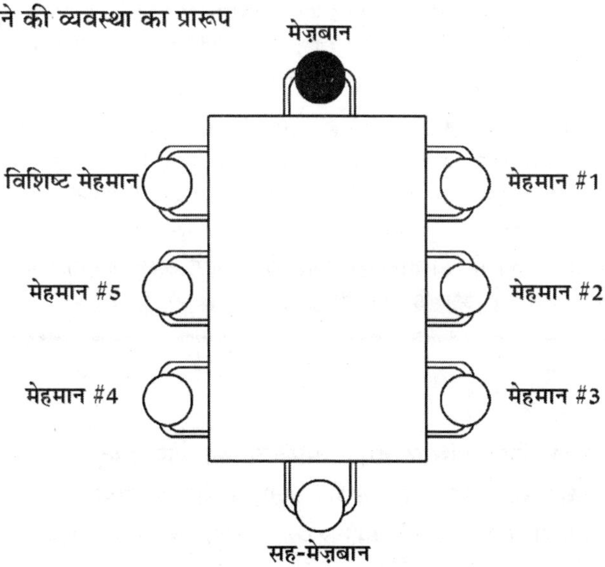

बैठक प्रोटोकॉल

⇒ **बोर्ड मीटिंग में:** परंपरागत रूप से, मीटिंग लीडर (अध्यक्ष/ सीएमडी/ सीईओ) मेज़ के सबसे ऊपरी भाग की तरफ, दरवाज़े से सबसे दूर अंत में बैठता है। यदि सख्त बैठक प्रोटोकॉल का पालन करना है, तो बोर्डरूम टेबल पर नाम की पट्टियां लगाकर बैठने के लिए आमंत्रित लोगों को सीटिंग प्लान के बारे में बताएं।

⇒ **बिज़नेस मीटिंग में:** दोनों टीमों के वरिष्ठतम सदस्यों (जैसे प्रबंध निदेशकों) को टेबल के केंद्र में एक-दूसरे के सामने बैठाएं। वरिष्ठ अधिकारियों को उनके पद के अनुसार बैठाना चाहिए, प्रबंध निदेशक के दाएं से बाएं की तरफ, जब तक कि सभी ना बैठ जाएं। यह सुनिश्चित करने का प्रयास करें कि दोनों पक्षों के एक जैसी जिम्मेदारी वाले अधिकारी या कर्मचारी एक-दूसरे के सामने बैठे हों।

⇒ **चीन/जापान में**, आपको आपकी सीट पर ले जाया जाएगा, जो पद के घटते ओहदे के क्रम में होते हैं।

नोट:

ब्रिटेन: हालांकि संगठन 'फ्लैट' हो गए हैं, फैसले लेने की प्रक्रिया धीमी है और उसका ढांचा तय है। काम पर वरिष्ठता और उम्र को सम्मान अभी भी दिया जाता है। वे लोग तोल-मोल काफ़ी करते हैं और शर्तें तय करने के दौरान कोई जज्बात नहीं दिखाते।

अमेरिका: फैसले तुरंत लिए जाते हैं। अमेरिकी बिज़नेस में अवसरवादी और जोखिम लेने वाले होते हैं। उन्हें प्रेरणा मिलती है डेडलाइन और बॉटम लाइन (मुनाफा) से और वे काम को अपनी जिंदगी का फोकस बना लेते हैं। दुनिया में सबसे ज़्यादा कानूनी पचड़ों में पड़ने वाले समाज का हिस्सा होने की वजह से वे लोग सख्त अनुबंधों पर दस्तखत करते हैं और उनका पालन दृढ़ता से करते हैं।

व्यवहार

हम भारतीयों के लिए परिवार हमारे अस्तित्व का केंद्र बिंदु हैं और हमारे पारिवारिक बंधन बेहद मज़बूत होते हैं। तेज़ी से होते शहरीकरण के कारण, युवा बड़े शहरों में काम करते हैं क्योंकि वहां रोज़गार के बेहतर अवसर मिलते हैं। हालांकि, वे त्योहारों के दौरान अपने माता-पिता और दूसरे रिश्तेदारों से

मिलने के लिए अपने गृहनगर वापस चले जाते हैं, जो यह दिखाता है कि ये संबंध उनको भावनात्मक रूप से मज़बूत बनाए रखने में कितने महत्वपूर्ण हैं। एशिया, मध्य पूर्व और लैटिन अमेरिका के अधिकांश हिस्सों में बड़े व संयुक्त परिवारों का काफी महत्व है जबकि पश्चिमी समाज अधिक व्यक्तिवादी हैं जहां एकल परिवार के बंधन भी कमजोर हैं। तभी तो हम भारतीय अपने माता-पिता को वृद्धाश्रम में भेजने के अमेरिकी 'हृदयहीन' रवैये से हैरान होते हैं, जबकि वे लोग उन भारतीयों से हैरान होते हैं जो अपने माता-पिता के साथ रहते हैं, यहां तक कि 50 साल की उम्र में भी!

निम्नलिखित उदाहरणों में आपको व्यवहार में काफी विविधता देखने को मिल सकती है:

⇒ **आभार व्यक्त करना:** आभार व्यक्त करते समय, भारतीय हमेशा 'कृपया' और 'धन्यवाद' जैसे औपचारिक शब्दों का प्रयोग नहीं करते हैं; हम आमतौर पर अजनबियों के प्रति विनम्र नहीं होते हैं और उन लोगों को देखकर मुस्कुराते भी नहीं हैं जिन्हें हम नहीं जानते हैं। दिलचस्प बात यह है कि एशिया और मध्य पूर्व के बड़े हिस्सों में ऐसा ही व्यवहार दिखने को मिलता है। दूसरी ओर, अधिकांश पश्चिमी समाजों में ये शब्द और गतिविध खुद ब खुद होते हुए देखे जा सकते हैं। इसका मतलब यह नहीं है कि हम असभ्य हैं, बात बस इतनी है कि हम अलग तरह से आभार व्यक्त करते हैं, शायद हल्का सा सिर हिलाकर या छूकर भी, जैसे पीठ थपथपाकर।

⇒ **भावनाओं का प्रदर्शन:** लैटिन अमेरिकी देशों में, लोग काम या ऑफिस के दौरान अपनी भावनाओं को खुलकर दिखाते हैं—अगर वे खुश हैं या नाराज़ हैं, तो वे इसे दिखाएंगे। जापान और चीन जैसे एशियाई समाजों में, काम या ऑफिस में अपनी सच्ची भावनाओं को नहीं दिखाना एक गुण है। दिलचस्प रूप से, हम भारतीय इन दोनों संस्कृतियों के कहीं बीच में आते हैं—एक तरफ हम अपनी निजी ज़िंदगी के बारे में अपने सहकर्मियों से बातें करते हैं, दूसरी तरफ हम अपने चेहरे पर भावनाएं लाना पसंद नहीं करते।

⇒ **सामाजिक वर्ग:** उम्र, पद, स्थिति, धन या सामाजिक स्थिति के प्रति सम्मान दिखाने में विफलता विदेशों में होने वाले सौदों में गंभीर समस्या पैदा कर सकती है। एशियाई और मध्य पूर्वी समाज सामाजिक वर्ग और रैंक को बहुत महत्व देते हैं जबकि पश्चिमी

समाज खुद के 'वर्गहीन' होने पर गर्व करते हैं। एशिया और मध्य पूर्व में, रैंक और उम्र काम या ऑफिस में बड़े अंतर ला देते हैं, इसी से आप समझ सकते हैं कि दुनिया के इस हिस्से में बॉस उम्रदराज़ क्यों होते हैं और अक्सर ज़रूरत से ज़्यादा अहमियत क्यों पाते हैं। यूरोप परंपरा को महत्व देता है, इसलिए उम्र और कुछ हद तक सामाजिक स्थिति महत्वपूर्ण है—उदाहरण के लिए, ब्रिटेन में, राजशाही नागरिकों को उपाधि प्रदान करती है, जबकि फ्रांसीसी अपने सामाजिक वर्ग के प्रति सचेत होते हैं। लैटिन अमेरिकी समाजों में आय में भारी असमानता है, जिसके कारण समाज में धन, शिक्षा और स्थिति के आधार पर वर्ग भेद होते हैं।

धर्म/राजनीति

किसी भी देश की यात्रा करने से पहले, वहां के प्रमुख धर्म और उनकी धार्मिक छुट्टियों के बारे में पता लगाएं। जिस तरह आप गणपति विसर्जन के अंतिम दिन मुंबई में कई सारी बैठक नहीं कर सकते हैं या दिल्ली में दिवाली पर कोई बिज़नेस नहीं कर सकते हैं, उसी तरह यूएसए में 4 जुलाई को या मध्य पूर्व में ईद पर बैठकें नहीं की जा सकती हैं। धर्म स्थानीय लोगों के दैनिक जीवन और संवेदनाओं को कैसे प्रभावित करता है, इसे समझने से आपको उनके प्रति सम्मान दिखाने में मदद मिलेगी, जिसे आप सफल दीर्घकालिक व्यापार संबंधों में बदल सकते हैं।

राजनीति और कारोबार के बीच एक मज़बूत संबंध होता है; इसलिए आप जिस देश का दौरा कर रहे हैं, उसके राजनीतिक परिदृश्य और इतिहास के बारे में जानकारी जुटाएं। यह याद रखना बेहतर है कि राजनीति जोश पैदा करती है और राजनीतिक नेताओं की कभी भी सार्वजनिक रूप से आलोचना नहीं करनी चाहिए। बिज़नेस की दुनिया में, किसी भी पक्ष को नाराज़ किए बिना 'मैं कोई एक्सपर्ट नहीं हूं...' जैसे बयान देना सीखें, जब आपके विचार पूछे जाएं।

जब आपके व्यापारिक सहयोगी आपसे भारत के राजनीतिक परिदृश्य की जानकारी की अपेक्षा करें, सही तथ्यों के आधार पर अपने देश को सकारात्मक तौर पर पेश करें। कभी भी विवादास्पद बयान देने से बचने की कोशिश करें, भले ही वे कठोर तथ्यों पर आधारित हों। राजनीति पर चर्चा करते समय, हमारे नेताओं, भ्रष्टाचार, पाकिस्तान या कश्मीर पर ध्यान केंद्रित करने के बजाय

उभरती अर्थव्यवस्था, तेज़ी से हो रहे विकास और विश्व मामलों के बारे में बातचीत करें।

आत्मविश्वास से भरा व्यवहार भले ही एक कीमती चीज़ है, आपके व्यवहार का सबसे महत्वपूर्ण पहलू यह है कि आप अपने मेज़बानों के साथ बातचीत करते समय सम्मान और विनम्रता कैसे दिखाते हैं। जब आप सम्मान प्रदर्शित करते हैं, तो मामूली शिष्टाचार संबंधी गलतियों को आसानी से अनदेखा कर दिया जाता है। हालांकि, यदि आपके व्यवहार में सम्मान की कमी है, तो छोटी से छोटी गलती को भी गंभीर अपराध के रूप में देखा जा सकता है। दूसरों के प्रति सम्मान दिखाने का सबसे अच्छा तरीका उनके शिष्टाचार के नियमों को सीखना है। हालांकि शुरुआत में इसमें थोड़ा अधिक प्रयास और समय लग सकता है, लेकिन यह हमेशा फायदेमंद होता है।

भारतीय महिला अधिकारी

होटल का कमरा

महिला अधिकारी के लिए अपने बिज़नेस एसोसिएट्स और क्लाइंट्स के साथ रेस्टरेंट, होटल लॉबी, कैफे या बिज़नेस सेंटर जैसे सार्वजनिक स्थानों पर ही मिलना बेहतर है। भारत में, बिज़नेस एसोसिएट्स या पुरुष सहकर्मियों को अपने होटल के कमरे में बुलाना स्वीकार्य नहीं है, भले ही आप उन्हें कितनी भी अच्छी तरह जानती हों। अगर कोई सहकर्मी लगातार इसकी ज़िद करता है तब तो ये और भी बड़ी वजह है कि आप उसे अपने कमरे में ना ले जाएं।

अकेले खाना

एक महिला अधिकारी होने के तौर पर आज आप दुनिया भर में लगातार यात्राओं पर जाती हैं। अक्सर, आप पूरा दिन बंद कमरों की बैठकों में बिताती हैं और जब तक आप अपने होटल के कमरे में पहुंचती हैं, आप थक चुकी होती हैं। मैंने कई वरिष्ठ महिला प्रबंधकों के साथ बात की है, जो मुझे बताती हैं कि कामकाज में पूरा दिन बिताने के बाद, उन्हें किसी का भी साथ पसंद नहीं आता, खासकर उन्हीं क्लाइंट्स और सहकर्मियों का, जिनके साथ उन्होंने पूरा दिन बिताया है! साथ ही, उन्हें रूम सर्विस ऑर्डर करने का विचार नीरस लगता है क्योंकि इसका मतलब है कि अपने सोने तक एक बार फिर

एयर-कंडीशंड कमरे में अटक जाना। इसलिए, बदले नज़ारे देखने के लिए, थोड़ी ताज़ी हवा लेने के लिए, किसी पर्यटन स्थल पर जाने के लिए या स्थानीय व्यंजनों का जायका लेने के लिए बाहर निकलें।

मैं कोल्डिंग (डेनमार्क) के बिज़नेस टूर पर थी और अपने होटल से कुछ ही दूरी पर मौजूद मशहूर स्पेशियालिटी रेस्टोरेंट में जाना चाहती थी। पहले तो मैं हिचकिचाई, फिर मैंने उसकी तरफ अपने कदम बढ़ा दिए और एक यादगार शाम बिताई, जहां मैंने लोगों को अपनी स्पीड बोट में घाट से उतरते हुए और डेनमार्क के निवासियों के सामाजिक जीवन की झलकियां देखीं।

यदि आप शाम को अकेले बाहर घूमने जा रही हैं, तो इन बातों का ध्यान रखें:

⇒ कम रोशनी वाले रेस्तरां के मुकाबले अच्छी रोशनी वाला रेस्तरां चुनें जहां खुले में बैठने का इंतजाम हो।

⇒ यदि आपने पहले से टेबल बुक नहीं किया है, तो रेस्तरां प्रबंधक को पूरे आत्मविश्वास से कहें, 'टेबल फॉर वन, प्लीज़।'

⇒ अपने साथ एक फोल्डर/डायरी रखें, क्योंकि इससे आप प्रोफेशनल दिखती हैं और ठग दूर रहते हैं!

⇒ या फिर, एक किताब/लैपटॉप रखें, जिसे आप बीच-बीच में देख सकती हैं। यह तब काम आता है जब आप उस आदमी को दूर भगाने की कोशिश करती हैं जिससे आप दोस्ती नहीं करना चाहते हैं, आप विनम्रता से ज़ोर देकर कह सकती हैं कि आपके पास बहुत काम है।

⇒ स्कार्फ या किसी ज्वेलरी के साथ बिज़नेस कैज़ुअल या अपने ऑफिस के कपड़े पहनें। इसके लिए स्टाइलिश कपड़े न पहनें।

⇒ बार स्टूल पर बैठने के बजाय दो-चार लोगों के लिए रखे गए टेबल/बूथ पर बैठें।

⇒ अगर शाम बहुत लंबी हो तो शराब की एक ड्रिंक या ज्यादा से ज्यादा दो ड्रिंक ही पिएं।

⇒ देर रात के बजाय रेस्तरां में जल्दी (8-8.30 बजे) बैठने के लिए चली जाएं।

⇒ नियम से, अपने खाने-पीने और आने-जाने के खर्च का भुगतान खुद करें।

⇒ आपको लग सकता है कि अजनबियों के साथ बातें करने में कोई दिक्कत नहीं है, बेहतर होगा कि ऐसा आप अपने होटल के सुरक्षित माहौल में करें।

⇒ जब तक टेलीफ़ोन के ज़रिए आप फ्रंट डेस्क से पुष्टि ना कर लें, अपने होटल के कमरे में किसी हाउसकीपिंग स्टाफ, प्लंबर या इलेक्ट्रिशियन को ना आने दें। जब तक आप पुष्टि ना कर लें, उस व्यक्ति को बाहर

इंतज़ार करने दें।

⇒ टिप के तौर पर बिल का एक उचित प्रतिशत छोड़ें।

सावधानी है ज़रूरी: खाने के लिए अकेले निकलने के पहले, उस जगह और शहर के जिस हिस्से में आप हैं, वहां की संस्कृति के बारे में जानकारी लें। साथ ही, एहतियात बरतें—क्या रात में टैक्सी में अकेले सफर करना सुरक्षित है? क्या दुनिया के इस हिस्से में महिलाएं अकेले खाना खाती हैं? अगर नहीं तो फिर रूम सर्विस का ही सहारा लें!

कारोबार प्रेमी लोगों के लिए सोशल स्किल्स

धन्यवाद देने वाले खत (थैंक यू नोट्स)

थैंक यू नोट्स आज के समय में बिज़नेस में सबसे कम इस्तेमाल होने वाले संचार के साधनों में से एक हैं। अक्सर मैंने लोगों को ये शिकायत करते हुए सुना है कि या तो वे इतने अधिक व्यस्त रहते हैं कि धन्यवाद का खत नहीं लिख पाते हैं या इसे लिखने में बहुत अधिक समय लगता है क्योंकि वे इसमें महारत हासिल करने के लिए घंटों लगाते हैं। दोनों ही हालात में, ज़्यादातर लोग इसे भेज नहीं पाते हैं। याद रखें, एक बेहतर लेकिन नहीं लिखे गए धन्यवाद के खत से कहीं बेहतर होता है कामचलाऊ थैंक यू नोट जो लोगों तक पहुंचता है!

थैंक यू नोट बिज़नेस से जुड़ी इन स्थितियों में से किसी में भी भेजे जा सकते हैं:

1. किसी पार्टी में शामिल होने के बाद अपने मेज़बान के लिए
2. जिस व्यक्ति ने आपको कूरियर/मेल से तोहफा भेजा है
3. अपने बॉस की मेहमाननवाज़ी के बाद
4. प्रमोशन मिलने के बाद अपने बॉस के लिए
5. सहकर्मियों या व्यावसायिक संपर्कों को प्रमोशन मिलने, उनकी शादी होने या माता-पिता बनने के बाद बधाई का खत
6. उन व्यक्तियों के लिए, जिन्होंने आपको आपके बिज़नेस के लिए कोई रेफरल या कोई सिफारिश भेजी है

7. किसी भी सहकर्मी के लिए जो आपकी मदद करने के लिए आगे आया है
8. किसी भी स्वयंसेवक के लिए जिसने निःस्वार्थ भाव से किसी प्रोजेक्ट (चैरिटी, स्पोर्ट्स या नेटवर्किंग इवेंट, इंडस्ट्री फोरम) में योगदान दिया है
9. आपके अस्पताल में भर्ती होने के बाद उन सभी आगंतुकों और व्यक्तियों के लिए जिन्होंने सहानुभूति पत्र/उपहार/फूल भेजे हैं

समय का ध्यान रखना ज़रूरी है! आदर्श रूप से, 48 घंटों के भीतर धन्यवाद का एक नोट लिखें, लेकिन एक सप्ताह तक के समय में भी ऐसा कर सकते हैं। हालांकि देरी के लिए माफी मांगते हुए नोट भेजने में कभी देर नहीं होती!

ज्यादातर ऑफिस पेपरलेस हो गए हैं और किसी के हाथ से लिखा हुआ थैंक यू नोट हमें शायद ही मिलता है। साथ ही, इसके आपके साथ हमेशा रहने का एक भाव होता है, जो ईमेल में नहीं होता। यह आपके प्राप्तकर्ता को महसूस कराता है कि उसकी कोशिश वाकई में सराहनीय है। हालांकि टाइप करना या हाथ से लिखना आपकी व्यक्तिगत प्राथमिकता हो सकती है, लेकिन अगर आप प्राप्तकर्ता को प्रभावित करना चाहते हैं, तो इसे व्यक्तिगत स्टेशनरी पर हाथ से लिखा जाना चाहिए!

थैंक यू नोट की उलझनें

सवाल: जब मेरा प्रमोशन हुआ, किसी ने मुझे फूलों का एक सुंदर गुलदस्ता तोहफे में भेजा; क्या मुझे थैंक यू नोट भेजना चाहिए?

जवाब: नोट से बेहतर होगा कि आप फ़ोन उठाएं और उन्हें व्यक्तिगत रूप से धन्यवाद दें, और फूलों की खूबसूरती के बारे में भी थोड़ी बातचीत करें।

सवाल: थैंक यू कार्ड के लिए मुझे किस तरह की स्टेशनरी का इस्तेमाल करना चाहिए?

जवाब: आम तौर पर थैंक यू कार्ड का कागज़ थोड़ा मोटा और उजले या मोती के रंग का होता है। ये कार्ड सदाबहार होते हैं, लेकिन आप अपने बिज़नेस के लिए उचित कार्ड डिज़ाइन कर सकते हैं। कार्ड का आकार 3' X 4' से लेकर A4 से छोटा तक हो सकता है।

सवाल: क्या पहले से छपे हुए थैंक यू कार्ड अच्छे माने जाते हैं?

जवाब: पहले से छपे हुए कार्ड जंक मेल की तरह हैं और कोई छाप नहीं छोड़ते। अपने थैंक यू नोट्स पर अपनी निजी छाप छोड़िए, और सामने वाले को उसके अच्छे काम या अच्छे तोहफे का अहसास भी दिलाइए।

तारीफ करना और पाना

तारीफ के कई तरह के इस्तेमाल हैं:

⇒ वे हल्की-फुल्की बातों के रूप में काम आते हैं क्योंकि इनकी मदद से आप बातचीत शुरू कर सकते हैं।

⇒ वे सामाजिक और व्यावसायिक दोनों माहौल में मनोबल बढ़ाने वाले होते हैं।

हालांकि, आज की असुरक्षित दुनिया में, लोग अक्सर तारीफ करने या पाने में थोड़ा अजीब महसूस करते हैं। तारीफ पाते समय, लोग या तो उन्हें बेकार की प्रशंसा के रूप में देखते हैं और आपकी नीयत पर सवाल उठाना शुरू कर देते हैं, या तारीफ को पूरी तरह से नकार ही देते हैं। तारीफ करते समय भी, वे या तो नकली लग सकते हैं या चालाकी से किए गए। ये कुछ बिंदु याद रखें:

⇒ **उदारता से करें तारीफ :** तारीफ करने से हमारे व्यक्तिगत और पेशेवर दोनों तरह के रिश्तों में मज़बूती आती है, वे हमें व्यक्तिगत रूप से आगे बढ़ने में भी मदद करते हैं क्योंकि वे हमें दूसरे व्यक्ति की सकारात्मक विशेषताओं की तारीफ करने के लिए मज़बूर करते हैं। तारीफ सकारात्मक ऊर्जा के छोटे उपहार हैं जो करने वाले और पाने वाले दोनों को फायदा पहुंचाते हैं! वैसे, कार्यस्थल पर कई लोग अपने बॉस और क्लाइंट्स दोनों की तारीफ करने में काफी उदार होते हैं, लेकिन वे जानबूझकर अपने कर्मचारियों और साथियों की अनदेखी कर देते हैं। अपने परिचित लोगों के बीच तारीफ करने के लिए वास्तविक चीज़ों/हुनर की तलाश करें और अप्रत्याशित प्रशंसा के बीच उन्हें चमकते हुए देखें!

⇒ **तारीफों को शालीनता से स्वीकार करें:** पहले, ध्यान से सुनें और उस व्यक्ति पर ध्यान केंद्रित करने का प्रयास करें जो आपकी तारीफ

कर रहा है। उस व्यक्ति को अपनी टिप्पणियों से टोके बिना, अपना वाक्य पूरा करने के लिए पूरा समय दें। हालांकि, आपके मन में उधेड़बुन चल रही होगी और आप तारीफ के मकसद या असलियत पर सवाल खड़े कर सकते हैं, लेकिन उस तारीफ को स्वीकार करें जो आपके सामने की जा रही है। दूसरा, तारीफ स्वीकार करते हुए अपनी बॉडी लैंग्वेज पॉज़िटिव बनाए रखें। तारीफ पाते समय भ्रमित दिखना, संकोच में पड़ना या सामने वाले की आंख में ना देखना यह दर्शाता है कि आप में आत्मसम्मान की कमी है। इसके बजाय, सीधी नज़र बनाए रखते हुए मुस्कुराएं। आखिरी लेकिन ज़रूरी बात, तारीफों को अस्वीकार नहीं करने और स्वीकार करने पर ध्यान केंद्रित करें क्योंकि तारीफ को अस्वीकार करना आप दोनों के लिए नुकसानदेह है। सबसे आसान जवाब बिना किसी लंबी व्याख्या के विनम्रता से 'धन्यवाद' कहना है।

टिप्पणियां जिनसे बचना चाहिए

अक्सर, तारीफ करते समय, मैं इन टिप्पणियों को सुनती हूं जिनसे बचना चाहिए, जो तारीफ पाने वाले की आत्मसम्मान की कमी को दर्शाता है, और इस वजह से तारीफ करने वाला शख्स अजीब हालत में आ जाता है:

⇒ **अस्वीकृति:** आप कहते हैं, 'वाह! आप आज अच्छे दिख रहे हैं' और वे आपकी तारीफ को पूरी तरह से नकार देते हैं—'अरे नहीं, मुझे बहुत बुरी तरह से ठंड लग रही है, पहले से ही एंटीबायोटिक दवाएं ले रहा हूं...!'

⇒ **कमतर आंकना:** वह शख्स आपकी तारीफ से शर्मिंदा हो जाता है या अजीब महसूस करता है और तुरंत ही उस तारीफ की खूबसूरती को कम कर देता है। आप कहते हैं, 'यह एक अच्छा मुद्दा था जिसे आपने मीटिंग में उठाया था' और वे कहते हैं, 'ईमानदारी से कहूं तो यह तो मुझे किस्मत से सूझ गया था...' या, आप कहते हैं 'अच्छी साड़ी है!' और वो कहती है 'यह साड़ी नहीं है, यह एक पुराना कपड़ा जिसे मेरी दादी ने मुझे 5 साल पहले दिया था...।'

⇒ **दूसरों को बेवकूफ़ दिखाना** : ऐसे लोगों को 'दूसरों को बेवकूफ साबित करने' की कला में महारत हासिल है। आप कहते हैं, 'आपकी बोलने की शैली बहुत स्पष्ट है' और वे कहते हैं, 'आपको

मेरे बोलने का तरीका पसंद आया। खैर, इसमें बहुत सारी खामियां थीं। क्या आपने बहुत बड़ी भूल देखी जब मैं बोल रहा था...?'

⇒ **अहंकारी:** यह व्यक्ति सोचता है कि वो बहुत 'कूल' है। आप कहते हैं, 'जूते अच्छे लग रहे हैं' और वे कहते हैं, 'धन्यवाद! एक महीने का वेतन उन पर खर्च करने के बाद, उन्हें अच्छा लगना ही चाहिए...।'

⇒ **तारीफ से ध्यान हटाना:** यह व्यक्ति तारीफ के लिए बोली गई चीजों से खुद को नहीं जोड़ पाता है और जल्दी से जल्दी किसी दूसरे विषय पर बातचीत को ले जाना चाहता है। उदाहरण, 'इतनी अच्छी प्रस्तुति के लिए बहुत बधाई' और वे जवाब देते हैं, 'और, आजकल क्या नया चल रहा है आपके जीवन में?'

⇒ **शब्द नहीं ढूंढ़ पाना:** आपकी तरफ चौंककर मुंह खोले हुए ऐसे देखेंगे जैसे कि आप एक एलियन हों!

अगर आपको लगता है कि आप इनमें से किसी भी शैली को दिखाते हैं, तो उन्हें पहचानें और यदि आप तारीफों का आनंद लेना जारी रखना चाहते हैं तो अपनी शैली बदलने की दिशा में काम करें। वैसे भी, शालीनता से जवाब न देकर, आप अनजाने में असभ्य या आत्मविश्वास की कमी वाले दिखते हैं।

संस्कृति और प्रशंसा

लोग तारीफ कैसे करते हैं और कैसे उसे स्वीकार करते हैं, इसमें संस्कृति एक बड़ी भूमिका निभाती है। पूर्वी संस्कृतियों में, तारीफ करने का एक अप्रत्यक्ष तरीका अपनाया जाता है क्योंकि प्रत्यक्ष या बहुत अधिक तारीफ को या तो बनावटी तौर पर देखा जाता है या लोगों द्वारा तारीफ करने वाले के छिपे हुए इरादे को लेकर सवाल उठाया जाता है। जापानी अपने बारे में तारीफों को कम आंकते हैं, लेकिन लोगों को उनकी पेशेवर या शैक्षणिक उपलब्धियों के लिए बधाई देना पसंद करते हैं। चीन में, तारीफों को सिरे से खारिज करके विनम्रता प्रदर्शित की जाती है। दूसरी ओर, अमेरिका में प्रत्यक्ष तौर पर तारीफ किए जाने की संस्कृति है, वहां लोग व्यक्तिगत पहनावे, कारों और उपलब्धियों पर तारीफों की बौछार कर देते हैं। दरअसल, तारीफ करने का ये अमेरिकी उत्साह पूर्वी संस्कृतियों को झूठा लगता है।

हम भारतीय तारीफों से असहज हो जाते हैं और कामयाबी का श्रेय सिवाय खुद के सभी को देते हैं। हम तारीफ स्वीकार करते समय माता-पिता, बॉस, यहां तक कि भगवान की भी प्रशंसा करने से नहीं चूकते हैं। हमारे देश में किसी शख्स के रंग-रूप की तारीफ, विशेष रूप से पुरुष-स्त्री के बीच, अच्छा नहीं माना जाता है। सामाजिक रूप से, हमसे घर की महिलाओं/मेज़बान को उसके खाना पकाने और घर की सजावट के कौशल के लिए बधाई देने की उम्मीद की जाती है। दिलचस्प बात ये है कि महिलाएं तारीफ ज़्यादा करती हैं लेकिन पुरुष उन्हें ज़्यादा गंभीरता से लेते हैं! अपनी और दूसरों की अच्छाई को देखने के लिए खुद को खोलें और चीज़ों को सकारात्मक तौर पर देखें।

कॉर्पोरेट गिफ्ट्स

बहुरंगी संस्कृतियों वाले कामकाज के आज के माहौल में, उपहार देना महत्वपूर्ण है जिसे पाने वाले सराहता है और इससे एक बेहतर कामकाजी रिश्ता बनता है। हालांकि, कुछ संस्कृतियों, जैसे अमेरिका व ब्रिटेन, में उपहारों को संदिग्ध रूप से देखा जाता है, यहां तक कि उन्हें रिश्वत के रूप में भी देखा जाता है। दूसरी ओर, एशियाई देशों में, कॉर्पोरेट तोहफे हमेशा लिए-दिए जाते हैं और उन्हें कामकाजी रिश्ते बनाने का हिस्सा माना जाता है।

उपहार और संस्कृति

उपहार देना हमारी संस्कृति का हिस्सा है और इसे हमारे सामाजिक ताने-बाने में बुना गया है। हमें महंगे उपहार देने और पाने में खुशी मिलती है, खासकर शादियों, जन्मदिन और सालगिरह पर। हालांकि, कॉर्पोरेट जगत में उपहारों को लेकर मिली-जुली प्रतिक्रियाएं देखने को मिलती हैं। 1960 और 1970 के दशक में दिवाली और नए साल पर कॉर्पोरेट गिफ्ट देना गंभीर व्यवसाय के रूप में देखा गया जबकि आज के भारत में उपहार देने में भारी बदलाव आया है और इसके लिए कंपनी की नीतियां लागू की जाती हैं। कई कंपनियों में मिलने वाले उपहारों की लागत की एक सीमा निश्चित होती है, जबकि कई दूसरी कंपनियों में एक तय रकम से ज़्यादा कीमत के उपहारों का खुलासा मैनेजमेंट के सामने करने की ज़रूरत होती है, जिससे सभी व्यावसायिक सौदों में पारदर्शिता बनाए रखने में मदद मिलती है। विशेष मामलों में, किसी व्यक्ति को काफी ज़्यादा कीमत की चीज़ तोहफे में देते समय कंपनी से मंजूरी ज़रूरी होती है (उदाहरण के लिए, विवाह, जन्म, विदाई के समय)। उपहार भेजते समय, साफ़-साफ़

बात करें और उस व्यक्ति से पूछें कि क्या आप एक टोकन उपहार भेज सकते हैं क्योंकि उपहार वापस करने से भेजने वाले और पाने वाले दोनों को शर्मिंदगी होती है। अंतर्राष्ट्रीय स्तर पर, खाने-पीने की चीज़ें, कंपनी के लोगो वाले तोहफे और मनोरंजन से जुड़े तोहफे (किसी मूवी/नाटक या रेस्तरां में खाने का टिकट) आम तौर पर स्वीकार किए जाते हैं, जब तक कि इसे लेने पर कोई पाबंदी ना लगी हो। और किसी परियोजना पर शर्तें तय करते समय या उस पर काम करते समय पैसे देना रिश्वत के रूप में भी देखा जा सकता है।

कई संस्कृतियों में उपहार को खोलने से संबंधित प्रोटोकॉल भी हैं। संयुक्त राज्य अमेरिका, पश्चिमी यूरोप, अफ्रीका और मध्य पूर्व के कुछ हिस्सों में, उपहार मिलने पर तुरंत खोले जाते हैं और पाने वाला शख्स उपहार देने वाले को धन्यवाद देता है। वहीं चीन, जापान और भारत में तोहफे को तुरंत खोलना असभ्य माना जाता है और इसे बाद में निजी तौर पर खोला जाता है। यह अपेक्षा की जाती है कि आप उपहार की कीमत/प्रकार की परवाह किए बिना, उस व्यक्ति का व्यक्तिगत रूप से या एक नोट लिखकर धन्यवाद करेंगे जिसने आपको उत्साह के साथ उपहार दिया है।

उपहार देने के लिए नीचे कुछ सुझाव दिए गए हैं:

⇒ **फूल:** पश्चिमी देशों में जब किसी के घर बुलाया जाता है तब ताज़े फूल देना आम उपहार हैं और यह चलन भारत में भी ज़ोर पकड़ रहा है। इन फूलों को काटा या व्यवस्थित करके दिया जाता है। हालांकि, फूलों के प्रकार, उनके रंग और उनकी संख्या के बारे में सावधान रहें क्योंकि हर देशों में इनके अलग-अलग मतलब निकाले जाते हैं। उदाहरण के लिए, ब्रिटेन में लाल गुलाब केवल प्रेमी—प्रेमिकाओं के लिए होते हैं जबकि भारत/बांग्लादेश के कुछ हिस्सों में चंपा के फूल मौत को दर्शाते हैं। होटल के स्टाफ या स्थानीय फूलवालों से इसके बारे में पूछताछ कर लेना सबसे अच्छा है।

⇒ **खाने-पीने की चीज़ें:** चॉकलेट/कैंडी/विदेशी फल/ब्राउनी या किसी स्थानीय मिठाई का एक डिब्बा आम उपहारों के तौर पर लिया-दिया जा सकता है। ये आमतौर पर पाने वाले के सहकर्मियों में बांट दिए जाते हैं और दुनिया भर में सभी संस्थान इन्हें स्वीकार करते हैं।

⇒ **वाइन/शराब:** महंगी वाइन की बोतल, सिंगल मॉल्ट, आयातित शैंपेन या कॉन्यैक अच्छे उपहार हैं, जिन्हें आम तौर पर पाने वाला पसंद करता है। हालांकि, इससे पहले सुनिश्चित कर लें कि इसे

पाने वाला शराब पीता है। इस्लामिक देशों में शराब कभी उपहार में नहीं दी जाती है।

⇒ **कॉर्पोरेट गिफ्ट:** ज़्यादातर दफ्तरों में, छोटे-छोटे कॉर्पोरेट तोहफों का लेन-देन स्वीकार किया जाता है और इनमें कंपनी के लोगो के साथ कलम, की-चेन, टी-शर्ट और बिज़नेस एक्सेसरीज़ शामिल हैं।

⇒ **स्थानीय हस्तशिल्प** अंतर्राष्ट्रीय स्तर पर यात्रा करते समय सबसे अच्छे उपहार माने जाते हैं क्योंकि वे आपकी सोच दिखाते हैं जिन्हें आप अपने देश से लेकर आए होते हैं। इसके अलावा, ये बातचीत शुरू करने के काफी अच्छे विषय होते हैं। भारत से रेशम, चाय, हाथी की मूर्तियां, पारंपरिक डिज़ाइन वाले कोस्टर्स, सजावटी कलम, लकड़ी और पत्थर की नक्काशी वाली वस्तुएं, छोटी पेंटिंग्स, वगैरह को काफी पसंद किया जाता है।

⇒ **बिज़नेस मील्स:** पश्चिमी देशों में, किसी रेस्तरां में भोजन कराना या स्थानीय पब में ड्रिंक्स/डिनर खरीदकर देना हमेशा एक उपयुक्त व्यावसायिक उपहार माना जाता है। भारत में भी यह चलन तेज़ी से बढ़ रहा है।

⇒ **वर्जित:** किसी भी देश में परफ्यूम और लेडीज़ इनरवेयर तोहफे में नहीं दिया जाता है क्योंकि उन्हें नितांत निजी समझा जाता है। इसके अलावा, गहने देने से बचना चाहिए क्योंकि महंगा होने की वजह से इसे रिश्वत माना जा सकता है। चाकू, रूमाल और दीवार घड़ियां ऐसी चीज़ें हैं जिनसे कई तरह के अंधविश्वास जुड़े हुए हैं और तोहफे में ये देने से बचना चाहिए।

⇒ **रैपिंग:** जापानी और चीनियों को गिफ्ट-रैपिंग को कला के तौर पर आगे बढ़ाने का श्रेय दिया जाता है। गिफ्ट देते समय पैकेजिंग पर थोड़ा वक्त ज़रूर दें। एक साफ़-सुथरा रैपिंग पेपर या एक गिफ्ट बैग, साफ-सुथरी सजावट/रिबन और एक व्यक्तिगत गिफ्ट कार्ड बेहद ज़रूरी हैं।

एक अमेरिकी ने अपने भारतीय बॉस को उपहार के तौर पर ताजमहल की एक छोटी कलाकृति भेंट की, जिसे उसने आगरा की अपनी यात्रा पर खरीदा था। बॉस ने उसे धन्यवाद कहा और गिफ्ट को अपनी मेज़ पर अलग रख दिया। कुछ गड़बड़ होने की आशंका के बाद

अमेरिकी ने अपने बॉस से पूछा कि क्या वो इस स्मारक की बहुत सारी छोटी आकृतियां पाकर थक गए हैं। भारतीय बॉस ने उसे बताया कि भारतीय इसे उपहार के रूप में प्राप्त करने को लेकर अंधविश्वासी हैं क्योंकि यह उनके लिए मौत का प्रतीक है, भले ही दुनिया में इसे प्यार से जोड़कर देखा जाता है! अमेरिकी बुरी तरह चौंक गया और उसने बार-बार माफ़ी मांगी। यही संस्कृतियों का अंतर है!

उपहार खरीदने से पहले व्यक्ति, संस्कृति, देश और कंपनी के बारे में जानकारी जरूर जुटाएं। दूसरे शब्दों में कहा जाए तो व्यावसायिक उपहार चुनते समय अपना होमवर्क करें!

विशेष अवसरों पर उपहार देना

जब कोई सहकर्मी या ग्राहक आपको अपनी शादी में बुलाता है, तो यह उम्मीद की जाती है कि आप इसमें शामिल होंगे। सीलबंद लिफाफे में नकद देना भारत में सबसे आसान व आम विकल्प है, लेकिन अगर आप उस व्यक्ति को अच्छी तरह से जानते हैं, तो उनके लिए एक उपहार खरीदें, जिसकी वे सराहना करेंगे। यदि आपके विभाग के दूसरे लोगों को भी बुलाया गया है, तो व्यक्तिगत उपहारों की बजाय सामूहिक उपहार, जो अधिक महत्वपूर्ण चीज़ हो सकती है, देने के बारे में भी सोच सकते हैं।

अगर आप जाने में असमर्थ हैं, तो एक बधाई कार्ड या एक छोटा उपहार (सर्वोत्तम विकल्प) या उनके निवास पर फूलों का गुलदस्ता भेजें। अगर आपको शादी के लिए बुलाया नहीं गया है, तो शालीनता से इसे स्वीकार करें कि वो व्यक्ति या तो इस कार्यक्रम को एक छोटे समूह तक सीमित कर रहा है या अपने पेशेवर और व्यक्तिगत जीवन को अलग रख रहा है। जब वो व्यक्ति काम पर लौटता है, तो निमंत्रण/अतिथि सूची के बारे में बात किए बिना, उसे अपनी शुभकामनाएं दें।

भारत में किसी बच्चे का जन्म होने पर चांदी और सोने को उपयुक्त उपहार माना जाता था। इन कीमती धातुओं की कीमतों में बढ़ोतरी के साथ उपहार सूची में इनका नंबर काफी पीछे चला गया है। बच्चों के कपड़े (लड़कियों के लिए गुलाबी और लड़कों के लिए नीला), बच्चों की किताबें, खिलौने, फोटो फ्रेम, बच्चों के ओढ़ने वाले चादर आदर्श उपहार बन गए हैं। अगर आप उचित उपहार को लेकर किसी असमंजस में हैं तो नकद सबसे आसान विकल्प है।

एक बड़े डिपार्टमेंटल स्टोर के गिफ्ट कार्ड पर भी विचार कर सकते हैं जो कि बच्चों के लिए अलग-अलग प्रोडक्ट बेचता है।

अक्सर पूछे जाने वाले सवाल

सवालः मेरे काम में विदेश से बिज़नेस करना शामिल है। क्या मुझे अपनी भारतीय पहचान दिखानी चाहिए या इसे ज़्यादा अहमियत ना देकर बिज़नेस करने के वैश्विक तरीके अपनाने चाहिएं?

जवाब: अपनी भारतीय पहचान को संतुलित तरीके से बनाए रखें, दूसरे व्यक्ति की संस्कृति की बारीकियों को समझें और स्वीकार्य वैश्विक तरीके अपनाएं। बिज़नेस की दुनिया में तेज़ी से सबके लिए बराबरी के मौके बनते जा रहे हैं, और वही अधिकारी विदेशी ओहदों पर कामयाब होते हैं जो बेहतर 'सांस्कृतिक समझ' दिखाते हैं।

सवालः मुझे जेट लैग हो जाता है और इससे मेरा कारोबार प्रभावित होता है। कृपया मदद करें।

जवाब: जेट लैग किसी महत्वपूर्ण बिज़नेस मीटिंग के दौरान असर डाल सकता है। अगर मुमकिन हो, तो जल्दी पहुंचें ताकि आपके शरीर को ढलने का मौका मिल सके। फ्लाइट में और उसके बाद भी पानी पीते रहें क्योंकि पानी की कमी चीजों को और बिगाड़ देती है। अपने शरीर को धोखा देने की एक आसान चाल है कि आप उड़ान भरते ही अपनी घड़ी को नए वक्त के अनुसार सेट कर दें—आपका शरीर तेज़ी से लय में आ जाता है। साथ ही, कोशिश करें कि नए देश में जब तक रात ना हो, आप जगे रहें।

सवालः जब आपको पहली बार किसी से मिलवाया जाता है तो सही जवाब क्या होता है?

जवाब: 'आपसे मिलकर खुशी हुई' या 'आपसे मिलकर अच्छा लगा' ये सभी औपचारिक अभिवादन हैं। 'हाय' बहुत ज़्यादा अनौपचारिक है और 'आप कैसे हैं' बहुत पुरानी शैली का है। 'चीयर्स' दुनिया भर में मान्य अभिवादन है और ईमेल में भी इस्तेमाल किया जाता है।

सवालः हाथ मिलाने और बिज़नेस कार्ड एक्सचेंज करने का सही क्रम क्या है?

जवाब: जब किसी नए व्यक्ति से परिचय कराया जाता है, तब पहले हाथ मिलाएं, फिर अपना छोटा सा परिचय दें, और फिर अंत में बिज़नेस कार्ड का लेन-देन करें। आम तौर पर, कार्ड बातचीत के बाद दिया जाता है, उसके पहले नहीं।

सवालः परिचय की ज़रूरत कब नहीं होती है?

जवाबः अगर आप किसी महत्वपूर्ण बातचीत के बीच में हों और कोई तीसरा व्यक्ति आकर आपका अभिवादन करता है, तब आपको परिचय कराने की ज़रूरत नहीं है। बातचीत को कुछ पलों के लिए रोकें, उस व्यक्ति के अभिवादन का जवाब सिर हिलाकर या मुस्कुराकर दें, विनम्रता के साथ हलो कहें और फिर अपनी बातचीत में लौट जाएं। इसमें ये इशारा भी छिपा होता है कि आप अपनी बातचीत में कोई रुकावट नहीं चाहते हैं।

सवालः हाल ही में, मेरा परिचय एक सरकारी अधिकारी से कराया गया लेकिन वो व्यक्ति आधिकारिक पद बताना भूल गया। मैं उलझन में पड़ गया कि उन्हें संबोधित कैसे करूं।

जवाबः ऐसी स्थिति में जब आप बातचीत शुरू करने को लेकर उलझन में हों, तब बस इतना कहें कि आपसे मिलकर खुशी हुई। भारत में, हम ऐसे लोगों को संबोधित करने के लिए आसानी से 'सर' या 'मैडम' का इस्तेमाल करते हैं।

सवालः फेस्टिव सीज़न में, मैं कई सौ ग्रीटिंग काड्र्स भेजता हूं। क्या मुझे हर कार्ड पर दस्तखत करना चाहिए या उस पर मेरा छपा हुआ नाम काफी है?

जवाबः भले ही कार्ड पर आपका नाम और कंपनी का नाम या लोगो छपा हुआ हो, आपका दस्तखत उसमें एक पर्सनल टच ले आता है। वरना, ग्रीटिंग कार्ड थोक में भेजी गई चिट्ठी जैसा हो जाएगा। याद रखें कि ग्रीटिंग काड्र्स में आप अपना प्रोफेशनल टाइटल इस्तेमाल ना करें।

सवालः हाल में, मुझे सीनियर मैनेजमेंट की पोज़िशन पर प्रोमोशन मिला। कई दोस्त और बिज़नेस एसोसिएट मुझे बधाई संदेश और फूल भेज रहे हैं। जवाब देने का प्रोटोकॉल क्या है?

जवाबः आपके शुभचिंतकों की इतनी कोशिशों का जवाब देना तो बनता है! ईमेल और एसएमएस संदेशों का जवाब उसी तरह देना चाहिए। सभी मिस्ड कॉल्स और फूलों/तोहफों के लिए फ़ोन उठाएं और फ़ोन करने वालों/तोहफे भेजने वालों को धन्यवाद दें। चिट्ठियों या कार्ड के तौर पर आए बधाई संदेशों के लिए एक साधारण हस्तलिखित नोट भेजें—जिस पर एक—दो वाक्य लिखे हों, 'आपकी शुभकामनाओं के लिए धन्यवाद—मेरे लिए ये बहुत मायने रखता है'।

सवालः हमारी कंपनी में 'नो गिफ्ट्स' पॉलिसी है। दिवाली के दौरान,

मुझे वेंडर और सप्लायर कई तोहफे भेजते हैं जिन्हें मैं लौटा देता हूं। कृपया सलाह दें।

जवाब: आप अपनी कंपनी की पॉलिसी का पालन कीजिए, और साथ में तोहफे भेजने वाले सभी लोगों को फ़ोन या ईमेल से उनकी अच्छी सोच के लिए धन्यवाद दीजिए। विनम्रता से उन्हें अपनी कंपनी पॉलिसी और तोहफे स्वीकार करने में अपनी असमर्थता के बारे में बताएं।

सवाल: जब किसी के घर पर रात के खाने के लिए बुलाया गया हो तब क्या शराब की बोतल तोहफे में देना सही है?

जवाब: यह एक अच्छा तोहफा है। बोतल को पैक करें, उसके साथ हाथ से लिखी हुई एक पर्ची लगाएं और घर पहुंचने पर सावधानी से उसे मेज़बान को सौंप दें। अच्छे तरीके से सजे वाइन बैग्स आसानी से मिल जाते हैं और आप उन्हें शराब की बोतल गिफ्ट करने के लिए इस्तेमाल कर सकते हैं।

सवाल: मेरे घर आने पर एक बिज़नेस एसोसिएट ने मुझे शैंपेन की एक महंगी बोतल तोहफे में दी। क्या मुझे शैंपेन उसके सामने खोलनी चाहिए या बाद के लिए रख देनी चाहिए?

जवाब: भारत में आमतौर पर आप मिले हुए तोहफों को अपने सहयोगी या दोस्तों के सामने नहीं खोलते हैं। हालांकि अलग-अलग देशों में तोहफे लेन-देन के तरीके अलग-अलग होते हैं। आप ऐसा करने में कितने सहज हैं, इस पर निर्भर करता है कि आप तोहफे को उसे देने वाले शख्स के सामने खोल सकते हैं और उसकी पसंद की तारीफ कर सकते हैं। अगर आप सहज नहीं हैं तब तोहफा बाद में खोलें और देने वाले का शुक्रिया अदा करें।

सवाल: पिछले महीने हमारे ऑफिस की पार्टी में कुछ सहकर्मियों ने थोड़ी ज़्यादा पी ली और ज़रूरत से ज़्यादा दोस्ताना दिखाने लगे, यहां तक कि एक-दूसरे को छूने भी लगे।

जवाब: एक साधारण सा परिदृश्य है लेकिन बिलकुल खतरनाक है! ऑफिस की पार्टी में ज़्यादा पीने के बाद हिचक कम हो जाती है—लोग अनाप-शनाप बोलने लगते हैं, दूसरों के पर्सनल स्पेस में घुस जाते हैं और उनका बर्ताव हदें पार करने लगता है। पार्टी के पहले ही तय कर लें कि आप कितना पिएंगे। भले ही अनजाने में हो, लेकिन दूसरों को छूना बिलकुल गलत है। सहकर्मियों के बीच शारीरिक संपर्क का इकलौता स्वीकार्य रूप है हाथ मिलाना, चाहे लिंग कोई भी हो। अगर आप गलती से किसी से टकरा जाते हैं या उसे छू देते हैं, तब विनम्रता से माफ़ी मांग लें।

आभार

मैं विनोद महंत, संपादक, कॉर्पोरेट डॉज़ियर, द *इकोनॉमिक टाइम्स* और उनकी टीम, जिसमें दिब्येंदु गांगुली और प्रियंका संगानी शामिल हैं, का आभार व्यक्त करना चाहूंगी। मैं एक एटिकेट कंसल्टेंट थी और मुझे इस विषय पर लिखने का कोई अनुभव नहीं था, जब विनोद ने मुझसे द *इकोनॉमिक टाइम्स* में लिखने के लिए कहा, जो मेरे लिए एक नया कदम था।

मुझ पर भरोसा करने और पुस्तक को आकार देने के लिए कृष्ण चोपड़ा, प्रकाशक और मुख्य संपादक, नॉन-फिक्शन, हार्पर कॉलिन्स को मेरा धन्यवाद। और इस किताब को लिखने के मेरे सपने को वास्तविकता में बदलने की प्रक्रिया में, कड़ी मेहनत के साथ मेरे लिखे को संपादित करने और हर बदलाव के बारे में सब्र के साथ मुझे सुनने के लिए मेरी संपादक देबाश्री रक्षित को भी धन्यवाद।

मैं अधीश कुलकर्णी, ग्लोबल हेड प्रोडक्ट्स और सीआरएम, बुओंगियोर्नो को भी धन्यवाद देना चाहती हूं, जिन्होंने दुनिया भर से व्यावसायिक शिष्टाचार से जुड़े लेखों को जमा किया और उन्हें मुझे भेजा, जिससे मुझे अपनी जानकारी को अपडेट करने में मदद मिली; रेखा-चित्रों के लिए कलाकार लवीना रयान और पूजा शाह का धन्यवाद; और शालू कुलकर्णी, डायरेक्टर, इंटरनल गवर्नेंस एंड कंट्रोल, बैंको सैंटेंडर का धन्यवाद जिन्होंने यूके, यूएसए और महाद्वीपीय यूरोप में काम करने के अपने लंबे अनुभव के आधार पर इन जगहों के बिज़नेस एटिकेट और प्रोटोकॉल पर सलाह दी।

और सबसे बढ़कर, अपनी मां इंदु कक्कड़ के प्रति मेरा हार्दिक आभार—धन्यवाद मम्मी, उन उड़ानों के लिए जो आपने अपनी नातिनों को संभालने के लिए भरीं, जब मैं वर्कशॉप करने में व्यस्त थी या फिर इस किताब को लिखने के लिए कमरे में बंद थी।

लेखक के बारे में

शीतल कक्कड़ मेहरा आज भारत में कॉर्पोरेट तहज़ीब और अंतर्राष्ट्रीय प्रोटोकॉल के सबसे अनुभवी प्रैक्टिशनरों में एक हैं। आपने वैश्विक भारतीयों की खास ज़रूरतों को ध्यान में रखते हुए पांच हज़ार से अधिक अधिकारियों को ट्रेनिंग दी है। आपने एक्सेंचर, आदित्य बिड़ला ग्रुप, बैंक ऑफ अमेरिका मेरिल लिंच, अर्न्स्ट एंड यंग इंडिया, जॉनसन एंड जॉनसन और केपीएमजी जैसी कंपनियों के प्रोफेशनलों को ट्रेनिंग दी है। आप बिज़नेस अख़बारों और पत्रिकाओं के लिए नियमित रूप से लिखती हैं। शीतल पिछले चार सालों से *इकोनॉमिक टाइम्स* के कॉर्पोरेट डॉज़ियर में एक नियमित साप्ताहिक कॉलम लिख रही हैं। आपको इंडियन स्कूल ऑफ बिज़नेस, हैदराबाद, आईआईएम बैंगलोर और आईआईएम लखनऊ समेत कई बिज़नेस स्कूलों में अतिथि वक्ता के रूप में आमंत्रित किया जाता है।

अनुवादक के बारे में

धीरज कुमार अग्रवाल मीडिया प्रोफेशनल हैं और मुंबई में रहते हैं। पत्रकारिता और संचार में आपका 16 वर्षों से अधिक का अनुभव है। साथ ही साहित्य सृजन से सक्रिय रूप से जुड़े हैं। आप एक दर्जन से अधिक अंग्रेजी किताबों का हिंदी में अनुवाद कर चुके हैं। इनकी लिखी कविताओं का एक संग्रह 'शाम अभी बाकी है' के नाम से ई-बुक के रूप में प्रकाशित हो चुका है। इसके अतिरिक्त पर्सनल फाइनेंस से जुड़े मुद्दों में गहरी पकड़ है और कई वेबसाइटों के लिए नियमित लेखन करते रहे हैं।

30 Years *of*

HarperCollins *Publishers* India

At HarperCollins, we believe in telling the best stories and finding the widest possible readership for our books in every format possible. We started publishing 30 years ago; a great deal has changed since then, but what has remained constant is the passion with which our authors write their books, the love with which readers receive them, and the sheer joy and excitement that we as publishers feel in being a part of the publishing process.

Over the years, we've had the pleasure of publishing some of the finest writing from the subcontinent and around the world, and some of the biggest bestsellers in India's publishing history. Our books and authors have won a phenomenal range of awards, and we ourselves have been named Publisher of the Year the greatest number of times. But nothing has meant more to us than the fact that millions of people have read the books we published, and somewhere, a book of ours might have made a difference.

As we step into our fourth decade, we go back to that one word – a word which has been a driving force for us all these years.

Read.

Harper Collins · 4th · HARPER PERENNIAL · HARPER BUSINESS · HARPER BLACK · हार्पर हिन्दी

HarperCollins *Children's Books* · HARPER DESIGN · HARPER VANTAGE · Harper Sport